"十二五"职业教育国家规划教材
经全国职业教育教材审定委员会审定

保险营销原理与实务

（第2版）

	周 灿	常 伟	主 编
黄新爱	谢汀芬	包 敏	副主编
	左小川	张环宇	参 编
	罗安定	夏雪芬	主 审

电子工业出版社
Publishing House of Electronics Industry
北京·BEIJING

内容简介

本书分为 10 大项目，共 42 个任务，涵盖认识保险营销、开展保险营销调研、分析保险市场需求、制定保险营销战略、制定保险产品策略、制定保险产品定价策略、选择保险分销渠道策略、运用保险营销促销策略、维护保险客户关系和探索保险营销创新等内容。本书定位准确，理实一体，职业导向，教辅丰富。本书既可作为高职高专与普通本科院校的保险营销类课程教材，又可作为各大保险公司、保险中介公司及金融行业的保险类、营销类课程培训教材，还可供各类行业培训、成人教育、业余自修者，以及希望了解保险营销知识的社会读者使用。

未经许可，不得以任何方式复制或抄袭本书之部分或全部内容。
版权所有，侵权必究。

图书在版编目（CIP）数据

保险营销原理与实务 / 周灿，常伟主编. —2 版. —北京：电子工业出版社，2014.8
"十二五"职业教育国家规划教材
ISBN 978-7-121-24027-0

Ⅰ. ①保… Ⅱ. ①周… ②常… Ⅲ. ①保险业－市场营销学－高等职业教育－教材 Ⅳ. ①F840.4

中国版本图书馆 CIP 数据核字(2014)第 183542 号

责任编辑：杨洪军
印　　刷：北京盛通商印快线网络科技有限公司
装　　订：北京盛通商印快线网络科技有限公司
出版发行：电子工业出版社
　　　　　北京市海淀区万寿路 173 信箱　邮编 100036
开　　本：787×980　1/16　印张：17.25　字数：377 千字
版　　次：2010 年 9 月第 1 版
　　　　　2014 年 8 月第 2 版
印　　次：2022 年 1 月第 12 次印刷
定　　价：36.00 元

凡所购买电子工业出版社图书有缺损问题，请向购买书店调换。若书店售缺，请与本社发行部联系，联系及邮购电话：（010）88254888，88258888。
质量投诉请发邮件至 zlts@phei.com.cn，盗版侵权举报请发邮件至 dbqq@phei.com.cn。
本书咨询联系方式：（010）88254199，sjb@phei.com.cn。

前　言

作为高等教育院校财政金融类、市场营销类专业学历教学和国内各大保险公司管理与技能培训的核心主干课程，《保险营销原理与实务》这本教材在图书出版市场上已有多个版本，但真正能够紧密结合保险行业实际、突出保险营销实务操作技能培养，理论够用且框架结构合理，体现任务驱动式教学与培训模式的教材却不多见。基于此，我们组织精干的师资力量，在多年从事保险营销教学与研究、广泛进行保险公司调研与挂职锻炼、充分吸收相关保险营销资格考证内容、适度采用最新保险营销原理与实务研究成果的基础上编著而成本书。本书全面贯彻《国家教育事业发展第十二个五年规划》中提出的"鼓励各地、各行业从自身实际出发，实行多种形式的产教结合和校企合作，促进职业院校的专业设置与产业布局对接、课程内容与职业标准对接、教学过程与生产过程对接、学历证书与资格证书对接、职业教育与终身学习对接"的职业教育理念，全面具体地将保险营销实务场景和所需的基础理论知识展现在学员面前，并结合保险行业的最新发展动态，以丰富的案例、真实的单证、多元的教学场景和多样的营销教学工具来设计课堂，使学员能够比较全面准确地学习保险营销基础理论和专业技能，系统地掌握各种保险营销实务操作工具和营销方法运用，客观地了解保险营销发展趋势与实践创新成果，以求实现培养新时期保险行业所需的发展型、复合型和创新型保险营销技术技能人才的教学或培训目标。

本书的编写基础较为扎实。保险职业学院早在2002年就开设了营销与策划（保险）专业，在多年的保险营销教学与实践基础上，通过校企合作来深入开展系列教研教改和教学创新项目，较好地实现了理论与实务紧密结合、毕业生"零距离"上岗的保险营销实务人才培养目标，同时培育了一支具备雄厚的专业理论根底和丰富的教学实践经验的营销与策划（保险）专业省级教学团队。在上述基础上，我们组织了该教学团队中的周灿、常伟、黄新爱、谢汀芬、包敏、左小川、张环宇等专业教师对已再版多次的《保险营销实务》教材进行全面修订，修订后命名为《保险营销原理与实务（第2版）》。本书以保险营销理论为基础，以保险营销策略为核心，以保险营销技能培养为导向，注重理实一体、课证融合，以期反映最新的保险营销教学成果与实务发展趋势。本次修订对全书体例进行了优化编排，对所辑案例进行了全面更新，对相关专业知识与实践技能进行了充实完善。本书的主要特色如下。

（1）定位准确，与时俱进。本书在全面贯彻教育部关于推进职业教育改革发展的最新文件精神的基础上，紧密结合高素质技术技能型保险营销实务人才培养的具体要求，本着严谨务实的态度和科学合理的设计理念，采用知识性与趣味性相融合的编写方法，注重保险营销新理论、新方法和新工具的运用，充分体现了前沿性、实务性、丰富性等特点。

（2）工学结合，理实一体。本书既注重保险营销理论体系的构建以保证逻辑性和完整性，又将每章设计成独立体系，以项目任务描述为载体，设计相应的演练情境与实作任务，强调通过行动去完成学习任务，通过案例导入、知识讲授、课堂实作、能力拓展等教学环节，来实现"做中学、学中做、学后用"的教学目标。

（3）职业导向，课证融合。全书教学内容设计"以职业活动为导向、以职业技能为核心"，在内容安排上充分考虑课证融合，将保险代理人、保险经纪人、保险公估人、助理营销师、营销师、寿险管理师、理财规划师等资格考证中的有关保险营销部分的技能与知识点融合进来，将专业课程与职业资格考证有机结合，以提高教学效率；同时，在课堂实作演练中强调人文素质与团队精神的培养，以促进学生可持续发展能力与创新能力的培育。

（4）教辅丰富，即时更新。为全面提高学生的保险营销实务技能水平与促进保险营销实践教学内容体系的完善，本书配套有专门的实训教材——《保险营销实务技能训练》（电子工业出版社 2011 年 5 月出版发行），该实训教材采用项目式、模块化设计，安排有职场布置、风险识别、产品分析、业务流程、专业销售、会议经营、团队管理、绩效分析、培训教育、课程开发等 14 个保险营销技能训练项目，以现实案例、保险公司真实的营销单证及管理工具等为教具，使学员能全面或有选择地掌握保险销售技巧与工具运用、营销管理与团队拓展、营销项目策划与实施等实务技能。同时，本书还在线提供下列教学资源供授课教师参考与使用：课程导航、课程介绍、课程标准、表格化教案、学习指南、考试大纲、教学设计、实训大纲、评价方案、概念库、原理库、方法库、案例库、习题库、实践库、视频库、教学课件等（请登录世界大学城网站 http://www.worlduc.com/，进入《保险营销原理与实务》课程学习空间 http://www.worlduc.com/SpaceShow/Index.aspx?uid=497510，即可查看与下载相关教学资源），并适时更新，以方便教师在教学中使用本教材。

本书分为 10 大项目，共 42 个任务，涵盖认识保险营销、开展保险营销调研、分析保险市场需求、制定保险营销战略、制定保险产品策略、制定保险产品定价策略、选择保险分销渠道策略、运用保险营销促销策略、维护保险客户关系和探索保险营销创新等主要学习内容。其中，项目 1、2 由周灿编写，项目 3 由包敏编写，项目 4 由黄新爱编写，项目 5、7 由常伟编写，项目 6、8 由谢汀芬编写，项目 9 由左小川、张环宇编写，项目 10 由包敏、张环宇编写。全书由周灿组织主持编写工作，周灿、常伟拟定大纲、审稿和统稿，保险职业学院罗安定副院长、夏雪芬教授对全书进行审定。在编写过程中，保险职业学院朱甘宁院长、肖举萍教授、饶晓波副教授和其他教师对本书的修订提出了宝贵建议，中国人寿保险公司、中国人民保险公司、阳光财产保险公司、安邦财产保险公司等保险公司的相关行业专家也为本书的修订提供了相关资料与宝贵意见,全书参考和引用了大量国内外相关教材、著作与资料,在此一并表示衷心感谢!

本书既可作为高职专科与普通本科院校的保险营销类课程教材,又可作为各大保险公司、保险中介公司及金融行业的保险类、营销类课程培训教材,还可供各类行业培训、成人教育、业余自修者,以及希望了解保险营销知识的社会读者使用。

由于编著者学识、眼界及经验的局限,书中难免存在错误与疏漏,敬请各位专家与读者批评指正。

目 录

项目1 认知保险营销 ... 1
- 任务1.1 认知营销与保险营销 ... 4
- 任务1.2 熟悉保险营销的发展阶段 ... 9
- 任务1.3 熟悉保险营销的主体、客体和对象 ... 25
- 营销工具 ... 32
- 营销实战 ... 33
- 重要概念 ... 36
- 能力拓展 ... 36

项目2 开展保险营销调研 ... 38
- 任务2.1 认知保险营销调研 ... 41
- 任务2.2 掌握保险营销调研的内容 ... 45
- 任务2.3 熟悉保险营销调研的方法 ... 47
- 任务2.4 了解保险营销预测 ... 54
- 营销工具 ... 60
- 营销实战 ... 62
- 重要概念 ... 63
- 能力拓展 ... 63

项目3 分析保险市场需求 ... 64
- 任务3.1 认知保险需求 ... 66
- 任务3.2 熟悉影响保险需求的因素 ... 70
- 任务3.3 分析保险需求 ... 74
- 营销工具 ... 85
- 营销实战 ... 88
- 重要概念 ... 89
- 能力拓展 ... 89

项目 4　制定保险营销战略 ·· 90

　　任务 4.1　认知保险营销的外部环境 ·· 91
　　任务 4.2　认知保险营销的内部环境 ·· 99
　　任务 4.3　掌握保险服务的 STP 战略 ······································· 103
　　任务 4.4　制定保险营销的综合战略分析 ··································· 110
　　营销工具 ·· 118
　　营销实战 ·· 120
　　重要概念 ·· 121
　　能力拓展 ·· 121

项目 5　制定保险产品策略 ·· 122

　　任务 5.1　了解保险产品策略实施的步骤 ··································· 123
　　任务 5.2　制定险种组合策略 ··· 126
　　任务 5.3　开发新险种策略 ·· 133
　　任务 5.4　制定险种品牌和服务策略 ··· 138
　　任务 5.5　制定险种生命周期策略 ·· 143
　　营销工具 ·· 148
　　营销实战 ·· 149
　　重要概念 ·· 150
　　能力拓展 ·· 151

项目 6　制定保险产品定价策略 ·· 152

　　任务 6.1　认知保险产品的定价 ··· 153
　　任务 6.2　分析保险产品定价的影响因素 ··································· 157
　　任务 6.3　运用保险产品的定价策略 ··· 161
　　任务 6.4　掌握保险产品的定价方法 ··· 165
　　营销工具 ·· 168
　　营销实战 ·· 169
　　重要概念 ·· 170
　　能力拓展 ·· 170

项目 7　选择保险分销渠道策略 ·· 171

　　任务 7.1　了解保险分销渠道 ··· 173
　　任务 7.2　认知保险分销渠道的类型 ··· 175

  任务 7.3 熟悉保险分销渠道的选择与管理···181

  营销工具··185

  营销实战··185

  重要概念··187

  能力拓展··187

项目 8 运用保险营销促销策略···188

  任务 8.1 认知保险促销与保险组合促销策略···189

  任务 8.2 运用保险广告策略···191

  任务 8.3 运用保险人员推销策略···194

  任务 8.4 运用保险公关策略···201

  任务 8.5 运用保险营业推广策略···204

  营销工具··212

  营销实战··216

  重要概念··217

  能力拓展··217

项目 9 维护保险客户关系···218

  任务 9.1 提供保险售后服务···219

  任务 9.2 做好保险客户关系管理···224

  任务 9.3 开展有效的保险客户沟通···229

  营销工具··236

  营销实战··237

  重要概念··237

  能力拓展··237

项目 10 探索保险营销创新···238

  任务 10.1 了解保险网络营销···240

  任务 10.2 认知保险电话营销···243

  任务 10.3 了解保险整合营销···246

  任务 10.4 了解保险数据库营销···249

  任务 10.5 了解保险手机营销···252

  任务 10.6 了解保险电视营销···255

任务 10.7　了解基于 APP 的新型保险营销 ·· 257
　　营销工具 ··· 261
　　营销实战 ··· 262
　　重要概念 ··· 264
　　能力拓展 ··· 264

参考文献 ··· 265

项目 1 认知保险营销

学习目标

- 掌握保险营销和保险推销的区别；
- 熟悉保险营销涉及的各个管理层次；
- 掌握保险营销的核心；
- 熟悉保险营销发展的各个阶段；
- 掌握现代保险营销理念；
- 了解当代保险营销理念的发展趋势；
- 熟悉保险营销的主体、客体和对象；
- 掌握客户让渡价值和客户满意度的概念并能用之进行分析。

案例导入

和尚与梳子的营销

1. 市场开发

很多人去参加一场招聘，主考官出了一道实践题目：把梳子卖给和尚。众多应聘者认为这是开玩笑，最后只剩下甲、乙、丙三个人。主考官交代：以10日为限，向我报告销售情况。

十天后，主考官问甲："卖出多少把？"答："1把。""怎么卖的？"甲讲述了历尽的辛苦，游说和尚应当买把梳子，无甚效果，还惨遭和尚的责骂，好在下山途中遇到一个小和尚一边晒太阳，一边使劲挠着头皮。甲灵机一动，递上梳子，小和尚用后满心欢喜，于是买下一把。

主考官问乙："卖出多少把？"答："10把。"乙说他去了一座名山古寺，由于山高风大，进香者的头发都被吹乱了，他找到寺院的住持说："蓬头垢面是对佛的不敬。应在每座庙的香案前放把梳子，供善男信女梳理鬓发。"住持采纳了他的建议。那山有十座庙，于是卖出了10把梳子。

主考官问丙："卖出多少把？"答："1 000把。"主考官惊问："怎么卖的？"丙说他到一个颇具盛名、香火极旺的深山宝刹，朝圣者、施主络绎不绝。丙对住持说："凡来进香参观者，多有一颗虔诚之心，宝刹应有所回赠，以做纪念，保佑其平安吉祥，鼓励其多做善事。我有一批梳子，您的书法超群，可刻上'积善梳'三个字，便可做赠品。"住持大喜，立即买下1 000把梳子。得到"积善梳"的施主与香客也很高兴，一传十、十传百，朝圣者更多，香火更旺。

这时，一位挑战者丁找到主考官，扬言卖给和尚1 000把梳子算不了什么。他可以让和尚源源不断地买梳子，至少也得上千万把，以一年为限。此言一出，许多人都认为他是在开玩笑。丁还是找到之前丙所去庙宇的那个住持，问："您这边每天大概能赠出多少把梳子呢？"住持回答："差不多50把。"他继续问："您觉得这与您所获得的香火钱相比是不是也是成本呢？"主持回答："是的，虽然是赠，但也是钱啊，佛门本来就没有什么钱。"他又问："您有没有想过收费呢？"住持问："怎么收费？"他说："到您这儿来的人有达官贵人，也有平民百姓，总之是什么样的人都有吧。您可以在梳子上下点工夫，让您的梳子在价格上有价值的区别，从而卖给不同的人；您再准备几把梳子，取名为'开光梳'，千金不卖，只赠送有缘人；然后您把其他的梳子命名为'智慧梳'、'姻缘梳'、'流年梳'、'功名梳'等，按不同的人群和价格出售。这样，一方面您的收入增加了，另一方面您的寺庙的档次也就体现出来了。"住持一听，觉得很有道理，就把这件事交给丁来做。

2. 市场促销

丁很快就请了几个记者来宣传了一下这家寺院，然后造了一批梳子，举行了一个盛大的"开光梳"仪式，当地的政府要人、各界明星都来了，当天就卖出了10 000把梳子，寺院的名气一下就上去了。

丁又请人给这个寺院杜撰了一些历史故事，很快，这个寺院成了当地的历史文化古迹，来的香客越来越多，梳子的销量越来越好，人们也不在乎掏钱买把梳子。丁又出了一个策略：有的梳子掏钱也不卖，有的梳子必须掏钱才卖。这样过了一段时间，寺院挣了不少钱，住持很佩服丁。

3. 客户关系管理

过些时候，丁找到住持说："您有没有发现前来的香客您都没有记录，据我观察，有的香客都来了好几次，您是否应该对经常来的香客提供一些纪念性的梳子呢？"住持一听，觉得丁说得有道理，于是就让小和尚开始记录前来拜佛的香客。很快，小和尚发现，前来的人太多，用纸笔根本记不住。住持又找到丁，问他有什么办法。

丁说："我可以解决这个问题，但是从今以后您必须听我的，我保证您的住持能够当的比现在还风光，寺院的香客更多。"住持同意了。丁于是购买了一些电脑，在寺院内很隐蔽地架构了一个局域网，连接到外部的互联网，并安装了一套客户关系管理（CRM）系统；又设置了硬件设备，在梳子里面植入了 RFID 芯片，只要香客一进入寺院，关于这个香客的详细记录就全部在 CRM 系统里面展现出来。

4．挖掘客户价值，数据库营销

丁开始用 CRM 分析来寺院香客的详细资料。经常有香客刚来到寺院，就被突然告之今天是他们的生日，香客们非常感动，香火钱更多了。从那以后，香客们逢年过节时总能收到寺院寄的小礼品。梳子已经成为人们心中的圣物。只要去那家寺院的，至少要为自己和家人带几把梳子，给远方的亲人、朋友带几把梳子。一旦梳子用坏了，就自然想到了那家寺院。

5．分析发现竞争对手——反击

过了一段时间，丁通过 CRM 发现，有些香客来得少了。一打听，原来不远处也有一家寺院采取了同样的赠送梳子的方式，相当一部分香客去了那家寺院。住持开始着急。恰逢国外一重要人物来到本地，于是丁通过各种渠道请这个重要人物来到这家寺院，并把一把制作精美的"开光梳"送给了他。国内外很多记者记录了这一时刻，寺院的知名度再次提升。丁制作了多把类似送国外友人的"开光梳"（不过是微型的），出售给前来的香客，让这些人挂在脖子上、钥匙扣上做纪念。这个寺院随着国外重要人物的到来一下子名声大振，旁边的那家小寺院一下子就没有了香客。

6．营销组织与控制

香客太多了，寺院进行了扩建，住持又招了一些小和尚。住持告诉这些小和尚应怎样接待香客，什么样的香客该出售或赠送什么样的梳子。刚好这个时候，国外请这个住持去讲学，住持不放心新来的小和尚，想让丁来帮他教导。丁给了住持一台笔记本说："每天抽时间上网就可以指点您的小和尚了。"于是，住持虽然在国外，但是通过 CRM 系统依然能知道寺院的运营情况，及时地指点小和尚。

当地的香客 80%都到这家寺院来了。住持发现，虽然对香客进行信息分类管理，但是由于接待香客的和尚素质不一样，经常出现出售错了梳子，于是住持找丁来解决。丁根据 CRM 里的跟进记录以及每个和尚接待香客的数量、次数和被香客投诉的次数，将和尚进行了分类，不同的和尚接待不同的香客。香客发现这些和尚更能了解他们的心思了，满意度大大提高了。

7．绩效考核

住持一直有个心病，就是寺院中有很多和尚偷懒，但又赶不走。他向丁求教。丁对所有的和尚说："每个人必须把自己所做的销售事项和服务事项记录在 CRM 里，否则就请离开寺院。"和尚们很听话地照做了。丁通过统计分析很快就发现了偷懒的和尚，住持把那些和尚赶下山，寺院运营紧凑。

8. 故事还没有结束

寺院运营真的很不错，丁每个月都能通过 CRM 来预测下一阶段能卖出多少梳子，事业蒸蒸日上。一年过去了，丁不知道卖出了多少把梳子，他已经成了寺院的股东之一，他所挣的钱已经很多很多了。

一天，丁找到寺院的住持说："您看，我们卖梳子挣了不少钱，您有没有想过卖其他的东西呢？有没有想过在其他地方开设分院呢？有没有想过举办一个佛学院，培养后备人才呢？有没有想过攫取更多的梳子的使用者，然后在梳子上做广告，然后在纳斯达克上市，成为中国第一家在国外上市的寺庙呢？"

资料来源：节选自中国品牌服装网刊载的慈陵阳文章"和尚与梳子的营销（CRM 案例）"，http://news.changsha.cn/cs/j/201005/t20100527_1108354.htm，节选时有删改。

阅读上述案例，思考下列问题：

1. 请对甲、乙、丙、丁四人的销售方式与销售理念进行评价。
2. 请根据故事内容，谈谈你对营销的看法。你认为营销应该包括哪些内容，它与我们平时讲的销售或推销是否有所不同。
3. 请设想一下，如果你是保险公司的员工，请你在机场候机厅内向候机者销售一款航空意外险产品。你会如何进行销售？

任务 1.1　认知营销与保险营销

1.1.1　了解营销的含义

什么是营销？对此许多学者和专家都下过不同角度和观点的定义。20 世纪美国著名的营销学大师菲利普·科特勒在其营销界的权威著作《营销管理：分析、计划和控制》中如此定义：营销是个人和集体通过创造，提供出售，并同别人交换产品和价值，以获得其所需所欲之物的一种社会和管理过程。

从科特勒的营销定义可以看出，营销绝不等同于我们日常生活中的推销。推销着眼于产品的推广销售与促销活动本身，强调的是执行要求，即把产品从生产者或售卖者手中如何转移到购买者或消费者手中这一具体过程与做法。也就是说，推销强调的是"卖"，是"如何让商品转移到消费者手中的同时收回收益与成本"这一过程，看重的是推销人员的"卖的能力与技巧"，而营销远不只是"卖"，而是"通过一系列的组织管理活动来充分发掘和满足消费者的需求并能提供让其满意的服务从而使消费者自觉自愿地主动地来买"，其着重点是发掘和满足消费者的内心需求从而让消费者心甘情愿地来买。所以，很明显，让推销人员执行"卖"和让消费者主动来"买"这不仅仅只是观念方面的变化，还涉及一系列从需求发现到售后服务的管理活动。著名的管理学者彼得·德鲁克就曾指出："可以设想，某些推销工作总是必要的，然而营销的目的就是要使推销成为多余，营销的目的在于深刻地认识和了解客户，从而使产品或服务完全适合他的需要而形成产品自我销售，理想的营销会产生一个已经准备购买的客户，剩下的事情就是如何便于客户得到产品或服务……"

1.1.2 熟悉营销涉及的各个管理层次

1．消费者需求

我们平时所讲的需求，是指针对某种商品，消费者在特定时期、在一定的价格水平下，愿意并且能够购买的商品的数量。只有市场上存在消费者的需求，才会产生对该种商品的购买行为，才会有效形成商品的供给和生产企业或厂家的收益，才会产生市场的交易行为，所以消费者需求是一切市场行为的起点，是市场营销的最原始动力和营销管理的出发点。从营销学的角度来看，只要存在需求，都可以将其发掘出来并提供相应的商品来满足，从而产生商品交易的市场行为。营销就是从消费者的需求开始着手，只有找准了需求所在，才能生产或提供满足消费者要求的产品与服务。

2．商品供给

商品供给是针对需求而言的，供给是指在特定时期内，针对某种商品或服务，在一定价格水平下，厂商愿意并且能够提供的商品的数量。有需求、有供给才能产生交易，两者缺一不可。对于供给来说，商品包括两个组成部分：一是具体的物质形态下的商品；二是在此基础上衍生出来的服务和价值。对于消费者而言，商品本身的获得固然重要，但消费者通常对衍生的服务和价值更加看重，即这个商品究竟能在多大程度上满足其需求并能带来多大的满意度，以及能否让其持续这种购买行为。

3．市场交易

市场是一个广泛的概念，不能局限于地域。**市场**，就是卖者与买者的集合，只要有交易双方和交易行为，就是一个市场，所以通过网络、视频、电话等进行交易的行为都可以成为一种市场形式。市场交易是在市场经济体制下，成功有效地实现资源的最优配置，从而提升社会总体福利和效率的行为方式。从经济学角度来看，营销的存在是因为交易活动中存在交易缺口，即交换的一方想让渡自己的使用价值以获得另外一种使用价值，而另一方也是如此。在交易过程中，如果没有合适的交易媒介，就会产生交易缺口。随着市场经济的不断发展和制度的不断完善，如今的交易媒介物也越来越多，如网络、电话等新型交易模式的兴起，极大地促进了营销渠道的拓展并丰富了营销模式。

4．客户满意度

消费者在消费过程中要获得满足和相应的效用，这是驱使其进行消费的原动力。消费满意程度的高低直接决定了其是否会持续进行这种特定的交易或消费行为。客户满意度是衡量消费者满意程度的重要指标，是指客户在购买商品后从中能得到的效果和期望值进行比较后，所形成的愉悦或失望的感觉状态。要让客户满意度高，就要让客户的期望值与商品的实际使用价值大致相当,这样才不会造成客户的心理落差,也便于在营销中占据主动地位。

5. 营销主体

任何一种市场或管理行为,都离不开人。营销主体是在市场上积极主动进行营销活动的相关个人或单位,相对的对象是消费者或客户。两者的地位要看具体的市场情况而定,在供大于求的卖方市场上,商品的提供者是营销者,他们想方设法要把商品转移到消费者手中以换取收益;而在供不应求的买方市场上,情形就反过来了,是消费者为获得自己想要的商品,会想方设法地竞争以取得。营销主体还包括市场中介,他们为买卖双方提供交易便利,并且能有效地节约交易成本。

1.1.3 掌握保险营销的含义

保险营销是将营销学原理运用于保险公司的经营管理和保险产品的开发、生产与销售,以满足被保险人的需要为目的,从而实现保险公司目标的一系列活动的总称。它不是简单的保险推销或促销,而是包括保险产品开发与创新、保险产品定价、保险产品销售渠道选择、保险客户关系管理、保险营销服务等内容,以及保险产品的售前、售中和售后的一切活动,其核心就是满足保险客户对风险管理的需要。

保险营销在现代保险公司经营管理中的战略地位越来越重要,是保险公司经营管理的中心环节和核心部分。保险公司的经营管理应该是满足特定客户对特定风险管理需要的过程,而不是制造某一保险产品的过程。因此,保险营销理所当然地成为保险公司经营战略的最主要部分,是制定保险公司经营战略的起点和终点所在。

1.1.4 掌握保险营销的核心

保险营销通过认知人们对风险管理的态度,挖掘人们对保险产品的需求,设计和开发出满足投保人需求的各种保险产品,并通过各种沟通手段使投保人接受和购买,从中得到最大的消费满足。综观这一过程,其核心内容包括以下几点。

1. 保险营销的起点是投保人的需求

人从出生后就有各种各样的需求,马斯洛的需求层次理论为我们阐明了人类的需求要素与需求层次、需求取向,在人们满足基本的生存需求后,就有了对安全的需求,而保险,正是为了满足人类在社会工作与生活中所产生的对各种风险的恐惧和对人身与财产安全的寻求这样一种心理需求而产生的。离开了这种需求,保险产品就失去了其存在的意义。只有牢牢把握住风险保障这一保险本质,保险产品和保险营销才有其生存和发展的空间与意义。

2. 保险营销的核心是社会交往活动

保险营销活动离不开保险市场交易活动。它是以保险产品为交易对象，以保险市场交易活动为中心的一系列实现保险公司目标的管理行为。保险市场是所有保险商品与服务的供给主体和需求主体的集合，按照保险市场交易规则，进行公平等价交换，实现保险商品与服务从供给主体到需求主体之间的转移。所以，保险营销顺利实现的核心是在能够提供满足保险客户需求的保险产品的基础上，在公平合理的交易原则下进行保险市场交易，从而实现保险产品和保险费的成功交换与转移。而保险产品的销售过程往往是通过保险营销人员的社会交往活动来实现准客户的发现、客户需求挖掘及投保单的填报、核保、承保、保全、理赔、续保等保险产品的营销活动，包括为实现保险营销团队的扩展而进行的增员、甄选、留存等。这些都离不开社会交往，所以有效沟通的技巧贯穿保险营销的所有环节。

3. 现代的保险营销是整体营销

整体营销是指不能把现代营销的各个环节割裂开来，把营销仅仅当成保险促销或推销，或某一项临时性的突击活动，而应该把保险营销作为一项长期性的、固定的、细致的工作来进行。它是保险公司的战略计划贯彻执行和长期性的战略行为。保险营销是全方位的，包括保险市场调研和预测、保险市场分析、保险产品定价等一系列保险营销活动，如表1-1所示。

表1-1 保险营销活动

保险营销活动	保险营销目的
保险市场调研与预测	保险产品市场需求的发掘与测量
投保人心理与行为分析	更好地了解投保人的需求
保险产品开发与设计	开发和设计满足投保人需求的保险产品
保险产品定价	制定双方都能接受的保险产品价格
保险渠道选择	采取最可行的、最合理的和最方便的保险销售渠道形式
保险促销组合	采取最有效的沟通形式，从而引起注意、激发欲望、导致行为
保险关系营销	维系保险人和投保人之间的长期友好关系

4. 保险营销的宗旨是客户满意

自20世纪90年代以来，全世界越来越多的企业把客户满意放在首要位置加以考虑。1987年，加拿大的《MORTGAGE BANKING》杂志通过广泛的调查发现，获得一位新客户比维系一位老客户增加的成本要高5~6倍。波士顿咨询公司的调查也显示，留住一位老客户只需花费一位新客户的1/5的成本。这说明，通常吸引一个新客户要比保持一个老客户花费更多的时间和精力，而且，实践表明，那些在保险营销做得成功的精英人士，其70%以上的新客户都是通过转介绍而来的，这说明了让既有客户满意在现代保险营销中的重要性。成功的唯一途径就是，通过良好的服务，让客户产生对保险营销人员及保险产品的依赖与忠诚，那些不顾客户利益、追求短期利益的杀鸡取卵的做法无疑是自掘坟墓。

课堂实作 保险公司推怀孕保险：3个月内怀孕送500元津贴

"你敢生，我就送500元怀孕津贴。"昨日，有产险公司推出一款怀孕保险，被保险人在购买怀孕险之后的3个月内怀孕即可获得500元的怀孕津贴。

相关保险人士表示，该款险种是继中秋赏月险、光棍险之后保险公司推出的又一款个性化产品，将保险与怀孕的概念联系起来。也有不少业内人士质疑，这款"怀孕保险"并没有保险保障的内涵，更多的只是险企为了制造噱头所进行的一种营销方式。

1. 怀孕险昨日起网销

登录平安直通网站了解发现，这款产品24日凌晨正式登录其官网页面，经由网销渠道销售，保费50元，在3个月保险期内一旦被保险人怀孕即可获得500元的怀孕津贴，每个被保险人限投一份。只要是国内年满20周岁的女性都可投保。网页上还表示，被保险人在投保前已怀孕的，无论被保险人是否知晓均不在责任范畴内。此外，购买了怀孕险后，险企后期会为被保险人提供7×24小时女性电话医学咨询服务，包括日常急救指导、女性日常用药及疾病咨询、日常保险咨询、孕产科医学咨询等服务。

2. 奇葩保险产品引争议

"可以发现，这样有噱头的保险产品在市面上越来越多。上述产品的保险责任认定即是只要在保险期内怀孕就可以获得相关津贴，这跟此前的中秋赏月险类似，只要中秋节当天看不到月亮就可以获赔。"业内人士笑称，"也可以将该类产品称为奇葩保险产品。"

有险企内部人士表示，这类产品在整个保险行业均属于创新型产品，且在整个保险产品当中的占比很少，但是每出现一款都极为吸引消费者眼球，险企可能将其作为营销手段。

"不过这类话题性的保险产品在网上确实被消费者热捧，光棍节推出的'脱光险'在光棍节当天就被抢购一空，所以市场上还是有这类产品需求的人群和特定对象。"该人士表示，一些个性化、针对性的产品有利于应对市场竞争和满足百姓需求，但险企自身最主要的还是产品和服务。

资料来源：节选自《广州日报》2013年12月25日刊载的周慧文章"3个月内怀孕送500元津贴"，节选时有删改。

课堂实作训练：

仔细阅读上述案例并组织学生分组讨论下列问题。讨论完毕后要求每组派出一名代表对本组讨论结果进行评述，时间不超过5分钟。各组评述后由教师进行总结点评。

1. 怀孕险、赏月险、脱光险为什么能吸引保险消费者的眼球？试从产品的保障范围、价格、销售方式、理赔服务等方面进行评价。

2. 通过上述险种的推出，保险公司能达到怎样的营销目的？

任务 1.2　熟悉保险营销的发展阶段

1.2.1　熟悉营销观念的几个典型发展阶段

从营销观念的产生到深入人心，被全世界广泛接受并作为企业战略核心的发展历程来看，营销观念经历了下列发展阶段。

1. 生产观念阶段

生产观念的观点是：消费者喜爱那些随处可见的、价格低廉的产品，企业应致力于提高生产效率和分销效率，扩大生产，降低成本以扩大市场。其特点是：① 企业对消费需求不十分关心；② 企业注意力放在产品生产上，追求产值产量；③ 企业管理以生产部门为主体。可见，在生产观念的指导下，企业考虑问题的出发点是企业所拥有的生产能力与技术优势，其观念前提是"物以稀为贵，只要能生产出来，就不愁卖不出去"，其指导思想是"我生产什么，就销售什么，我销售什么，客户就购买什么"，企业一般采取成本领先的市场竞争战略。

生产观念这种原始的营销方式在下列情况下比较有效：第一种是卖方市场，当某个产品的市场供给小于需求时，消费者所关心的是能否得到该产品而忽视其质量或服务，此时企业所要考虑的是如何集中力量想方设法来扩大生产量。第二种是当产品的生产成本很高，必须通过提高生产率、降低成本来扩大市场时，生产观念也比较有效。

生产观念的致命缺陷在于：它将重点转移到了生产本身而忽略了其后续的服务。消费者从企业产品中获取的附加值较少，不利于提高消费者对产品的忠诚度，当竞争对手以更低的价格出售产品时，企业就将失去优势，难以应对价格竞争。

课堂讨论　我国 20 世纪 80 年代的保险市场

国内保险业务恢复后的一段时期，中国保险市场由中国人民保险公司一统天下。1980 年全国保费收入 4.6 亿元，开办的险种由最初单一的财产保险，扩展到包括财产保险、人身保险、责任保险和信用保险四大类几百个险种。

1. 财产保险

1979 年恢复国内保险业务，首先是从恢复财产保险开始的。从 1980 年到 1995 年，财产保险业务在国内业务中占绝对优势，1980 年、1981 年所占比重均为 100%，1983 年为 98.2%，1985 年为 82.3%。在财产保险中，企业财产险和运输工具及第三者责任险是主要险种，1985 年这两项保费收入占总保费收入的比例猛增到 42.2%，1987 年起跃居为财产保险第一大险种并保持至今。

2. 人身保险

1982年，中国人民保险公司恢复开办人身保险业务，当年保费收入仅为159万元，占国内保费总收入的0.2%。初期开办的险种主要有团体人身意外伤害保险、简易人身保险、养老金保险等，以后陆续扩展到各种医疗保险、子女教育保险、婚嫁保险、团体人寿保险等险种。

3. 农业保险

1982年农业保险开始恢复试办时只有生猪保险、棉花保险等几个险种。种植、养殖两业保险一直由中国人民保险公司在全国范围内经营，直到1986年新疆生产建设兵团农牧业保险公司成立后，在划定区域内也开办了种植、养殖两业保险业务。

4. 涉外保险

改革开放前涉外保险业务虽没有中断，但长期在很低的水平上徘徊。1980年后，随着改革开放的不断深入，涉外保险业务快速发展，开办的险种由20多个扩展到80多个，服务范围由原先的进出口贸易扩展到技术引进、中外合资项目、对外承包工程、劳务输出、核电站、卫星发射、国际航运等领域。

资料来源：节选自中国保险学会网刊登的《证券时报》文章"中国保险历史"，http://www.iic.org.cn/D_infoZL/infoZL_read.php? id=8064，节选时有删改。

阅读上述材料，讨论下列问题：

1. 我国保险营销的生产观念时期大概在哪个阶段？为什么？
2. 试对上述四类险种的发展步伐做一个比较，为什么涉外保险的发展步伐要比其他险种快？请说明理由。

2. 产品观念阶段

产品观念是一种以质量为中心、以产品为出发点的营销观念，其观点是：消费者喜欢高质量、功能齐全和具有特色的产品，在产品导向型或技术导向型的营销组织中，应该致力于生产更好的产品，提高产品附加值，并不断加以改进。其特点是：① 强调产品质量和特色；② 强调产品技术的先进性；③ 以专业的眼光确立产品质量和特色。在这种营销观念的指导下，企业的营销出发点仍然是基于其生产能力与技术优势，认为"物因优而贵，只要产品质量好，就不愁卖不出去"，信奉"酒香不怕巷子深"，企业的主要任务放在"提高产品质量，以质取胜"方面。

产品观念的第一个缺陷在于：其坚持认为消费者喜欢好的东西，而忽略了市场细分，更忽略了消费者的真正需要。它主要从生产者的角度来考虑问题，相信生产者自己的产品设计师和工程师就可以解决问题，至于消费者如何认识的，则不重要。这样可能的结果是，企业生产出来的产品脱离市场实际，消费者并不认同。

产品观念的第二个缺陷在于：容易产生"营销近视症"，即很多营销组织过分注重自己的产品，高估自己的市场容量，忽视竞争对手的挑战，无视消费者的需求，采取了不合理或不符合实际的营销策略，结果自然是在竞争中失败。

课堂讨论 和少波：用乔布斯的眼光看待保险产品

传奇一样的乔布斯，用苹果产品开创了电子行业的一个新时代，给这个世界带来了改变，也给市场中的消费者带来了惊喜。乔布斯的电子产品与金融行业的保险产品，看似千差万别，相去甚远，但从产品开发理念来看，苹果产品的创新和成功，完全可以作为保险行业的借鉴。

乔布斯说："我们的目标不仅仅是赚钱，而是制造出伟大的产品。"乔布斯对产品充满了无比的热情，也注定了苹果公司以产品为核心的经营理念。产品设计与制造、销售、服务进行融合，管理流程完全支持产品开发。凭借着强大的产品开发能力，苹果实现了产品决定需求的模式。为此，我们不得不为乔布斯的实力所叹服。反观我国寿险行业，保险公司通常以规模增长为经营目标，没有先进而明确的产品战略，保险产品完全成为保费实现的工具。同时，产品开发力量不足，相对苹果公司强大的产品导向策略，很多保险公司甚至没有完整的产品研发规划，产品开发被销售牵着鼻子走，失去了方向也失去了力量。保险产品同样需要伟大的开发理念。

创新是苹果产品的一大特色，苹果产品总是与众不同地走在同业的前列，iPod、iPhone、iPad 都曾经给"果粉"们带来一个又一个的惊喜。苹果产品的创新清晰地表明，产品创新需要大视野，需要跨行业的融合创新理念。对于 iPod、iPhone、iPad 三款产品的开发，乔布斯跳出了单纯的计算机领域，与音乐、无线通信以及新媒体行业合作，跨行业设计产品。苹果产品的创新不仅仅局限在硬件、软件性能的提高，而是通过多行业合作，创造性地启发、引导和满足消费需求，达到产品创新的目标。乔布斯的创新理念值得我们学习，保险行业与社会领域多个行业息息相关，健康、养老、投资、信贷等产业的发展必然带动保险业的全面发展。万能保险、投连险产品也正是与投资领域结合而创新。目前，我国养老、健康行业发展如火如荼，未来前景光明无限，保险产品开发需要借鉴乔布斯的眼光与勇气，融合创新，跟上并支持养老、健康产业的发展，满足需求甚至创造需求。

资料来源：节选自中华会计网校刊登的和讯保险文章"和少波：用乔布斯的眼光看待保险产品"，http://www.chinaacc.com/new/207_437_201204/13ch1369055464.shtml，节选时有删改。

阅读上述材料，讨论下列问题：

1. 上述文章体现了什么样的营销观念？为什么？
2. 请结合身边的一些与保险相关的事例谈谈自己对当前保险产品设计的看法。

3. 推销观念阶段

推销观念是一种以推销为中心、以产品为出发点的营销观念。其观点是：如果不主动争取，消费者购买的商品就会有限，因此必须积极主动地去推动和促进销售。推销观念的出发点是消费者在购买商品时存在惰性和抗衡心理,因此必须采取手段进行说服。其特点是:① 企业生产与产品不变,卖企业所能生产的产品,是产品需要市场而不是市场需要产品;② 企业开始关心消费者,但并未真正关心消费者的需要和服务,仅仅是推销,促其购买;③ 企业开始设置销售部门,但仍处于从属地位。信奉这一观点的企业认为"没有卖不出去的产品,只有卖不出去产品的销售人员"。

推销观念在下列领域内比较有效:一是非渴求性商品领域。非渴求性商品主要是指那些消费者在一般情况下不会主动想去购买的物品,如果有人推销,消费者就有可能认识到自己的需求并可能进行购买。二是非营利性领域,如政治竞选和一些慈善事业、环保事业等,在欧美国家,为了拉到足够的选票,政治家们一般会在各种公开竞选场合狂热地推销自己的政治策略以抬高自己的得分。

推销方式虽然在一定程度上促进了商品的销售,但存在着非常明显的缺陷:一是在采取推销方式进行销售的过程中,往往耗费大量的人力、物力、财力和精力,结果出现售后服务跟不上,产生售前、售后两张皮的现象,让消费者的持续消费热情丧失;二是推销的方式容易使企业管理者产生错觉,认为只要推销做得好,没有卖不出的商品,把主要精力放在销售技巧和话术等的培训上,无视消费者的真正需求,对营销人员和消费者实行高压式的管理与推销,结果导致消费者的厌烦与抗拒,以及营销人员的心理畏惧。

课堂讨论　友邦人寿:多种激励打造保险代理人渠道

早在1993年友邦人寿即在中国设立分公司,是最早进入中国的外资险企,同样也是最早将保险营销员引入中国的外资公司。从其设立发展到现在,友邦人寿的销售渠道已经拓展为三种类型:营销员渠道、电话营销渠道、银保营销渠道,不过营销员渠道一直占有很高的份额。从友邦集团公司第三季度公布信息可以了解到,营销员渠道占公司新业务价值的比重为71%,而友邦中国的这一数字更高达90%。

据友邦中国首席执行官此前在媒体中所表示的,这主要是公司的"最优秀代理人"策略作为有力支持。于2011年实行的该策略主要内容是将业务考核与员工的工资直接挂钩,明确岗位职责职能,管理销售流程和工具、技能培养点等。

从2012年公司年报数据来看,保险营销员奖金、津贴为34 345万元,比2011年增长了7%。据友邦中国内部中级管理人员介绍,友邦人寿的佣金制度从其入职以来是没有改变的,主要是奖金制度变化比较多,佣金收入主要是针对新保单的提成,而业务员的奖金则针对的业务不同,通常包含长期服务奖、团队业绩奖等。

由于公司依赖于代理人渠道,因此决定了公司的保险种类主要是以寿险、健康险为主。2012年全年友邦中国实现保费收入869 115万元,同比增长5.8%。其中,个人保障类的寿险、意外伤害险、健康险所占比重达到了62.2%,而团险业务也主要是上述三种,投资连接险和分红险所占比例较少。

资料来源：节选自凤凰网财经 2013 年 11 月 18 日刊登的理财周报文章"友邦人寿：外资第一险地位不保，保险代理人渠道突围"，http://finance.ifeng.com/a/20131118/11107995_0.shtml，节选时有删改。

阅读上述材料，讨论下列问题：

1. 当前保险行业保险代理人激励机制的设计主要是基于什么样的营销理念，其利弊主要有哪些？
2. 试结合身边的保险推销事例谈谈自己对保险代理人体制的看法。

4. 市场营销观念阶段

市场营销观念是一种以消费者需求为中心、以市场为出发点的营销理念。其观点是：实现组织的目标和利益，关键在于正确确定的目标市场的需求和欲望，并且要比竞争对手更有效、更快地满足目标市场的需求和欲望。其特点是：① 以消费者需求为中心，实行目标市场营销；② 运用市场营销组合手段，全面满足消费者的需求；③ 树立整体产品概念，刺激新产品开发，满足消费者整体需求；④ 通过满足消费者需求而实现企业获取利润的目标；⑤ 市场营销部门成为指挥和协调企业整个生产经营活动的中心。其指导思想是"客户需要什么，企业就销售什么，市场能销售什么，企业就生产什么"；其任务是"发现客户需求，设法满足客户需求"，并从中实现企业的赢利。

营销观念是在上述三种观念的基础上形成的，到 20 世纪 50 年代开始取代传统的推销观念成为主流。哈佛大学教授西奥多·李维特对推销观念和营销观念做了深刻的对比：推销观念注重卖方需要，营销观念注重买方需要；推销以卖方需要为出发点，考虑如何把产品变成现金，而营销则考虑如何通过产品以及与创造、传送产品和最终消费产品有关的事情来满足买方的需要。

课堂讨论　养老社区不能脱离群众　要跟传统社区正常衔接

主持人：消费者，特别是老年消费者购买养老险或其他保险产品是观念性的转变。中国人保在市场上如何让消费者接受产品，都做了哪些具体的工作？

王慧轩：所有的养老产业也好，养老服务也好，养老的一些相关的产品设计也好，其实始终都有一个核心，这个核心就是客户需求。如果不从这个角度思考问题，做什么工作都是空的。

怎样围绕客户需求进行客户细分，推出最能够适应客户需要的产品，这是保险公司面临的课题，也是我们一直在努力做的工作。

大家都在讲养老，比方说高端养老社区，现在很多公司都在做，我们也在做这方面的工作，但是它不解决社会的普遍性问题。养老社区也有问题，比如说老年人因为周围遇到的都是老年人，大家感觉不到朝气。是否跟社会孤立起来，变成一种高端的养老社区，对老年人的养老就是好的？所以我们也一直在做这方面的探讨。我们在储备一个项目中，就在思考，养老社区不可以脱离其他社会群众，不可以脱离其他一般化的社区，要使这两个社区能够衔接起来。除了老年人这些设施的完善、彼此相互照顾以外，让他们能够看到朝气蓬勃的年轻人，看到天真活泼的儿童，跟传统的社区要能够对接。

老年人是分阶段的，一个阶段跟一个阶段养老需求是不一样的。我们也一直在努力进行养老需求分析，分阶段推出相应的养老保险产品。老年人的消费有老年人自己独特的性质，我觉得可能最集中表现在三个方面。一是基本的生活料理，属于自己体力干不动的、老了的；还有一种疾病治疗、健康治疗，属于围绕身体健康的东西；另一种就是精神孤独。这些方面我们都在做一些研究论证和尝试，可以推出一些相应的产品。

资料来源：节选自新华网 2013 年 11 月 6 日刊登的文章"王慧轩：养老保险产品设计核心是客户需求"，http://www.bj.xinhuanet.com/zt/2013-11/06/c_118036172_2.htm，节选时有删改。

阅读上述材料，讨论下列问题：

上述关于养老保险产品的设计体现了什么样的营销理念？试谈谈你对保险公司建设养老社区的看法。

5. 社会营销观念阶段

社会营销观念是一种以社会利益为中心的营销理念。其观点是：组织的任务和目标是确定目标市场的需要、欲望和利益，并以保护消费者和提高社会福利的方式，比竞争对手更有效地向目标市场提供产品和服务。其特点是：① 理想的企业行为是社会利益、企业利益和消费者利益三者之间的协调统一；② 社会营销理念的提出是协调市场营销活动与社会可持续发展之间矛盾的产物。

社会营销观念起源于 20 世纪 70 年代。随着现代工业化社会的发展，健康和环保问题越来越受到人们的重视，那些不顾及自然和公众健康的营销活动则得到了尖锐的批评，这些引起了全社会的反思。客户对商家的要求不仅只是产品质量，还要求商家具备良好的社会责任感和公共道德意识。社会营销强调要满足客户的需要，具备赢利能力，还要具备公共意识，三者要合一，实现社会总体福利水平的提升。

课堂讨论 核心业务与社会责任的整合协调

和许多企业一样，太平洋保险对社会责任的认知萌芽于公益事业。随着实践的深入，太平洋保险越来越感到，企业社会责任并不简单意味着成本、约束或仅仅是慈善公益活动，而是实现创新和提高竞争优势的潜在机会。因此，在定位社会责任战略方向时，该公司始终秉持着这样一个理念：必须整合协调核心业务与管理，在环境、社会责任以及经济效益之间寻找并维持有效的平衡，从而为利益相关方创造更为全面的价值。

"社会责任应该是企业战略的重要组成部分，应该和核心业务高度相关，在这样的模式下，企业可以随时随地都履行社会责任。"太平洋保险相关人士表示。其中，被广泛认可的，是其为解决民生问题而开发的"安贷宝"小额意外伤害保险，保费只有几十元人民币，却可以为借贷农户提供数万元的保障额度。

"当保险企业在开展业务、谋求利润的过程中，发现企业社会责任能够为发展指导突破之路时，就会产生比较强的主观意愿，并将其转变为有效的企业行为。承担社会责任，会给企业自身带来良好的社会声誉，而良好的社会声誉也必然会推动企业的进一步发展。"正如太平洋保险相关人士所言，"脱离了企业自身商业模式来谈社会责任，也许并不长久。保险，本身是一种市场化的风险转移机制、社会互助机制和社会管理机制，有着天然的'社会责任感'，而太平洋保险是找准了产品/服务的定位和切入点，把关注民生、重视民生、保障民生、改善民生的理念，自然地融入自身的改革与发展中。企业社会责任可以成为企业进步的助推器。"

资料来源：节选自和讯网 2011 年 11 月 16 日刊登的《第一财经日报》陈天翔文章"太平洋保险：企业社会责任也是竞争力"，http://insurance.hexun.com/2011-11-16/135260334.html，节选时有删改。

阅读上述材料，讨论下列问题：

1. 试就自己所知的保险企业从事社会福利事业的情况谈谈自己的看法。
2. 为什么保险公司承担更多的社会责任有利于自身产品销售和业绩的提升？

上述五种典型的营销观念，是随着不同的经济发展阶段而产生的，受到相关社会环境、经济发展水平和企业生产要素制约等因素的影响，企业会根据自身的产品特色与所处的外部环境来采用合适的营销观念以指导企业的生产与经营。五种典型的营销观念之间的比较如表 1-2 所示。

表 1-2 五种典型的营销观念之间的比较

	营销观念	营销出发点	营销导向	指导思想	适用情形
传统营销观念	生产观念	生产技术水平	以量取胜	以产定销	卖方市场
	产品观念	生产技术水平	以质取胜	以产定销	卖方市场
	推销观念	生产技术水平	推销取胜	以产定销	均衡市场
现代营销观念	市场营销观念	消费者需求	需求导向	以销定产	买方市场
	社会营销观念	社会、企业与消费者利益的均衡	社会责任导向	企业优势与市场需求的统一	买方市场

1.2.2 掌握现代保险营销理念

按照菲利普·科特勒的观点，现代保险营销理念是以整体营销活动为手段，来创造使消费者满意并达到企业目标的消费者导向型的企业经营哲学。这一观点中包含三个关键要素。

1. 消费者导向

消费者导向是把消费者的保险需求作为保险营销活动的起点，具体从以下五个方面着手进行。

（1）识别、确认保险客户的真实保险需求所在。从表面看，消费者购买的是具体的保险产品，如康宁、美满人生等具体品牌的保险产品，但从深层次来解读，投保人真正期望得到的并非是保险产品本身和未来的保险赔付，而是对安全的渴望、对经济生活稳定的期待和心理、避险、人生、家庭等要面临的一系列社会问题的解决要求，以及对资产增值保值的期望。这就要求保险营销人员第一时间就要解读出投保人的真正内在需求，才能有的放矢来推荐产品。例如，寻求真正保障可以推荐重疾险、意外险、终身险；又如，寻求资产增值保值的可以推荐万能险、分红险和投连险，并要结合投保人的心理爱好进行，如稳健型的可以推荐分红险，而激进型的可以推荐投连险等。

（2）在市场调查的基础上，对保险市场进行细分，选择保险目标市场。在确定消费者真正的保险需求后，保险公司还应该认识到，单一的保险产品很难满足各式投保人的同类需求，必须进一步细化分析同类保险需求的不同投保人的类别，采取某一可行的标准来对这些投保人进行细分，从中选择一个或数个与公司及公司产品吻合的细分市场作为目标市场，从而有针对性地制定相应的营销策略，进行促销。

（3）针对细分市场客户类型，实行差异化营销。个性化的年代需要的是不同的个性化服务。在细分市场上，保险公司应提出不同的产品设计、服务特色、促销手段以至分销渠道，形成差异化的营销策略与行动方案，力求满足不同投保人的品位，达成促签的目的。

（4）采取科学手段，进行消费者行为分析。只有在了解与掌握消费者的保险消费行为特征及其规律的基础上，才可能制定和实施最有效的营销策略与促销手段。

（5）务实不务虚，要用具有实际价值的营销策略与行动来争取和维系客户。要采取吸引并能持续的营销服务行动来打动客户的心，激起其购买欲望，并能通过有效的客户关系管理行为来维系既有客户，树立其忠诚度。

2．整体营销

整体营销包括下列两个层次的含义。

（1）保险公司的各职能部门配合一致，协同营销。保险公司的核保、精算、客服、理赔、投资、会计、法律、人力资源、办公室等各职能部门都应该以营销为中心，全力配合营销部门争取客户，因为业务是一个公司生存和成长的前提与基础。

（2）各营销组合要素要配合一致，发挥最大的整体效应。保险产品、定价、分销和促销四大组合要素要整合一致，不能互相冲突与矛盾，同时要注意营销方略与行动的时间与空间上协调一致。

3．客户满意

要做到客户满意度高，应贯彻下列原则。

（1）让客户主动来买而非保险营销人员去卖。通过顾问式、亲情式营销，激起客户的购买需求，主动实施购买行为。

（2）"双赢"至上。只有"双赢"，客户的消费行为才能持续。

（3）市场研究是基础。没有调查就没有发言权。客户是否满意，市场需求预测是否准确，基于科学合理的市场调研。

（4）社会效益与公司效益合一。只有建立在社会效益与公司效益统一基础上的营销行为，才能获得政府、社会与群众的支持，公司才有未来的发展空间。那些追求个体私利和短期利益的行为，必将把公司引入困境。

1.2.3 了解当代保险营销理念的发展趋势

随着现代社会的快速发展和生产技术水平的不断提高，人们对生活的质量和生活的环境要求也越来越高，企业面临的市场竞争日趋激烈，保险营销理念也将在以下方面不断创新发展：将更加注重保险企业外部各种关系的协调，将更加注重为客户提供优质服务，将更加注重社会责任的承担，将更加注重高科技信息技术的应用。

1. 关系营销理念

关系营销理念兴起于 20 世纪 90 年代初，其核心理念是企业应与客户发展长期、稳定的关系，使客户保持忠诚。1994 年以后，关系营销理念涵盖范围进一步拓展，扩大到与企业营销活动相关的所有个人和组织，认为营销是一个与客户、竞争者、供应商、分销商、政府部门和社会组织发生互动作用的过程，正确处理与这些个人或组织的关系是企业营销的核心与成败关键。

随着经济社会的开放性越来越强与现代信息技术的快速发展，保险企业面临的外部发展环境越来越复杂。在这样的形势下，保险企业进行经营活动时，必须处理好下列几种关系：一是要建立、发展和保持与客户的良好关系。对于保险行业而言，这是金科玉律，据中国保监会与美国寿险营销调研协会（LIMRA）调查统计，在缘故市场、转介绍、陌生拜访、产品说明会和直邮五种保险展业方式中，效果最佳的是缘故市场和转介绍，占比分别为 74%和 53%，陌生拜访占比仅 23%；而缘故市场和转介绍也是香港地区营销员最主要的展业方式，占比达到 90%，陌生拜访在香港仅占 8%。二是要发展与关联企业的关系以增强企业的竞争力。典型的如银保合作，通过银保合作来进行产品开发和渠道共享，能实现两者双赢。例如，2013 年渣打银行（中国）在国内 20 个城市的 75 个网点开展银保业务，其年化标准保费收入较去年增长 40%，银保业务对整体个人理财业务贡献已接近 30%，这就一个典型竞合关系范例。三是要实现与政府部门、社会组织、公众团体的关系协调一致。作为社会的一分子，保险企业只有积极与政府部门合作，融入当地社会，树立共存共荣的发展理念，才能为企业创造良好的外部发展环境，赢得良好的发展机会。例如，保险企业积极参与新农合，与政府部门一起推动农业保险和环境污染责任保险试点，不但能提升保险企业的社会美誉度，更能获取业务拓展机会。四是要注重建立良好的保险企业内部员工关系。员工是企业的第一生产力，只有员工满意，才能以积极的工作态度来为客户提供更好的服务，为公司创造更多的价值。

2. 大市场营销理念

1984年美国营销专家菲利普·科特勒提出大市场营销（Mega Marketing），指出企业不仅必须服从和适应外部宏观环境，而且应当采取适当的营销措施，主动去影响外部营销环境，即企业的市场营销策略除4P之外，还必须加上两个P策略，即权力策略和公关策略。因此，大市场营销理念认为，为了成功地进入选定市场，并在那里从事业务经营，在战略上要协调地运用经济、心理、政治和公共关系等手段，以博得外国或地方的各有关方面的合作与支持，从而达到预期的营销目的。大市场营销理念的6P组合策略如图1-1所示。

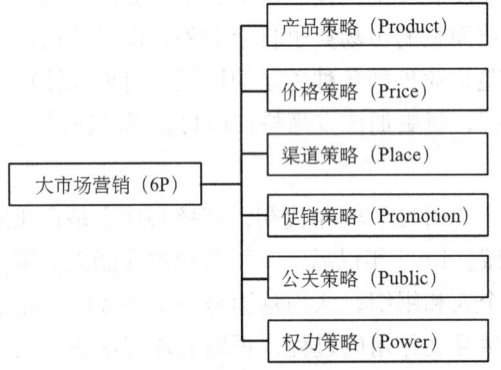

图1-1 大市场营销理念的6P组合策略

随着我国保险市场对外开放程度的不断加大，外资保险公司参与国内保险市场的领域越来越多，为实现本土化目标和树立公司的品牌形象，许多外资保险公司通过资助中国的文化教育事业和积极参与社会公益事业等形式，来获取国人的信任，提升自己的声誉，从而促进保险营销业绩。

延伸阅读　日本财产保险公司的营销策略

作为目前大连唯一的一家外资财险法人公司总部，日本财产保险（中国）（Sompo Japan Insurance Inc.）开展了下列工作：

(1) 2006年5月，中共日本财产保险（中国）有限公司党支部成立。

(2) 2008年12月，日本财产保险（中国）有限公司工会委员会正式成立。

(3) 开展消费者教育活动，大力普及保险知识。

从2006年7月至今连续四年出资赞助大连保险业"保险进校园"活动，同时，在此资金的赞助下，由时任大连市市长夏德仁亲笔作序，大连保监局和大连市教育局共同编写，以保险教育为主题的中小学生漫画读本——《保险伴我快乐成长》（第一辑、第二辑、第三辑）已出版，共印刷5万册，以班级为单位免费向大连全市中小学生发放。

(4) 关心支持教育发展，大力培养金融人才。

在东北财经大学金融学院设置奖教、奖学基金。该基金诞生于1999年，目前是外资保险公司在中国东北地区设立的金额最高、内容最丰富的基金。10余年来，已经向200多名师生颁发了奖金。

资料来源：节选自百度百科"日本财产保险公司"，http://baike.baidu.com/view/1245778.htm？fromTaglist，2011。

3．绿色营销理念

随着生态经济和可持续发展理念的深入人心，全球环保呼声越来越高涨，绿色营销成为21世纪市场营销的重要变革趋势。绿色营销理念的基本思想是企业应以环境保护为要旨，以满足消费者的绿色消费为中心和出发点，在化解环境危机的过程中获得商业机会，在实现企业利润和消费者满意的同时，实现人与自然的和谐相处，共存共荣。开展绿色营销的前提是产销双方绿色意识的树立，基础是绿色产业的形成与绿色产品的开发与生产，手段是树立企业绿色形象、获得绿色标准认证（ISO 14000系列标准）、获取绿色产品标志，具体策略表现在产品的绿色设计、清洁生产、绿色包装、绿色价格、绿色分销、绿色促销及绿色消费等方面。

> **延伸阅读** "绿色保险"温州上路
>
> 7月5日，我市签出"绿色保险"第一单，为鹿城区后京电镀园区一份保额1 000万元的环境污染责任险保单。"绿色保险刚刚起步，要想取得明显成效，需要完善机制。"市环保局总工程师高永兴说，我市计划今年在电镀、化工、印染、造纸、合成革等高环境污染风险企业开展环境污染责任保险试点，这标志着温州正式迈入"绿色保险"的行列。
>
> "利用保险工具参与环境污染事故处理，可以通过市场化的手段分散风险。"高永兴分析道，环境污染责任险达到三方共赢，对企业来说，分散经营风险；对受污染的老百姓来说，可以及时获得环境污染赔偿；对于政府来说，可以减轻财政赔偿压力。
>
> 环境污染责任保险，又称绿色保险，是指企业发生污染事故对第三者造成的损害，依法应承担的赔偿责任为标的的保险。7月5日，由中国人民财产保险公司鹿城支公司和中国太平洋财产保险公司鹿城支公司联保的"绿色保险"第一单，保险范围覆盖鹿城后京电镀园区95家企业，以及后京电镀污水处理有限公司和沿江蒸汽供应有限公司。
>
> 资料来源：节选自和讯网转载的2012年7月11日《温州商报》文章"'绿色保险'温州上路"，http://insurance.hexun.com/2012-07-11/143425068.html，节选时有删改。

4．全球营销理念

21世纪以来，随着网络技术、信息技术、高新技术的快速发展和广泛运用，经济全球化步伐正在不断加快，从而全面打破了企业传统营销的"时空"观念和"国界"观念。现在的保险企业，面对的客户和竞争是跨国界的，面临的市场信息是海量的，从事的业务领域也扩展到全球，因此，应以全球市场的观念来发掘商机、指导营销、拓展疆域。

> **延伸阅读** 新华保险和 SOS 签约"全球化人身风险服务管理方案"
>
> 2009 年 7 月 21 日，新华保险与国际 SOS 在京签署全面战略合作协议，双方围绕全球化保险理赔及救援运营服务共同推出"全球化人身风险服务管理方案"。
>
> 随着保险服务领域的不断拓宽，目前国内保险业有多家保险公司与救援机构开展了境外后援运营服务合作，其主要的合作模式或集中于产品合作，即在某类专属产品如旅游险、健康险、意外险中附加增值境外救援功能；或集中于 VIP 客户服务合作，即重点涵盖不同种类境外服务。而作为新华保险后援服务体系战略性升级，此次与国际 SOS 全面战略合作，在服务范围、服务内容及服务模式上均已突破保险业救援合作的现有程度和传统状态。
>
> 据了解，该方案打破了目前国内保险业仅有专属产品涵盖境外救援医疗责任的惯例，将境内外医疗救援、境外医疗服务网络与住院理赔风险管理，以及境外旅行综合援助等系列保障服务系统性嵌入新华保险多元化保险产品中，从而使该"全球化人身风险服务管理方案"所惠及的客户量从以往 3 万境外救援医疗险客户大幅扩展至 800 余万，占其客户总量的 2/3，达到最大受益客户规模，最终使新华保险各层级客户均能享受到紧急救援服务。
>
> 资料来源：节选自新华保险 2009 年 7 月 25 日文章"新华保险和 SOS 签约'全球化人身风险服务管理方案'"，http://www.5ibenchi.cn/qianyuesos.html，节选时有删改。

5. 服务市场营销理念

服务市场营销理念主要从两个角度切入：一是研究服务业的市场营销活动，二是研究实物产品市场营销活动中的服务策略。由于服务产品与实物产品相比较，具有无形性、生产与消费的同步性、服务产品的非储存性及服务质量的差异性等特征，因此有学者将服务业市场营销组合修改和扩充为七个基本的要素，即在传统的产品、价格、渠道和促销组合策略外，增加了人（People）、有形展示（Physical Evidence）和服务过程（Process）三个策略，形成 7P 策略组合。

第一，人是服务的重要构成部分，服务业企业必须高度重视员工的甄选、训练、激励和控制；第二，服务要通过服务的工具、设备、员工、信息资料、其他客户、价目表等有形方式来进行展示，以传递服务特色与优点，达到说服客户购买的目的；第三，服务过程是消费者参与的过程，要让客户充分满意，必须把对客户的管理纳入有效的推广服务及进行服务营销管理的轨道上。保险业是典型的服务业，服务市场营销理念对指导保险营销工作具有非常重要的意义。

> **延伸阅读** 由"理赔服务夜市"看保险公司的服务创新
>
> 在保险大省江苏省，人保财险南京分公司在行业内首推的"理赔服务夜市"，引起了市场的广泛关注。

"保险公司开了理赔夜市服务，真给力！"这是忙碌了一天的都市白领李小姐在人保财险南京分公司服务大厅办理了理赔手续后的由衷感慨。一天，李小姐在上班途中一不小心，车门碰到了道路隔离栏，修理后一直没有时间去理赔。她是银行的大客户专员，白天需要维护大客户，工作非常忙。在她的印象当中，保险公司和银行都是一样的工作时间，朝九晚五，没想到前几天打电话一问，公司开了理赔夜市，服务时间延长到晚上九点半，周末一样可以办理理赔。这不，下班后，李小姐就悠闲地开着爱车来理赔了。

据人保财险南京分公司理赔部门负责人介绍，他们近期推出的"理赔服务夜市"将理赔服务的结束时间延长至晚上九点半，主要是为了方便白天工作繁忙的客户。目前主要办理不涉及人员伤亡的车辆事故案件的理赔手续，在晚上的服务中，公司对于不涉及人员伤亡的车辆事故 10 000 元以下的案件，在事故责任和保险责任明确、单证齐全、真实的情况下，当场递交保险材料，即刻签发索赔单证接收回执，第二天白天就可以完成案件的制作并支付赔款，支付赔款速度进一步加快，最大限度地方便客户，适应客户的需要。

资料来源：节选自凤凰网财经转载的《中国保险报》2011 年 8 月 3 日文章"由'理赔服务夜市'看保险公司的服务创新"，http://finance.ifeng.com/money/insurance/hydt/20110803/4347809.shtml。

6. 整合营销理念

20 世纪 90 年代兴起的整合营销理念强调客户、注重沟通。它与传统营销理念最大的区别在于重心的转移，从传统的消极、被动地适应消费者，转向积极、主动地与消费者沟通交流，把企业营销战略的重心从 4P 转向 4C。

整合营销理念中的 4C 与传统营销理念中的 4P 相对应（见图 1-2），即在营销活动中，企业产品或服务策略的制定要以研究客户的需求和欲望为中心，向客户提供能最大限度满足其需求的产品和服务；企业产品或服务价格的制定应以客户为满足其需求所愿付出的成本为中心，而非以企业生产产品或服务的成本为中心制定；企业渠道策略的制定要以最大限度向客户提供便利为中心，企业首先要考虑如何让客户比较便利地得到企业的产品或服务，以此制定企业的渠道策略；企业促销策略的制定不能以企业为中心，不能以是否有利于产品的销售为中心，而应以客户需求为中心，以与客户能否实现充分的交流与沟通为中心。这些理念对于保险营销，具有非常重要的现实指导意义。在保险营销过程中，要充分考虑客户的潜在需求，深入挖掘并充分满足；在服务方式上要充分考虑客户的感受，以尽可能地提供便利和快捷；在整个保险营销过程中，都需要与客户进行充分沟通与交流，使客户对保险产品和自身权益有详细了解，尽可能地消弭双方的分歧。

7. 直复营销理念

直复营销（Direct Response Marketing）是指不通过营销中间商而直接由企业利用媒体面对客户的营销活动。直复营销的"直复"是直接回复的意思，即企业与客户之间的直接双向交互，客户对企业的营销努力有一个明确而直接的回复，企业也可通过对这种明确回复的统计，而做出对以往营销效果的评价。

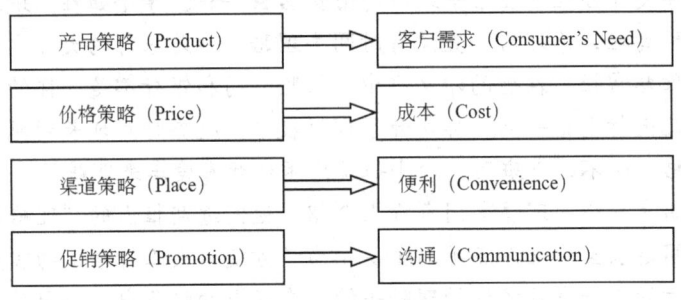

图 1-2　整合营销理念 4C

根据美国直复营销协会（ADMA）所下定义，直复营销是一种为了在任何地方产生可度量的反应和达成交易，而使用一种或多种媒体相互作用的市场营销系统。直复营销的形式主要有电话营销、直接反应印刷媒介、电视直销、直接邮寄营销、直接反应广播等。近年来，保险营销中的电话营销异军突起，销售份额持续攀升。作为直复营销的一种重要手段，电话保险营销将具备广阔的发展空间，成为各大保险公司竞相投资建设的主要营销渠道之一。

8. 网络营销理念

21 世纪是信息时代，网络已经成为人们日常生活中不可或缺的重要沟通与应用媒介。网络营销理念就是基于互联网技术基础上的，以网络为媒介和手段而进行的各种营销活动的总称。企业可依靠网络与供应商、制造商、营销中介、消费者建立起密切的联系，并通过网络收集、传递信息，从而根据消费者需要充分利用网络伙伴的生产能力，实现产品设计、制造及售后服务的全过程，这也是网络营销发展新趋势。保险网络营销正在兴起，已经初步显现出了巨大的发展前景。

延伸阅读　众安在线打造保险网络营销

2 月 20 日，平安联合腾讯、阿里巴巴成立的网络保险公司获得保监会批文。这家名为"众安在线财险公司"的筹备文件已经拿到，注册资本金为 10 亿元，总部设在上海。据记者了解，众安财险定位于服务互联网，针对互联网经济的独特需求提供差异化的保险产品和解决方案。这一模式不是单纯的"在线保险销售"或"网销"，因此，暂时不会对现有保险网销格局造成冲击。

据记者获得的众安内部规划，其注册地在上海外，将不设任何分支机构，但设独立的精算部门、理赔部门、销售部门，完全通过互联网进行销售和理赔。在产品研发上，避开传统车险业务，专攻责任险、保证险这两大非车险专业险种。目标客户则包括所有互联网经济的参与方，如互联网平台、互联网服务提供商、电子商务商家、网络购物消费者、社交网络参与者等公司和个人客户。

本报记者查阅此前的相关信息也发现，华泰保险曾联合淘宝推出退货运费保险，泛华保险服务集团挺进泛华保网，人保与金山王拓推出升级版的网购敢赔险，国寿与快钱公司推出电子解决支付方案，都是保险公司与网络公司联合推出针对网络世界的保险产品，只是不如"三马"联合卖保险名头大，而"三马"的联合则意味着，保险机构已经开始大举进军该领域。

资料来源：节选自向日葵保险网2013年2月24日刊载的文章"三马卖保险 欲吞千亿网上保费"，http://www.xiangrikui.com/shouxian/gushi/20130224/297345.html。

9．个性化营销理念

今天，DIY（Do It Yourself）已成为一种时尚生活潮流，DIY计算机、DIY家具、DIY音乐等已经随处可见。消费者凭借发达的信息技术和便捷的物流网络，通过全面迅速准确地收集自己想要的产品信息，再根据自己的爱好和需求来进行个性化定制，以满足自己的独特消费口味。个性化营销的出现，是随着人们消费水平和知识水平不断提高，追求个性化的理念日益深入人心的结果，因此，针对消费者的个性化需求来实现高度的客户满意成为21世纪营销的新特色。保险营销，本身就是针对每个独特个体来设计保险产品组合以满足投保人或被保险人需求的一种营销活动，让客户主动参与、积极投身于保险产品的设计和营销过程中，从而实现其个性化保险需求的满足，将是未来保险营销的发展趋势。

课堂实作 阳光保险：创新推动服务

一个中国公司在成立的第六年，就拿下一项世界第一，值得一提的是，这个公司不在高科技领域，而是一个金融公司。阳光保险以最具想象力的创新开发出世界首款虚拟财产保险产品，成为中国企业创新能力的体现。

1．产品创新的受众原则

2011年7月6日晚8点08分，阳光保险集团在国家游泳中心"水立方"盛大发布全球首款虚拟财产保险，首创网游财产虚拟银行——"宝物银行"。它意味着虚拟财产终于从盲点中走出来，被主流的金融机构所认同。它为保险行业打开了一片广阔的市场，同时奠定了阳光保险在这一领域的领军位置。

8月30日，阳光产险推出e车险"闪赔"服务标准，树立了车险行业最新的理赔服务标杆，将车险理赔服务引领到一个新的高度。"闪赔"这一全新理念是一项针对小额赔付推出的快速理赔服务，即"阳光e车险"客户，专享5 000元以下（非人伤）案件，免单证，报案24小时内赔付。如有延时，还将对阳光产险执行实际赔款金额的100倍罚息。

阳光人寿则根据经济发展大势，推出公司首款同时具有"分红险"和"万能险"功能的保险产品——"富贵满堂财富增值计划"，有效抵抗通胀，阻击财富贬值，保障客户财富的增值。

产品的创新，体现了阳光保险的受众针对性，从而让人们感受到它的活力和创造力。

2. 服务创新的客户原则

8月31日8点46分，在"闪赔"服务标准发布仅仅20小时之后，阳光产险上海市分公司接到客户出险报案，查勘定损员立即与驾驶员取得了联系。经过现场查勘，判定该案符合公司"闪赔"案件要求。该客户成为享受阳光产险"闪赔"服务标准的第一位网络车险客户。

这是阳光网上车险在车险服务概念和服务理念上的一次重大突破，是真正以客户为中心的服务创新举措，打破了行业现有服务规则。数据显示，在"闪赔"服务标准运行三个月时间里，"闪赔"案件结案率100%，平均结案周期仅0.56天，无一投诉。

5月19日至8月19日，阳光保险在这92天的客户服务节里，通过它的产品、服务，更重要的是它的阳光生活方式，让它的几千万客户感受到保险业大服务时代生活的改变。而阳光保险也在最细微处着手，放眼整个服务业，潜心打造"最服务"。

客服节期间发生了"7·23甬温线特别重大铁路交通事故"，阳光保险第一时间集结在事故现场外围，通过微博、电台，尽可能收集伤亡者信息，寻找出险客户——7月26日，在确认出险客户2小时后，就把理赔款交到了客户手中，为客户提供高效便捷的服务体验。

3. 渠道创新的应变原则

创新是阳光六年超越式发展的利器，而科技是实现创新的基础，是促进新渠道、新模式发展的基础。新型营销方式会代表未来保险业的发展方向，营销体制的创新会为传统的营销方式注入新的活力。这些变化趋势都给新兴保险公司创造出了发展超越的良机。

5月26日，备受关注的内地非金融机构支付（第三方支付）牌照正式敲定，央行首次颁布了包括腾讯"财付通"在内的27家支付业务公司的经营许可。借此，阳光人寿与腾讯"财付通"展开合作，将保险"E"化变为了现实，客户在QQ上就可以轻松买保险。阳光客服节期间37万余名客户通过淘宝网和腾讯"财付通"购买了阳光人寿的意外险产品，享受到了阳光所带来的快捷、方便的E化服务。

6月27日，阳光产险与泛华保网合作，登录互联网第三方网上保险交易平台，成为阳光保险在网络营销模式上领先行业的又一次创新尝试。

2011年，阳光保险坚持以客户为中心，在产品、服务及渠道方面坚持创新，引领了行业发展的潮流。秉承"让我们的服务成为客户选择阳光的理由"的服务理念，在主体繁多、竞争激烈的中国服务企业中脱颖而出，在业界创造了另一项纪录——唯一一家成立五年便跻身中国服务业企业500强前100名的保险企业。

课堂实作训练：

仔细阅读上述案例并组织学生分组讨论下列问题：

阳光保险的上述经营活动，体现了怎样的营销理念？试分组从不同角度进行研讨，15分钟后请每组推荐一名代表进行研讨成果分享，教师做总结点评。

任务 1.3　熟悉保险营销的主体、客体和对象

作为多方参与的保险市场体系，保险营销必须有营销的主体、营销的客体和具体的营销对象三个市场要素，缺一不可。

1.3.1　熟悉保险营销的主体

保险营销主体是指保险产品的提供者，是保险消费者获得保险消费服务的源头，主要有两类主体：一是各种保险组织；二是各种保险中介。

1. 典型的保险组织

（1）现代保险公司。最典型和常见的保险提供者是保险市场体系中的各家保险公司，通常可按下列标准进行分类：

① 按其经营的产品种类，可以分为人寿保险公司与财产保险公司；

② 按其所有制，可以分为国有独资保险公司、股份制保险公司和外商独资保险公司；

③ 按其承保风险是否转移，可以分为原保险公司和再保险公司。

（2）相互保险组织。相互保险组织是一种比较特殊的保险机构，属于比较原始的保险组织，其会员既是公司成员，又是公司客户，成员之间互相提供保险，是目前世界保险市场的重要组成部分。通常有以下四类典型组织形式。

① 相互保险公司。它是由法人投资成立的保险组织，主要目的不是营利，而是为成员提供低成本的保险，采取的收费方式通常有预收保险费制、摊收保险费制、永久保险费制等形式。

② 相互保险社。一般是某一行业的人员为了规避同类灾害造成的损失而组织建立的保险互助机构，当其中任一成员蒙受保险损失时，由全体成员分摊，其保单持有人即为社员，保单金额没有高低之分，每个成员都有相同的投票权，保险费收取按具体的损失额度来分担。

③ 保险合作社。它是人们根据自愿的原则募股设立的保险组织，也属于非营利性的保险组织，保险费收取采用固定保险费制，一次缴费，不再收取。

④ 交互合作社。类似于相互保险公司的一种非法人组织，多见于美国，属于非营利性组织，成立时不需要筹集资本金，一般委托代理人管理，报酬来自保险费收入，主要经营财产保险业务，以个人汽车保险业务为主，一般不经营寿险业务。

（3）个人保险组织。个人保险组织是以个人名义经营的保险组织，是英美市场上的重要组织形式之一。其他国家为了保护消费者利益一般都不允许个人经营保险业务，最典型

的就是英国的劳合社。其成员主要包括：承保会员，是经营保险业务的主体，有权以自己的名义承担危险，但自身并不参与具体业务活动，而是委托保险代理人办理；非承保会员，主要是保险经纪人，和承保会员一样，能使用劳合社的一切设施，但不开展承保业务；年费会员，每年通过捐助一部分钱，获得保险经纪人资格的会员；准会员，为会员和年费会员提供保险业务的人员，如海险理算师、精算师和律师等。

(4) 政府保险组织。对于那些一般营利性保险组织不愿意提供或者无力承保，而社会又存在强烈需求，对社会生活的正常运转有着非常重要意义的险种，如巨灾保险、农业保险、存款保险等，由国家来投资设立专门的非营利性机构来直接经营，为整个国民经济的良性运转提供有力的保障。政府保险组织不同于国有保险公司，国有保险公司不是政策性保险公司，是以营利为目的，实现股东即国家投资收益最大化的主体。

2．保险中介

保险中介是那些介于投保人和保险人之间的，专门从事保险业务咨询与招揽、风险管理与安排、价值衡量与评估、损失鉴定与理赔等中介服务活动，并从中依法收取佣金或手续费的企业或个人，主要有保险代理人、保险经纪人和保险公估机构三类。

(1) 保险代理人。《中华人民共和国保险法》第一百一十七条规定："保险代理人是根据保险人的委托，向保险人收取佣金，并在保险人授权的范围内代为办理保险业务的机构或者个人。保险代理机构包括专门从事保险代理业务的保险专业代理机构和兼营保险代理业务的保险兼业代理机构。"

(2) 保险经纪人。《中华人民共和国保险法》第一百一十八条规定："保险经纪人是基于投保人的利益，为投保人与保险人订立保险合同提供中介服务，并依法收取佣金的机构。"

(3) 保险公估机构。《保险公估机构监管规定》第二条规定："本规定所称保险公估机构是指接受委托，专门从事保险标的或者保险事故评估、勘验、鉴定、估损理算等业务，并按约定收取报酬的机构。"

1.3.2　熟悉保险营销的客体

保险营销的客体是指营销主体生产和经营的对象，也就是保险产品。与其他普通商品相比，保险产品具备自身的独特特性。只有在充分了解保险产品的独特特性的基础上，才能制定正确合理有效的保险营销策略。

1．保险产品的特性

(1) 保险产品的不可感知性。投保人购买的保险产品，除了纸质合同外，其主体是保险人给予投保人的未来承诺，而非物质化的商品可以现场触摸和感知，除非发生保险合同所承保的保险事故。投保人并不能在平时感受到保险产品给他带来的物质化利益。因此，如何让投保人认识其面临的财产或人身风险，并相信保险人的理赔承诺就是关键，所以一般而言，保险人的信誉度、财务状况、偿付能力、品牌形象就是投保人关注的焦点。在进行保险营销时，这些关键性营销要素一定要考虑进去。

（2）保险产品的不可分离性。保险产品的生产与销售是同时进行的，这就决定了保险产品只有根据投保人、被保险人的实际情况来进行核保、承保和签发保单，以及后面的查勘和理赔，都是一系列的个性化的生产和服务过程。因此，保险产品组合决不能脱离投保人实际，不能凭保险人的主观臆断，只有在真正掌握了投保人的真实保险需求的基础上，才能量身定制出让投保人满意的保险产品组合。

（3）保险产品的不可保存性。保险产品的不可分离性也就决定了其不可保存性，哪怕是对同一个投保人或被保险人，时间不同，其财产、身体等承保对象的情况也会发生变化，所以不可能产生承保对象、承保风险、承保险费率等要素完全一样的两张保单，除非是同一时点就同一对象签发的。这也就要求保险人要根据市场上的最新动态、投保人的最新情况和自己的承保能力不断开发新产品，采取新的营销手段或策略，来满足保险客户日益变化的保险需求。

（4）保险产品的价格稳定性。保险产品是根据风险的损失率、生命表中的生存率或死亡率、资本市场的投资回报率、保险人的经营费用率来综合制定的。在一定的时期内，上述费率因素不会发生大规模的变化，这也就决定了保险产品的价格相对其他产品来说，比较稳定。保险人既不可能大幅降价也不可能大幅提价。价格竞争相对于其他行业而言，一般较少采用，主要是非价格竞争，主要在服务质量、承保能力和风险管理水平等方面展开。

（5）保险产品的不可比较性。正是因为保险产品是一种无形的商品，是根据保险人自身的承保能力、风险控制水平和经营管理能力等综合因素来进行承保、理赔和客服的，所以即使市场上两家保险公司的产品非常类似，也不能就保险合同条款来进行简单的对比。保险产品的质量性能不仅仅取决于费率、条款等外在的表面因素，还取决于保险人所提供的各项相关服务、风险控制能力、偿付能力、财务状况、生存发展能力等诸多要素，其核心重点是服务水平。因此，如何做好各项服务就是保险营销的关键所在。

2．保险产品的种类

随着社会的迅速发展，各种新风险层出不穷，相应地也就产生了各种各样的保险需求和保险产品。但总的来说，无外乎下列几类：

（1）按保险性质，可以分为商业保险、社会保险和政策保险。

（2）按保险标的，可以分为财产保险和人身保险。其中，财产保险又可细分为财产损失保险、责任保险、信用保证保险等；人身保险可细分为人寿保险、健康保险、意外伤害保险等。

（3）按危险转移层次，可以分为原保险和再保险。

（4）按实施方式，可以分为强制保险和自愿保险。

1.3.3 熟悉保险营销的对象

保险营销的对象是保险营销活动的具体指向，即保险消费者。保险消费者包括个人消费者和团体消费者两类。对保险的投保需求分析和投保行为规律的研究，是形成保险营销策略的基础，同时保险消费者对保险产品和保险促销行为的反应，决定了保险营销策略的成败。所以，如何开拓和留住客户，提供比竞争对手更有"让渡价值"的保险产品，提升客户满意度，从而建立和巩固客户对保险公司的忠诚度就是保险营销的核心关键问题。

1. 客户让渡价值

客户让渡价值是客户总价值与客户总成本之间的差额部分。客户总价值是客户从企业提供的产品或服务中获取的全部利益，由产品价值、服务价值、人员价值、形象价值和个人价值五个方面组成。客户总成本是客户为购买所需产品所耗费的时间、精力、体力及所支付的货币资金等。客户让渡价值可以用下式表达：

$$客户让渡价值=客户总价值-客户总成本$$
$$客户总价值=产品价值+服务价值+人员价值+形象价值+个人价值$$
$$客户总成本=货币成本+时间成本+精力成本+心理成本$$

式中，产品价值，是由产品的功能、特性、品质、品种等所产生的价值，是决定客户购买总价值大小的关键和主要因素；对保险产品而言，就是保险客户购买保险产品所获得的保险保障、投资增值的价值。服务价值，是伴随保险产品的出售，保险人向客户提供的各种附加服务所产生的价值，是构成客户总价值的重要因素之一。人员价值，是指保险公司员工的经营思想、知识水平、业务能力、工作效益与质量、经营作风、应变能力等所产生的价值，企业员工直接决定企业为客户提供的产品和服务的质量，决定着客户购买总价值的大小。形象价值，是保险公司及保险产品在社会公众中树立的总体形象所产生的积极影响，包括企业的产品、商标、工作场所等所构成的有形形象所产生的价值，也包括企业及其员工的职业道德行为、经营行为、服务态度、企业的价值观念、管理哲学等无形形象所产生的价值。个人价值，是保险产品对客户具有的某种特殊意义。货币成本，是客户在购买保险产品中所支付的保险费。时间成本，是客户在购买保险产品过程中的时间支出。精力成本，是在保险需求形成、信息调研、决定投保的过程中所消耗的精神和体力，以及参加保险后的感受。心理成本，是在购买和消费保险产品的过程中所形成的心理负担。

由上可知，客户让渡价值可以看成客户购买保险产品过程中所获得的利益，而保险客户一次特定的购买过程限于其知识、经验等，也许并没有实现让渡价值的最大化，但通过重复购买，这位客户会逐渐积累经验和知识，来增加其获得的让渡价值。所以，保险客户对于任何保险公司的保险产品和服务的信任，不是建立在一次性的购买和使用上的，只有那些能够真正提供比竞争对手的客户让渡价值更大的保险公司，才能维系已有的客户。

通常提高客户让渡价值的途径有尽力提高客户价值和尽力减少客户成本。在上述两个方面都要做出营销努力。

2. 客户满意度

客户的让渡价值很好地说明了客户的购买选择与行为取向，但是，客户对保险产品的每次购买并不是按照让渡价值，而是按照其满意程度给予评价的。满意的客户是企业最大的营销财富，因为客户通常反复购买令其感到满意的企业的产品和服务，而且满意的客户还将通过宣传来影响其他人的选择，因此，满意的客户是企业最好的广告。

客户满意度是客户通过对一个产品的可感知绩效（效果）与其预期绩效（期望）比较后所形成的感觉状态。

客户的可感知绩效是客户购买和使用保险产品以后可以得到的好处、实现的利益、获得的享受及被提高的个人生活价值。

客户的预期绩效是客户在购买保险产品之前，对于产品具有的可能给自己带来的好处、利益和提高其生活质量方面的期望。

客户满意度可被描述成以下函数：

$$客户满意度 = 客户的可感知绩效 \div 客户的预期绩效$$

客户满意度>1，则客户很满意；客户满意度=1，则客户满意；客户满意度<1，则客户不满意。

由上式可知，保险公司要提高客户满意度，可以在降低预期绩效、提高可感知绩效或两个方面均做出相应的营销努力来实现。

3. 留住客户

一个成功的保险公司通常更善于吸引与留住客户。客户满意只是为企业提供了吸引和留住客户的可能性，企业还应该采取必要的措施和方法来吸引和留住客户，提高客户的满意度和忠诚度。

菲利普·科特勒曾做过的统计得出了下列结论：

（1）吸引一个新客户的成本是保留一个老客户成本的 5 倍，所以保留现有的客户比吸引新客户更为重要；

（2）一个企业平均每年流失 10%的老客户；

（3）一个企业如果能将客户流失率降低 5%，其利润就能增加 25%~85%；

（4）企业的利润主要来自企业的老客户。

研究也表明，不满的客户会将一次不愉快的经历告诉大约 11 个人，这 11 个人又各自会和另外 5 个人说起这件事，这样，由于失去一位客户，加上受其影响而离去的客户，人数可达 67 人，平均数为 18 人。

企业应通过客户关系营销和对客户关系的管理，来减少客户的不满意率，提高客户的满意度和忠诚度，形成与客户关系的紧密联系，达到提高企业的客户保持率和争取更多的新客户的目的。

在不同层次上保持不同的客户关系，需要的努力程度不同，费用也不同。一般来说，企业与客户之间存在5种不同层次的关系营销。

（1）基本关系。保单签订后，营销人员不再与客户接触。

（2）被动式关系。保单签订后不久，客户就保险出现的问题或不满及时向企业反映。

（3）反映式关系。保单签订后不久，通过各种方式了解客户所购买的保险与其需求是否相符，并从客户那里收集意见和建议。

（4）主动式关系。保险营销人员经常与客户联系，随时交换有关信息。

（5）伙伴关系。保险营销人员与客户一直保持畅通的关系。

实践证明，在关系营销中，保险公司应采取的做法与利润率高低及客户数量和业务标的的大小相关，如表1-3所示。

表1-3 不同层次的保险客户关系营销

类　型	高利润	中利润	低利润
客户很多，标的小	反映式关系	被动式关系	基本或被动式关系
客户和标的中等	主动式关系	反映式关系	被动式关系
客户较少，标的大	伙伴关系	主动式关系	反映式关系

课堂实作　客户满意度的级别

客户满意度的级别是指客户在消费相应的产品或服务之后，所产生的满足状态层次。

客户满意度是一种心理状态，是一种自我体验。对这种心理状态也要进行界定，否则就无法对客户满意度进行评价。心理学家认为情感体验可以按梯级理论划分为若干层次，相应可以把客户满意程度分成七个级度或五个级度。

七个级度：很不满意、不满意、不太满意、一般、较满意、满意和很满意。

五个级度：很不满意、不满意、一般、满意和很满意。

管理专家根据心理学的梯级理论对七梯级给出了如下参考指标。

1. 很不满意

指征：愤慨、恼怒、投诉、反宣传。

分述：很不满意状态是指客户在消费了某种商品或服务之后感到愤慨、恼羞成怒难以容忍，不仅企图找机会投诉，而且还会利用一切机会进行反宣传以发泄心中的不快。

2. 不满意

指征：气愤、烦恼。

分述：不满意状态是指客户在购买或消费某种商品或服务后所产生的气愤、烦恼状态。在这种状态下，客户尚可勉强忍受，希望通过一定方式进行弥补，在适当的时候，也会进行反宣传，提醒自己的亲朋不要去购买同样的商品或服务。

3. 不太满意

指征：抱怨、遗憾。

分述：不太满意状态是指客户在购买或消费某种商品或服务后所产生的抱怨、遗憾状态。在这种状态下，客户虽心存不满，但想到现实就这个样子，别要求过高吧，于是认了。

4. 一般

指征：无明显正、负情绪。

分述：一般状态是指客户在消费某种商品或服务过程中所形成的没有明显情绪的状态。也就是对此既说不上好，也说不上差，还算过得去。

5. 较满意

指征：好感、肯定、赞许。

分述：较满意状态是指客户在消费某种商品或服务时所形成的好感、肯定和赞许状态。在这种状态下，客户内心还算满意，但按更高要求还差之甚远，而与一些更差的情况相比，又令人安慰。

6. 满意

指征：称心、赞扬、愉快。

分述：满意状态是指客户在消费了某种商品或服务时产生的称心、赞扬和愉快状态。在这种状态下，客户不仅对自己的选择予以肯定，还会乐于向亲朋推荐，自己的期望与现实基本相符，找不出大的遗憾所在。

7. 很满意

指征：激动、满足、感谢。

分述：很满意状态是指客户在消费某种商品或服务之后形成的激动、满足、感谢状态。在这种状态下，客户的期望不仅完全达到，没有任何遗憾，而且可能还大大超出了自己的期望。这时客户不仅为自己的选择而自豪，还会利用一切机会向亲朋宣传、介绍推荐，希望他人都来消费之。

五个级度的参考指标类同。客户满意级度的界定是相对的，因为满意虽有层次之分，但毕竟界限模糊，从一个层次到另一个层次并没有明显的界限。之所以进行客户满意级度的划分，目的是供企业进行客户满意度的评价之用。

资料来源：节选自百度百科，http://baike.baidu.com/view/995381.htm。

课堂实作训练：

结合上述阅读材料，任选一题谈谈自己的看法：

1. 以自己的某一次网购经历为例，试分析一下淘宝卖家应如何提升客户满意度。

2. 以自己在某大型超市的购物经验，试分析该超市应如何提升客户满意度。

3. 以自己在某银行存取款的经历，试分析该银行应如何提升客户满意度。

营销工具

客户满意度调查表

下表列出了与保险服务质量相关以及影响客户满意度的一些属性。请在"事前期望值"栏给出您对下列各项属性的事前期望值，如果您买过或为您的家人与朋友买过保险产品，请在"实际满意度"栏给您记忆最深的保险公司（　　　　）的实际满意程度打分。

事前期望值：1——非常重要；2——重要；3——一般；4——不重要；5——非常不重要。

实际满意度：1——非常满意；2——满意；3——一般；4——不满意；5——非常不满意。

序号		保险服务客户满意度属性	事前期望值	实际满意度
1	保险产品	保险险种种类丰富		
2		保险期限规定合理		
3		保险条款通俗易懂		
4		保费、保额合理		
5		分红、投资回报率高		
6	保险服务	咨询与售后服务及时周到		
7		核保流程合理、高效		
8		理赔时效性高，理赔态度好		
9		保单送达及时		
10		续期保费的缴费方式简便		
11	业务员表现	保险业务员诚实可靠，不过分夸大条款的保障范围		
12		保险业务员能充分解说保单条款内容		
13		保险业务员具备良好的服务态度		
14		保险业务员与客户保持友好的朋友关系，联系频繁		
15		保险业务员还能提供有关保险理财规划的建议		
16	公司形象	保险公司具有良好的口碑与专业形象		
17		保险公司声誉好		
18		保险公司知名度高		
19		保险公司财力雄厚		

续表

序号	保险服务客户满意度属性	事前期望值	实际满意度
20	保险公司会按规定进行理赔，及时支付赔付保险金		
21	保险公司会按规定进行红利分配，定期返还		
22	保险公司宣传资料能准确传递服务内容与公司形象		
23	公司管理　保险公司具有良好的管理水平和高效的工作效率		
24	保险公司具有规范性服务		
25	保险公司具有方便的咨询和投诉渠道		
26	保险公司具有共享产品等信息给客户的系统或渠道		
27	合　　计		

资料来源：节选自百度文库"保险服务客户满意度调查问卷"。

营销实战

时代沃华：智能手机成保险营销利器

易观智库产业数据库显示，2013年中国移动互联网市场用户规模预计将达6.48亿个，同时，谷歌调查了1 000名中国成年在线用户，67%的人年龄在18～34岁且53%的人拥有本科以上学历，调查对象中男性占了多数。智能手机、移动互联网正在"侵蚀"着我们的生活。很多企业也看到了这样的机遇，借助智能手机、利用移动互联网进行营销，手机支付、手机钱包、手机炒股等也快速地渗透到了金融行业，成为金融行业的战略性机遇。

保险业务是"强关系"业务，这一点和智能手机的精准性、贴身性、私密性息息相关，这决定了智能手机是打开保险公司与客户关系的"金钥匙"。

1．智能手机将成为保险业务的最佳入口

华尔街有句名言："唯趋势才是你的朋友。"就目前来说，智能手机、移动互联网无疑是整个社会的趋势所在，如同当年的互联网一样，在很大程度地改写着人们的生活方式、企业经营模式和市场行为。

付鹏鹏认为："千万不要以为保险行业相对传统就可以忽略这样的社会趋势。面对趋势，谁都不能置身事外，就目前的移动互联网发展速度，我们有理由相信，几年之后的保险业务模式，完全可以在手机上完成。对于保险公司来说，只是需要掌握如何通过移动互联网精准找到客户和搭建一系列移动营销平台去维护客户关系的方法。"

你的客户在哪里？这是每个企业面临的最大问题。对于客户来说，他们并没有能力去分辨哪家公司好或同类型险种到底哪家公司更适合自己。在这个时候，信任就显得至关重要。把业务建立在信任的基础之上，这个特点是典型"强关系"的业务模式。但是，信任无法衡量，与客户关系的建立人为的不确定性因素太大。因此，在如何建立信任这一方面，保险公司很难形成突出的核心竞争优势。产品优势又因为很容易被模仿也很难形成竞争刚优势，因此保险公司就形成了，一方面，要不断寻找客户解决生存的问题，另一方面，要不断提升品牌解决企业的发展问题。

2. 保险行业移动营销的特点

作为一个可能改变保险行业趋势的途径，移动互联网在解决"如何找到客户"方面有自己独特的优势。目前的移动营销已经与云技术结合了起来，可以根据客户手机里下载的APP、浏览的WAP网页，或者经常去的商场、写字楼等判断出客户的年龄、职业、收入水平、喜好等。这无疑为保险业务的精准推广找到了依据，而这一点也只有在移动互联网上能够实现。此外，目前的LBS技术，可以让短彩信、APP广告、手机桌面通知广告的推送精确到100米之内，精准是移动营销的一大特色。

结合移动营销，也可以这样找到客户。通过LBS技术，锁定目标市场区域，如国贸商圈、中关村商圈等客户相对集中的地方，通过手机的短信、彩信推广保险业务信息，这个完全可以通过保险业务人员与相关短彩信平台合作来完成。还可以通过APP进行推广，当商圈附近的客户在通过APP应用炒股、玩游戏、阅读的时候，通过移动广告平台、短彩信平台、PUSH广告平台等推送相关信息到客户的手机上，有兴趣的客户可以通过点开广告，打开推广页面，甚至可以实现一键拨打电话去咨询相关保险业务。

移动营销的另一大特色，就是便捷性。手机是随身携带的媒体。在中国的特殊环境下，一般客户很难意识到自己需要购买保险，除非是特定环境下，如朋友、亲戚的口碑推荐，一些突发事件的影响，以及对未来不可预期的担忧等。这种对保险的需求意识往往稍纵即逝，如果这个时候，客户的手机上适时出现保险的推广信息，必将给客户留下深刻的印象。相比较其他推广形式，如电话、邮件、广告等，更容易实现第一时间推送保险信息，更容易触发客户购买的需求。

手机并不仅仅是保险业务的推送平台，其交互性也非互联网和传统媒体所能比拟的，微博、微信这些社会化媒体在移动互联网上的成功可见端倪，用户不仅能够通过手机即时了解保险业务，还能快速将这些信息分享出去。例如，客户看到了一个不错的保险，自己又没把握下决定，可以通过微博、微信发送给有经验的朋友帮助自己参考。互动的形式不仅如此，邮件、短信彩信、客服电话等都可以成为交互的载体，在APP上几乎所有的社会化媒体渠道都可以打通，客户可以自由选择自己喜欢的交互方式进行互动。

移动营销应用还可以通过移动互联网构建自己的CRM系统，甚至可以通过APP实现电子签约、在线支付、在线理赔等。如果实现了，可以大大缩短保险业务周期。在移动互联网时代，销售人员把在路上、打电话时间节省下来，同时把空闲的时间利用起来，在路上、在餐厅、在家里随时随地都可以办公，效率自然也大大提升。

付鹏鹏认为："移动互联网的发展空间注定是超过互联网的，前景几乎没有上线。就目前来说，我们可以肯定的是，LBS 营销、APP 营销、AR（增强现实）营销、VR（增强虚拟）营销、PUSH 广告营销、短彩信营销等已经是较为成熟的营销手段了，并在国外有了广泛的应用。"

3．移动营销也可以这么玩

从来没有人说玩电视广告、玩户外广告，也没有人说玩网络广告，但是移动营销完全可以用"玩"来比喻。因为精准性、便捷性和很强的互动性，它总是以好玩的形式出现在客户面前，哪怕是相对枯燥的保险行业也不例外。下面分享几个保险、金融行业移动营销的案例，供参考。

（1）AXA（法国安盛保险公司）汽车保险 APP 广告。汽车保险的营销方式一直以来十分枯燥，大家更多拼的是渠道，很少有把营销推广方式向创意上靠拢，但是在法国安盛，他们却借助移动营销玩出了花样。

他们将自己的平面广告与 iPhone 的 APP 应用相结合，推出了这个名为"i-Ad"的创新性营销活动。为了帮助和指引那些交通事故保险赔偿的事宜，安盛首先在报纸上登出了一起交通肇事的现场照片，当用户将安装了相应 APP 程序的 iPhone 放到指定位置时，便可以通过一段神奇出现的视频了解到整个事件的真相。一条大街两旁停了很多车，但是，一头大脚怪兽的到来打破了这条街的宁静，所有的车都被怪兽的大脚踩报废了。这个内容本身是在告诉人们，意外并不以人的意志而改变，买份保险，你的汽车就有了保障。

这个营销案例其实是典型 AR 营销，通过智能手机摄像头，对准指定的区域，在手机屏幕上就会出现虚拟的画面，可以是视频，可以是动画，也可以是图片。如果在保险合同上设置相应的区域，客户用手机摄像头对准指定区域，手机里就会出现关于这份保险的视频介绍。这样的体验，绝非简单的文字可以比拟。这种营销方式，还可以应用到宣传品、广告甚至线下活动上。

资料来源：http://v.youku.com/v_show/id_XMjgxMDQ5Nzgw.html；http://www.bobd.cn/design/graphic/works/outdoor/201010/44549.html。

（2）瑞典 AMF 养老金基金公司的手机营销。瑞典 AMF 养老金基金公司整合了户外、网络、电视等多种媒体形式进行了大量的广告投放，广告宣传口号是"看看你老了的样子吧"，并请来了著名的电视节目主持人以及歌星做宣传。与此同时，AMF 还启动了一个创意十足的营销活动，手机用户通过彩信发送自己的照片到指定的号码，一段时间后，系统会把用户老年时的照片发回到手机上。凭借彩信这种简单、廉价的互动沟通方式，AMF 收获了意想不到的广告效果。一个月的时间共有 5 万多用户提交了 30 多万张照片，AMF 的开户人数也直线上升。

这个案例的成功，得益于精准地把握了客户的情感弱点，变生硬的推销售卖为温情的提示、主动的关怀，拉近了产品/品牌与消费者的距离，赋予了基金服务的人性化色彩，激发客户了解产品的欲望。这个案例将彩信的互动和精准定位价值发挥到了极致。因此，保险公司千万不要以为短彩信的营销方式就是不断的推送，多想一些创意和人文关怀的东西，就可以取得意想不到的效果。

资料来源：http://www.iwebad.com/interactive-marketing/finance-advertising/2010-04-12/799.html。

（3）澳大利亚 NrMa 保险公司 APP 游戏营销案例。汽车剐蹭是汽车保险理赔的大头，特别是停车场剐蹭事件时有发生，保险事故频发。有鉴于此，NrMa 公司创建了这个停车的 APP 游戏。车主通过玩停车游戏，一方面可以学习到停车的知识，另一方面在游戏的过程中，提高对车险的认识。在没有投放主要广告的情况下，APP 被下载了近 20 万次，这些人就都成为了 NrMa 保险公司的潜在客户。

资料来源：http://v.youku.com/v_show/id_XNDUwMjkzMzY4.html。

移动营销因为具有极强的交互性，客户可以很便捷地参与到互动中。如此一来，保险公司很快就能够掌握客户信息，从而进一步挖掘需求，让其成为保险公司的客户。

资料来源：节选自中国财经网 2013 年 8 月 21 日的文章"时代沃华：智能手机成保险营销利器"，http://finance.fecn.net/2013/0821/102329.html。

实战要求：

1．与传统的保险营销方式相比，保险移动营销具备哪些新颖独特的地方？

2．参考上述相关保险移动营销案例，请自己构思一种保险移动营销模式，说出自己的大致想法，并与他人进行分享。

重要概念

营销　市场　客户满意度　保险营销　整体营销　生产观念　产品观念　推销观念
市场营销观念　社会营销观念　现代保险营销理念　消费者导向　关系营销理念
大市场营销　绿色营销理念　服务市场营销理念　整合营销理念　直复营销
客户让渡价值

能力拓展

1．列举自己日常生活中处于各个营销观念阶段的商品或行业名称，并说明这些商品或行业处在该营销观念阶段的原因。

2．角色扮演。假设你是中国人寿的一名营销经理，现在你要组织一场社区亲子活动，并向参加活动的父母们推荐中国人寿的学平险产品（见表 1-4）。请问：你会采取什么样的营销方法来提高父母们的购买兴趣与满意度水平？

表 1-4　新学平投保保障一览表（部分）　　　　　　　　　　单位：元

	险种名称	保险责任	年龄段	保险费	保　额	备　注
主险	国寿学生儿童定期寿险	意外身故、疾病身故	学龄前儿童（不满2周岁）	65	50 000	学生小于5万元，成年被保险人小于30万元
			学龄前儿童（2周岁以上）	45	50 000	
			小学生	30	50 000	
			初中生	30	50 000	
			高中生	35	50 000	
			本、专科学生和研究生	90	100 000	
附加险	国寿附加学生儿童意外费用补偿医疗保险	意外医疗费用补偿，住院费用（含门诊医疗给付）	学龄前儿童（不满2周岁）	30	10 000	保额：3 000～10 000
			学龄前儿童（2周岁以上）	30	10 000	
			小学生	30	10 000	
			初中生	30	10 000	
			高中生	30	10 000	
			本、专科学生和研究生	30	10 000	

项目 2　开展保险营销调研

学习目标

- 了解保险营销调研的含义与功能；
- 掌握保险营销调研的模式；
- 掌握保险营销调研的步骤；
- 了解多种保险营销调研项目及内容；
- 掌握关键的保险营销调研方法；
- 掌握保险营销调研问卷的设计与回收整理；
- 了解基本的保险营销预测方法。

案例导入

江苏人身保险业个人营销渠道调研报告

个人营销渠道作为人身保险业务经营的主要渠道，长期以来保费规模占据着半壁江山的地位，增长情况较为平稳，为行业的发展做出了巨大的贡献。然而，随着行业的日趋壮大和外部环境的不断变化，个人营销渠道面临着人员及经营管理的困境、持续增长的乏力以及探索创新的不足等诸多问题。为全面掌握省内个人营销渠道发展情况，有效推动个人营销业务持续健康发展，对省内开展个人营销业务的 38 家人身保险公司进行了书面调研，并形成了调研报告。调研报告主要分析近几年来江苏人身保险业个人营销渠道业务发展、营销员群体及其管理、个人营销渠道绩效考核、个人营销渠道存在的问题和科学发展个人营销渠道的几点思考。

1. 个人营销渠道业务发展

截至 2012 年年底，江苏省内 51 家人身保险公司中，共有 38 家公司开拓了个人营销渠道销售人身保险产品。个人营销渠道业务发展主要呈现以下特征。

(1) 保费收入持续平稳增长。2008—2012 年江苏个人营销渠道原保险保费收入从 259.71

亿元增长到 399.03 亿元，年平均增长率为 11.33%。从保费增长趋势来看，受到银邮代理渠道的冲击，个人营销渠道在 2010 年经历了一个增长的低谷，但近两年来又出现了好于银邮代理的增长趋势，占总保费的比重也由低谷时的 41.97%增长到 2012 年的 47.31%，为近五年的最高值。

(2) 所售产品保障程度较高。2012 年江苏个人营销渠道新增保额（7 349.23 亿元）与新单保费（87.13 亿元）比为 84∶1，而同期银邮渠道新增保额（1 923.64 亿元）与新单保费（279.92 亿元）比为 7∶1，个人营销渠道所售产品更好地体现保险的本质，保障了人民群众的健康生活。从险种来看，渠道以销售分红险为主，占比为 69%；从期限来看，新单期缴保费占比为 92%，其中 10 年期以上的占比为 66%。

(3) 销售品质相对较好。根据 2012 年江苏人身保险业销售服务评价系统数据显示，全省个人营销渠道消费者满意度为 97.42%，高于银邮渠道的 92.27%，体现了较优的销售服务水平。2012 年全省各公司个人营销渠道 13 个月保费继续率平均为 86.98%；简单退保率为 6.32%，低于银邮渠道的 25.56%和整个行业的 14.5%；新单保费折标率为 80%，高于整个行业的 38%。

(4) 市场集中度较高。以前三家公司计算个人营销渠道的市场集中度 CR3=79.27%，以前五家公司计算个人营销渠道的市场集中度 CR5=85.88%，其中仅国寿一家就占据了 47.19%的市场份额。相比于整个寿险市场的 CR3=59.64%、CR5=71.29%及国寿 38.43%的市场份额来说，个人营销渠道的市场集中度显然更高。江苏个险营销渠道保费收入前五家公司分别为国寿、平安、太保、新华和泰康，较之整个寿险保费收入的前五家公司国寿、太保、平安、人保寿和中邮，入围和排次上都有微妙的变化。

2. 营销员群体及其管理

截至 2012 年年底，江苏共有寿险营销员 15.5 万人，保险公司对这支队伍的管理很大程度上决定了这个渠道未来的发展。

(1) 营销员管理体制以代理制为主。目前大多数公司营销员管理体制以代理制为主。同时，也有少数中小公司实行员工制或双轨制的营销员管理体制。例如，安邦人寿实行"双轨制"，即员工制与代理制并存，员工制为主，代理制为辅；长生人寿实行的是主管内勤员工的制度；工银安盛以员工制为个险渠道拓展的主要模式；国泰人寿当营销员晋升为储备处经理后，即与公司签订劳动合同；建信采取双身份制，一定级别以上的主管签订劳动合同。

(2) 营销员群体以高中学历为主。2012 年年底江苏在册营销员学历的实际状况是高中以上学历人员占比 90%，对照新出台的《保险销售从业人员监管办法》大幅提高营销员门槛学历的要求，江苏营销员群体仅差一步之遥。

(3) 营销员培训教育安排趋于合理。根据调研数据，平均每名营销员共须接受 78 个学时的岗前培训，其中法律法规、产品知识、营销技巧和其他内容分别占比 24%、24%、31%、

21%；对于已经上岗的营销员，平均每年须经60学时培训，其中法律法规、产品知识、营销技巧和其他内容分别占比25%、28%、30%和17%。可见营销技巧和产品知识仍是各公司关注的重点，而法律法规等内容也成了重要的必修课之一，营销员培训教育安排趋于合理。

3．个人营销渠道绩效考核

江苏个人营销渠道绩效考核有以下特征。

（1）费用支出较大。费用预算方面，有8家公司实际费用支出超过预算，1家公司使用预算不到50%，其余大多数公司均使用预算90%以上。根据调研数据粗略测算，个人营销渠道每收入1元新单保费需要0.5元费用进行支持；而银保渠道每收入1元新单保费需要0.12元费用进行支持。

（2）考核指标体系逐步完善。从调研反馈情况来看，大多数公司个人营销渠道的考核指标既涉及规模，又注重效益，部分公司还将合规因素加入到考核指标中，考核指标体系逐步完善。

4．个人营销渠道存在的问题

调研发现江苏个人营销渠道主要存在以下问题。

（1）总公司任务下达与市场实际相差较大。如上分析，2013年绝大部分公司的总公司向分公司下达的保费任务仍然在增长20%以上。因此，有必要对总公司下达任务是否符合当地实际进行关注，并采取适当的措施进行干预，保证本地人身保险市场资源的有序开发。

（2）销售的产品与保险消费者需求存在差距。对于纯保障型产品，往往存在定价过高，或者只能作为附加险无法单独购买的情况；对于理财型产品，又存在投资收益不高的情况；而目前一险独大的分红险同时面临着保障程度不高和收益低的问题。因此，无论是从保障需求还是投资需求来看，当前的个人营销保险产品都不能完全满足客户的需求。

5．科学发展个人营销渠道的几点思考

困难与机遇并存，只要积极把握机会、转型优化、锐意进取，个人营销业务一定能获得健康、科学的发展。

（1）探索创新，转变经营方式。调研发现，越来越多的公司正努力改变原本粗放的经营方式，寻求新的展业突破口，力图实现可持续的科学发展。例如，部分公司将网络营销等新兴渠道与个人营销业务进行对接，既完善了新渠道的服务能力，又给个人营销业务带来新的广阔空间；部分公司利用集团优势共享客户资源，使得营销员向客户综合销售多种金融理财产品成为可能；部分公司升级营销工具，使用平板电脑移动展业系统，提高了营销员的客户管理能力，对客户进行专业化定制，以及实现即时承保；部分公司致力于开拓高额保件业务，为客户量身定制人身保险产品，提供高额保障和合适的理财规划，并提供健康管理、养老等增值服务；等等。

(2) 加强管理，推进营销员体制改革。人力资源始终是企业经营发展的根本推动力，在现有的代理体制下，积极寻求提高营销员素质、待遇的突破口，乃至提升整个保险行业形象，已经成为行业的共识。例如，部分公司试水员工制管理模式，给予营销员更多的权益保障，加强培养力度，提升队伍的综合素质和忠诚度；各保险行业协会加强行业自律，建立黑名单制度，规范营销员在公司之间的流动，惩罚恶意挖角；监管部门在广泛征求公司对《保险销售从业人员监管办法》具体执行方法的意见的基础上，制定了符合江苏特点的具体方案，等等。上述动作均可以看作营销员体制改革的准备活动和前奏。

(3) 争取政策，实现重点业务突破。寿险行业的发展离不开政府政策的支持，而目前行业所享有的政策优待比起发达国家和地区来说尚有较大差距。应当抓住机遇，运用现有政策的有利条件，提高行业在经济社会运行中的影响力，拓展业务领域。例如，认真做好大病保险这件关系民生的大事，为个人营销业务的开展创造良好的外部评价；同时，积极争取个人税收递延型养老保险、健康保险等税收优惠政策，刺激保险需求，获得业务发展的新契机。

资料来源：节选自中国保险监督管理委员会江苏监管局网站 2013 年 7 月 29 日刊载的 2013 年第 6 期《保险经理人》姚晓维的文章"江苏人身保险业个人营销渠道调研报告"，内容有较大删减。

阅读上述案例，思考下列问题：
1. 保险营销调研报告要涉及哪些项目或内容？
2. 保险营销调研有哪些调研手段或方法？
3. 保险营销调研最后数据分析应该如何进行？

任务 2.1　认知保险营销调研

2.1.1　了解保险营销调研的含义

保险营销调研，又称保险市场调研、保险市场调查、保险市场研究等，既可以从广义上来界定保险营销调研的内容和要素，也可以从狭义上来进行界定。一般意义上的狭义的保险营销调研，是保险公司或保险营销团体主要针对保险客户所做的调查，也就是以购买保险产品、进行保险消费服务的个人或团体为对象，来探讨保险产品和服务的购买、消费等各种事实、意见及动机。由于人们的消费行为受制于大量的社会、文化和经济等因素，因此目前保险营销调研的范围在不断扩大。广义的保险营销调研涵盖了从认识市场到制定保险营销决策的全过程，具体研究对象包括保险市场需求、产品开发、分销渠道、销售组织、人员培训、广告、促销活动等各方面的营销内容。

作为一个系统性的工程，保险营销调研对于保险公司营销战略的分析与计划、执行和控制等方面起到了关键性的作用，如表 2-1 所示。

表 2-1　保险营销调研的功能分析

管理功能	需要通过保险营销调研来解决的问题
分析与计划	保险市场上是否存在尚未得到满足的需求
	保险公司是否具备满足这一需求所必需的保险市场营销资源
	目前所服务及未服务的市场各自的未来成长潜力如何
执　行	新保险产品应该如何定位
	保险产品需要设计怎样的保险费、保险金额单位和缴款方式
	是否采用电子商务以扩大和强化目前的保险分销渠道
	电视广告对保险产品销售和利润有何影响
控　制	从社会角度而言，保险公司的公益形象如何
	保险公司服务的各类客户的营利性如何

2.1.2　掌握保险营销调研模式

一般来说，根据不同的市场研究目标，保险营销调研可以采取不同的调研方式与手段，但总的来说，保险营销调研不外乎是发现市场问题、分析市场状况和找到解决方式，相应地，为满足上述目标可以设计下列几种保险营销调研模式。

1．探索性保险营销调研

当保险公司对需要调研的问题尚不清楚，无法确定应调查的主要问题是什么或者无法知道究竟是哪个方面出了问题的时候，只能进行广泛的信息收集并对之进行分析研究，找出问题和症结所在，再根据问题进一步细化调研。这个时候，进行的就是探索性保险营销调研。探索性保险营销调研的目标在于通过对问题或情况的研究来洞察和理解问题的一般性质，并确定解决问题需要考虑的因素或变量。它具备的突出价值就是更准确地界定问题，调查或探索情况，以便为进一步的调研提供指导，而不是急于提供解决问题的结论。

2．描述性保险营销调研

描述性保险营销调研是保险公司通过市场调研收集到数据和资料后，通过图示和数据处理结果的其他形式对保险市场或保险营销的相关问题进行客观描述，包括通过定量的手段描述两个或两个以上的保险营销变量之间的统计特征，但一般不探讨各变量之间的因果关系。典型的描述性保险营销调研案例是在个人寿险市场中对人口统计特征进行分析，并找出合适的方法进行市场细分，对不同的细分群体进行价值定位、价值创造、价值沟通等关键性营销问题的描述。进行描述性保险营销调研的前提条件是调研人员对调研问题事先有比较深刻的理解，清楚地知道需要在调研过程中获取哪些数据和资料，在调研设计中需要明确回答与调研有关的 6 个基本问题，即人员（Who）、事件（What）、时间（When）、地点（Where）、原因（Why）、方法（Way），简称 6W，并且在调研报告中，开篇就对这 6

个问题进行解说。

3. 因果性保险营销调研

因果性保险营销调研主要用来弄清楚原因与结果之间的关系，确定各变量之间是否存在因果联系。营销经理根据自己的既有经验和方法先期就未来的某项营销活动效果做出决策和预测，并依此做出营销计划与决策。但为了进一步证实预测的正确性，就需要通过因果性保险营销调研来对先期的预测与假设进行检验。

在因果性保险营销调研中，要解决两个问题：一是要确定哪些变量是原因（自变量），哪些变量是结果（因变量）。例如，保险营销中的自变量一般有保险费率水平、销售手段、分销方法、佣金比率、监管政策、营销人员规模、营销人员年龄及经验、客户收入、产品特征等，而因变量包括保单销售件数、销售额、续保率、营销人员留存率等。二是要判断究竟何者为因，何者为果，两者之间的因果顺序和关联强度是怎样的。有时，因果关系不一定是单向的，有时多种原因共同导致某一结果，也可能某一原因导致多种结果，关键在于找到核心原因和实质性的因果联系，这样才能抓住问题的关键，做出正确决策。

总的来说，探索性保险营销调研是要解决"是什么"的问题，描述性保险营销调研是要解决"怎么样"的问题，因果性保险营销调研是要解决"为什么"的问题。三者的目的与功能如表 2-2 所示。

表 2-2 三种调研模式的目的与功能

调研模式	调研目的	功能描述
探索性保险营销调研	发现问题	准确形成或界定调研问题
		确定可供选择的调研实施程序
		设计假设
		进一步检验假设并突出关键变量之间的关系
		了解如何解决问题的方法
		确定进一步调研工作内容的优先排序
描述性保险营销调研	描述状况	描述相关群体特征
		判断客户对产品特征的理解力
		可以判断营销变量的相互关联程度
		完成具体的定量预测
因果性保险营销调研	解释原因	在纷繁复杂的现象中，找出各种变量之间的因果关系
		通过强弱程度的衡量，找到实质性的因果联系

2.1.3 熟悉开展保险营销调研的步骤

1．确定开展保险营销调研要解决的问题和明确要达到的目标

明确为什么要进行保险营销调研以及要通过调研解决什么问题是开展保险营销调研的前提和基础。当保险公司出现保险费收入滑坡、新产品销售不畅、市场占有率下降、营销人员举绩率不高、客户满意度走低等一系列问题时，就说明公司在销售、渠道和客服等方面出现了问题。如果不找出问题并寻求解决之道，公司的生存和发展就会出现危机。此时，保险营销调研就必须提上日程。

2．针对问题和目标制定可行而详细的保险营销调研方案

通常，一个可行的调研方案必须考虑表 2-3 所示的内容与手段。

表2-3 保险营销调研方案的内容与手段

保险营销调研项目	保险营销调研的具体内容与手段
调研目标	产品设计、业务拓展、销售渠道、业绩与利润、市场份额
调研对象	渠道经销商、准客户或老客户、普通大众、细分市场
调研方法	询问法、观察法、实验法、专家访谈、抽样调查、统计方法
调研资料	原始资料、二手资料
调研工具	调查问卷、机械工具
抽样设计	抽样产品、抽样范围、抽样程序
接触方法	电话、邮寄、面谈、网络
经费预算	必要开支项目、机动经费

3．实施调研计划——收集与分析调研获取的数据资料

保险营销调研资料主要有原始资料和二手资料两种。原始资料是最为客观和真实的，能直接反映市场问题，但收集过程复杂，要耗费大量的人力、物力、财力。二手资料的收集比较常用，费用低而且费时少，但一般较陈旧，不一定能反映当前的真实市场情况，再就是通常包含了调查人的主观思想和进行过相应的加工。因此，在使用二手资料过程中要会提取有用的、客观的、真实的数据资料，并要能结合当前市场进行分析判断。

在采取抽样调查的方式来收集原始资料时，还要注意抽样的方法与手段，确保抽样调查产生的数据质量。

收集和整理好调研资料后，接下来的重要工作是做好统计分析，找出问题的关键所在。一般来说，要把调查中收集的数据转换为适合汇总制表和数据分析的形式。这个过程通常包括下列程序：

（1）审核及净化数据。

（2）对问卷上的回答进行编码。

(3) 将数据录入计算机，存储在数据库中。

(4) 对数据进行汇总和统计分析。

通常情况下，可以对汇总数据进行多元回归、时间序列等静态或动态的数量分析方法，以及各种定性或定量的分析方法，来找出经营者或市场营销管理者所需要依此进行决策的信息，也就是说，要通过这一步骤来弄清问题的根源和解决思路。

4．提交保险营销调研报告书

调研的最后阶段是解释调研结果，并将它制作成调研报告书提交给决策者进行参考决策。调研报告不但要回答调研计划中提出的问题，准确地运用调研数据来说明问题，还要能科学地提出解决之道。它是保险营销调研过程中所形成的结论的集中体现。其格式一般包括标题、开头、主题、正文、结尾和附件，报告内容主要有报告题目、报告目录、调研目的、调研方法、资料分析、结论与建议、附表及统计公式、计量方法等。

> **课堂实作** 根据保险市场情况判断调研种类

课堂实作训练：

把下列两边的对应选项用直线连接起来，并说明理由。

某保险公司的新产品推出后市场反响很不理想，不知原因何在。　　　　　　　　　　　　　　　　　因果性保险营销调研

某保险公司拟开发市郊失地农民保险市场，不知情况如何。　　　　　探索性保险营销调研

某保险公司推出分红险后，恰逢股市大跌，该险种销售良好，超过预期，公司想知道是不是资本市场不景气导致的。　　描述性保险营销调研

任务2.2　掌握保险营销调研的内容

2.2.1　开展保险市场需求调研

保险市场需求调研是对保险市场中消费者的有效保险需求或潜在保险需求状况进行摸底的调查，通常包括下列调查内容。

(1) 宏观经济环境调研。包括国家和地方政府的有关保险、金融和经济的大政方针、制度调整、经济策略、法律法规、体制规章等，以全面掌握大环境下消费者的收入趋势、消费结构、就业状况和对未来的预期。

(2) 微观经济环境调研。包括保险公司所在地域的经济发展情况、金融机构状况、地方投融资环境、人们的生活消费水平、税收与工商管理情况、保险行业的发展状况等直接作用于人们需求大小与消费能力的指标。

(3) 社会文化环境调研。包括人们的生活方式、消费观念、传统思想、对保险行业的看法、风险态度、伦理观念、宗教信仰、娱乐活动、教育水平、职业状况等，主要了解人

们对风险和保险的看法、收入结构及消费娱乐方式。

（4）保险购买量调研。主要针对消费者对保险险种的需求进行调研，包括各险种的保险金额、保单持有量、保险深度与保险密度、保险费总规模、险种结构、保险消费的增长速度及对保险市场未来的增长趋势和容量进行预测等。

（5）消费者调研。主要是要了解消费者的购买心理，调查保险公司在市场上的品牌形象，消费者对保险公司承保理赔情况的反馈，公众对保险公司宣传广告和公共关系的态度及保险推销的效果；掌握保险消费者的购买动机与行为规律，了解消费者需要的产品、愿意承担的保险费率及购买习惯与购买偏好，对购买时间、地点有无特殊规律，对保险公司新产品推广的反应等。

根据上述调研数据与资料，保险营销调研者可综合分析并得出相应结论以作为决策参考。

2.2.2 开展保险市场环境调研

外部大环境会直接影响行业小环境。保险市场环境是指影响保险公司营销活动的各种外部因素的集合。外部环境的变化既带来危机，也提供了市场机会，如何正确地把握外部环境的变化趋势并早做准备，化危为机，提升保险公司对环境的适应能力和应变能力，是各保险主体决策者必须掌握的管理技能。

（1）保险市场动态调研。包括目前保险市场上的新产品推广情况、保险市场竞争状况、公司的市场占有率情况、保险深度与保险密度、保险销售渠道情况、保险职能管理部门的变化、保险行业自律状况、保险费收入规模与变化趋势、保险险种结构情况、保险核保情况、保险理赔状况、最新的市场动态、政策性保险的相关变化趋势等。

（2）保险监管环境调研。包括当前的保险监管动态、监管政策法规、监管行为与方式、市场上的违法违规活动、中介市场状况与竞争情况、佣金与手续费规范情况等。

（3）保险市场竞争环境调研。包括已进入和将进入的竞争对手分析、外资公司情况、现在的市场占有额分布情况、竞争对手的竞争策略、现有的市场上险种结构与费率情况等。

（4）经济环境调研。包括经济增长政策、产业结构调整政策、政府财政政策等宏观经济政策，及利率走势、投资状况、经济周期等信息。

（5）人口环境调研。包括人口统计数据、年龄段分布、健康状况、投保情况、社保政策等。

（6）气候与地理环境调研。包括气候变化与农业保险、灾害性时间与保险、季节变化与保险等的相关情况。

2.2.3 开展保险市场营销调研

（1）保险险种调研。包括险种的保险责任范围及保险期限、各险种的市场需求情况、新险种的开发情况等。

(2) 保险代理调研。包括保险代理的分布情况、保险代理的保险费收入情况、代理的业务流程、客户对保险代理的意见等。

(3) 保险促销调研。包括保险广告与公共关系、保险促销形式、最佳促销方式与渠道选择等。

(4) 保险费率调研。包括费率的竞争力、客户对保险险种及费率的认同情况、佣金与手续费占比等。

2.2.4　开展保险竞争对手调研

保险市场竞争对手调研主要要调查清楚下列问题：谁是竞争对手，竞争范围怎样，规模实力如何，竞争手段有哪些，竞争激烈程度是怎样的。一般包括下列调研项目：

(1) 保险竞争对手属性，即属于哪类竞争因素。
(2) 竞争对手各类保险产品的销售额。
(3) 保险竞争对手在各个地域的市场份额及其变动情况。
(4) 保险消费者对各竞争对手的评价。
(5) 竞争对手的保险产品特性、产品竞争力，以及与本公司产品相比的优劣情况。
(6) 各保险竞争对手的区域销售渠道、网点分布情况及这些网点、渠道的销售情况。
(7) 竞争对手是否有价格战行为？其佣金与手续费、产品折扣情况。
(8) 保险竞争对手的广告、宣传的方法、频率、投入经费占比和市场渗透情况。
(9) 保险竞争对手的人员推销方法与推销活动的特性、促销手段与增员来源。
(10) 保险竞争对手的营销人员数量、素质、结构、分布、实力等情况。
(11) 保险竞争对手的核保理赔情况、售后服务情况。
(12) 其他。

课堂实作　调研方案设计

为了解当前学校所在城市市民的保险消费能力，拟采取在周日白天赴市内公园对游园人群进行问卷调查的方式来进行。

课堂实作训练：
请你在 30 分钟内设计出该次调研的调研方案大纲。

任务 2.3　熟悉保险营销调研的方法

2.3.1　熟悉普查与抽样调查

通常根据保险营销调研对象的多少、调研需要获取的数据难度和全面与否、调研经费预算以及调研项目的具体情况，保险营销管理人员可以采取普查与抽样调查两种不同的调研方法。

1. 普查

普查是为了获取全面的调研数据，为某一特定的保险营销调研目的而专门组织的全面调查。在普查中，所有调研对象无一遗漏，全部都要进行调查。最典型的普查如全国人口普查。

普查因为涉及面广、调查单位多，需要耗费大量的人力、物力、财力和时间。如果调研对象群体小、比较集中，那么用普查方式比较可靠，但如果调研对象群体庞大或调查对象非常分散，那么用普查的方式就不可行，就必须采取抽样调查的方式进行调研。

2. 抽样调查

抽样调查是按照一定的原则从调查对象的总体中抽取一部分单位作为样本进行调查，并根据样本调查结果推断总体数量特征的一种调查方法。这是一种节约时间和成本并能达到预期调研效果的常用调研方法，而且调研过程中出现的样本误差可以通过统计方法来进行控制。采用抽样调查前，通常要掌握下列关键要素。

（1）总体和样本。

① 总体是保险营销调研中所要研究的全部对象。如某地计生系列险种的调研，那么该地所有的育龄妇女及相关群体就是调研总体。

② 样本是总体的一部分。调研人员一般根据某些原则从总体中抽取一部分群体或单位作为调研对象，这些抽取的调研对象就是样本。然后从这些样本中获得调研信息，通过分析样本的数据来对总体的相关情况进行科学的估计和预测。

（2）随机抽样与非随机抽样。

① 随机抽样。随机抽样是根据随机原则来抽取样本，排除人们主观有意识的选择，即总体中的每个样本被抽取的机会都是均等的。随机是通过随机数表或计算机生成的随机数来确定哪些单位应该入样，而不是由调研人员主观判断来确定入选样本。其主要优点是：由于每个样本都是随机抽取的，并能计算入样概率，因此能得到总体的可靠估值并能计算每个估值的抽样误差，从而能对总体进行推断。随机抽样的常用方法有纯随机抽样法、分层随机抽样法和分群随机抽样法。

纯随机抽样法，又称单纯随机抽样、简单随机抽样、SPS 抽样，是指从总体 N 个单位中任意抽取 n 个单位作为样本，使每个可能的样本被抽中的概率相等的一种抽样方式。

分层随机抽样法，又称类型抽样法，是从一个可以分成不同子总体（或称层）的总体中，按规定的比例从不同层中随机抽取样品（个体）的方法。

在调查单位分布稀疏的地区，或者总体的异质性很高、难度很大而不能订立统一标准来进行分层的情况下，只能采用调查若干区域的方法，这就是分群随机抽样法。

② 非随机抽样。非随机抽样是用一种主观的（非随机的）方法从总体中抽取样本，

即按照调查的目的和要求，根据一定的标准来选择样本，总体中的每个样本被选中的概率是不均等的。这种方法比较快速简便并能节约成本，但抽选存在偏差。因为保险营销调研者倾向于选择总体中那些最容易接触到的样本，使总体中的很大一部分样本完全没有被抽中的机会。如果抽取的样本不够典型，可能对总体的代表性就比较弱，得出的结论会与真实结论存在较大的差距。因此，非随机抽样的抽样原则制定就很重要，关系到结论的真实与否。非随机抽样的常用方法有任意抽样法、判断抽样法和配额抽样法。

任意抽样法，又称便利抽样，是指调研人员本着随意性原则去选择样本的抽样方法。

判断抽样法，是由市场调研人员根据经验判断而选定样本的一种非概率抽样方法。

配额抽样法，又称定额抽样，是指调研人员将调查总体样本按一定标志分类或分层，确定各类（层）单位的样本数额，在配额内任意抽选样本的抽样方法。

2.3.2 熟悉定性调研与定量调研

定性调研与定量调研方法是保险营销调研过程中最为典型的调研手段，几乎所有的调研项目都要用到这两种方法。

定性调研主要用来进行事物性质方面的探索，评估人们对调研对象的态度、感受和动机。由于定性调研处理的数据难以用数字的形式进行定量描述或归纳，因此这种调研又称软性调研。

定量调研是以定量的形式来处理原始数据，采用各种表格或工具进行数据的汇总、分析、筛选、排序、回归、预测等，并能够得到数据化的调研结果，能以图表、公式等形式进行清晰的表达说明，具备较强的说服力，因此通常又称硬性调研。

定性调研与定量调研的区别如表 2-4 所示。

表 2-4 定性调研与定量调研的区别

比较维度	定性调研	定量调研
样本规模	较小	较大
每一访谈对象的信息	大致相同	不同
分析类型	主观性、解释性	统计性、摘要性
适用的调研模式	探索性保险营销调研	描述性保险营销调研、因果性保险营销调研
硬件设备	录音机、投影仪、录像机	问卷、计算机、打印终端
调研人员的技能要求	需要特殊的技巧，如访谈	不需要特殊的技巧
调研人员的知识要求	心理学、社会学、消费行为学、营销学、营销调研	统计学、经济预决策、计算机程序设计、营销学、市场调研
可重复性	较低	较高

1. 定性调研

定性调研的主要特征是对小样本进行非结构化的访谈，即针对某一具体事件围绕某一中心议题进行较为松散的访谈，并由此得出相应的性质结论，不要求进行量化。用于访谈的调查问题可以相对广泛，只要能围绕中心议题展开并能对中心议题产生帮助就可以。一般只拟定有关中心议题的一些问题大纲，不要求具体细化，而视访谈或座谈的效果、讨论的激烈程度、发现问题的明朗程度等由主持人进行引导，逐渐形成相对统一的意见或建议，并据此得出大致的调研结论。可见，主持人的主持技巧和对议题的掌控能力是定性调研访谈与讨论的关键因素。主持人既要引导大家充分展开思维想象力，又要能够及时把扩散的讨论拉回到中心议题上来，这样才能取得很好的调研访谈效果。通常定性调研可以采取下列两种方式。

（1）焦点组访谈。这种调研方式人数一般控制在 8~12 人，在一名主持人的引导下对某一议题或观点进行讨论，场地和形式不限，但要尽可能地营造轻松舒适的讨论环境以便大家能充分地投入讨论中。焦点组访谈通过充分调动群体动力和智慧，使参与者对主题进行充分详尽的讨论，以了解和把握人们内心的真实想法及其原因，并希望组中人们在讨论时产生的不同观点之间的碰撞能够打开思路，引发更深层次的探讨，更加接近事物的本质和根源，以强化调研效果。与同等数量的人做单独访谈相比，群体动力所提供的相互影响能够产生更多的信息，这是焦点组访谈成功的关键。这种调研访谈方式主要用于保险新产品开发与设计、保险营销策划与促销策略等调研议题。

（2）深度访谈。深度访谈与焦点组访谈不同，它不是把调查对象集中起来讨论，而是采取一对一的访谈模式，通过围绕中心议题的无限制的会谈和采访，吸引访谈对象在丰富的实务经验和深厚的理论专长的基础上深入地陈述自己的意见与建议，从而为调研人员提供有益的策略与参考资料。所以，深度访谈的对象通常是在保险行业中有多年实务经验的高层精英人士，或者在保险理论界中拥有较高理论水平与洞察能力的学者专家，也可是兼而有之的行业基层管理人员或者保险市场营销业绩出众的精英营销人员，通过启发他们畅所欲言，为调研人员提供丰富的、多角度的调研信息。

2. 定量调研

定量调研通常是针对那些需要具体数据来支撑结论的保险营销调研课题。如果保险营销管理人员认为必须采用定量的方法来收集市场原始数据，就必须进行详细的调研问卷设计和调研样本确定。进行定量调研设计时，要能够概括性地描述收集和分析市场调研数据的程度，大致包括调研方法、实施方式、抽样计划、调研工具与手段等。表 2-5 列出了一些必须考虑的调研要素。

表 2-5　定量调研要素设计

调研方法	实施方式	抽样计划	调研工具与手段
调查	面谈	抽样单位	问卷
观察	电话	样本规模	机械工具
试验	信函	抽样程序	

（1）定量调研通常采取的调研方法。

① 调查。这是最为常见的收集原始数据的方法。通过设计、发放和回收调查问卷来收集关于态度、购买、意向及消费者特征等方面的市场营销数据。实施方式可以通过面谈、电话或信函等方式来进行。一般调研人员对调研对象中有代表性的典型样本进行问卷调查，然后汇总数据，通过计算机软件进行分析统计，得出结论。此种调研方法注意要选取有效的代表样本，筛选有效的问卷，以及甄别数据的可靠性。调查法通常适用于描述性保险营销调研。

② 观察。这种方法是指通过机械工具（如监视设备、录音设备等），由调研人员运用这些工具，利用自然或人工环境背景来进行公开或隐蔽的观察和调研，通过观察调研对象的人员、行为和环境来收集原始数据。例如，可以通过观察竞争对手的促销现场来了解竞争对手的促销策略、受众以及促销效果。此种方法的局限性是：一是受场地和时间限制，观察的全面性不一定能达到；二是不能采取非法的手段来获取别人的商业秘密与隐私；三是对一些消费者的消费动机、情感、态度的观察短期内因为一些人为的因素可能并不准确，需要长期细致的考察。所以，观察法通常耗费的人力、物力、财力较大，成本较高。观察法通常适用于探索性保险营销调研。

③ 试验。试验就是通过试点、推广或试用等方式，在控制条件下对一个或多个营销调研要素进行操纵与试行，证明其他因素是否产生有意义的预见性变化，或者观察试点效果是否如预测一样，从而根据试验效果进行原营销计划的调整，或者根据试验效果制定新的保险营销策略或开发新的保险产品。在试验法中，调研人员能充分发挥主观能动性，是调研过程的积极参与者。运用试验法时，需要挑选适合的营销目标群体，加以区别对待，控制无关的营销因素。通过试验来检查不同受众群体的反应，从而发现并解释因果之间的关系，所以试验法适用于因果性保险营销调研。试验法的关键在于，试验对象和试验环境要与市场现实尽可能一致，这样得出的结论才是真实可靠的。例如，对两个以上的保险营销团队在一定时期内采取不同的激励机制和营销政策，来看实验期的保险营销业绩指标，比较哪种激励机制和营销政策更加有效。

（2）定量调研通常使用的实施方式。

① 面谈。可以分为个别面谈和集体面谈两种方式。个别面谈形式比较灵活，场地不限，可以在家里、办公室、街头、营业厅等处，借助调研问卷或者其他调研工具，进行轻松自

如的访谈。调研人员面谈过程中要注意掌控和引导，避免偏题，同时要采取一些有效方式来吸引面谈对象的注意力，以便进行较为深入的探讨，使面谈对象能讲出真实感受或经历，从而得到可靠的数据与资料。集体面谈主要采取前述的焦点组访谈模式，选择一组有代表性的消费者或客户，主持人通过引导话题、掌控范围，来组织参与者围绕中心议题展开热烈的讨论，以获得人们的真实感受与想法，征得与会者同意后可以采用录音设备或视频设备等进行现场记录，以便日后整理归档。

② 电话。保险营销调研人员利用现代通信工具，包括固定电话、手机和QQ等，对调研对象进行对话交流与沟通，从而获取有价值的营销数据与资料。这种方式成本低廉，但由于不是面对面沟通，调研对象可能有一些情感性的动机或行为无法及时观察或掌握，因此调研人员要注意对话方式与语言技巧的运用，通过深入交流来获取真实的数据或消费行为与动机。

③ 信函。保险营销调研人员利用邮件，包括日常信函、快递及电子邮件等，进行调查问卷的发放与回收。使用日常信函时成本相对电话调研方式而言较高，为提高回收率，可以设置一些奖品或者在寄送信函时就附上回函信封并写好地址、贴好邮票。

具体采用何种方式来实施保险营销调研，要视调研目的、调研经费预算和调研对象而决定。一般来说，采取面谈方式的成本最高，但交流和获取信息最为全面和可靠，而使用电话或信函等方式的成本则相对较低，但调研对象的投入可能有折扣，获取的信息可能不够全面准确。

2.3.3 熟悉调研问卷的设计、发放与回收

保险营销调研问卷是专门用来从调研对象那里获取调研主题信息而设计的一系列问题，并通过印制问卷的形式来组织进行发放和调研对象填写，回收后通过科学的方法对问卷反馈出来的信息进行汇总统计，得出正确的调研结论。调研问卷不仅用于抽样调研，也用于普查，是进行定量调研的主要手段。调研问卷设计得好坏、发放对象的正确与否及回收统计的科学与否，都直接影响调研数据的质量和分析后得出的结论是否正确。

1．调研问卷的设计原则

（1）界面友好，让调研对象觉得自己被尊重和重视，能保持较好的心情来填写。
（2）主题突出，问题与选择简洁明了，没有歧义，通俗易懂。
（3）便于回答和填写，不用调研对象进行复杂的思考与长篇大论。
（4）便于统计和编程。
（5）整个问卷不能有倾向性，包括问题与回答，不能对调研对象进行主观引导，保证调研的科学客观。

2．调研问卷的设计开发程序

在明确保险营销调研目标、调研对象后，就可进入调研问卷的开发设计环节。一般按

下列步骤进行：

（1）了解调研目标，并设计调研项目，根据调研项目决定要收集的数据，以及确定这些数据的用途。

（2）收集整理以前实施过的或者其他部门相同主题的问卷以供参考。

（3）设计版面，起草问题与设计回答方式。

（4）对初稿进行审议和修改。

（5）对修订后的调研问卷进行测试，根据测试结果进行进一步的修改完善。

（6）定稿并印制，设计组织好发放方式、发放对象、回收方式和数据的统计分析。

3．调研问卷内容的设计

通常情况下，保险营销调研问卷中的问题有开放式问题和封闭式问题两类。

（1）开放式问题。开放式问题是那些调研对象可以用自己的语言来回答的问题。它允许调研对象提供自愿提供的任何答案，通常这类问题要在问题后面留下足够的空白位置来让调研对象作答。例如：

请问您对中国人寿的客户服务有哪些建议或意见？

答：_____。

开放式问题能让调研对象不受固定答案和预定思维限制，自由作答，从而可以获取真实的信息。

（2）封闭式问题。封闭式问题是那些已经提供了选择答案的问题，调研对象只能从专为某问题而预设的答案中进行选择，可以是单项选择，也可以是多项选择。例如：

您认为中国人寿保险公司的客户服务质量如何？请在选项前的□内打√。

答：□ 非常满意　　□ 满意　　□ 一般　　□ 不满意

您在下列哪些保险公司有过购买保险的经历？（可多选）

答：□ 中国人寿　　□ 中国平安　　□ 中国人保　　□ 泰康人寿
　　□ 新华人寿　　□ 安邦财险　　□ 大地保险　　□ 中国太平洋

（3）开放式问题与封闭式问题相结合。把两种方式结合起来提问，让调研对象的回答既有一定的选择，又能做一定的发挥。例如：

您购买过我公司哪些寿险产品？请在选项前的□内打√，可多选。

□ 终身寿险　　□ 定期寿险　　□ 两全保险　　□ 年金保险
□ 分红险　　　□ 投连险　　　□ 万能寿险　　□ 其他

并请您写出您购买过的我公司寿险产品名称：_____。

4．调研问卷的回收与数据统计

调研问卷发放给调研对象填写后，要及时回收，统计回收率，并根据回收后的问卷的填写情况进行筛选，确定有效问卷份数，剔除那些无效问卷，统计出有效率。回收整理出有效问卷后,就是对调研问卷的编码与处理,以便利用计算机及统计软件进行科学的统计汇总和数据分析。

随着现代数据处理和信息编码的普及与完善,几乎所有的调研问卷都能生成计算机文件,所完成的计算机文件的使用方便程度受限于调研问卷的格式设计模式。数据编码的代码位置应与选项保持一致,同时将问题进行合理排列,便于识别。每份调研问卷应有唯一的识别代码,即问卷编号,这些数字化的处理工作将使调研问卷的数据整理、统计、分析与预测变得高效、方便、省时与可靠。

课堂实作 车险投保情况市场调研设计

假设你是中国人民财产保险公司车险业务部门的一名员工,现要了解所在城市的车险投保情况。

课堂实作训练:

你应该采取什么样的调研手段或方法?主要到哪些地点或单位、针对哪些人群展开调研活动?请在30分钟内设计出一份车险投保情况调查问卷。

教师请随机抽取2~3名学生进行成果分享,并对学生的市场调研设计思路与调查问卷进行点评。

任务2.4 了解保险营销预测

2.4.1 认知保险营销预测

保险营销预测是指运用科学的方法与手段,根据保险营销调研获取的数据与资料,对影响保险营销的各因素进行测算、分析和预估,从而对保险营销的未来趋势进行判断与预测,为保险公司营销管理层提供决策参考的一种行为。

保险营销预测是在保险营销调研的基础上,从掌握保险市场和保险营销过去的演变规律、现在的变化状况来推断未来的发展趋势。它建立在科学合理的数据分析与统计基础上,使保险公司能在动态的市场上随机应变,时刻掌握营销主动权,为研究制定营销计划和营销决策提供依据。

保险营销预测建立在以下三个基本原则上。

(1)连贯原则。万事万物的变化和走向不是割裂开来的,而是过去、现在、未来的连续体。从时间上来考察,任何市场变化都是一个连续发展的过程,从过去和现在的市场情况,就可以大致推断出未来的市场走向,这就是时间序列法的建立依据。

(2)相关原则。辩证唯物主义认为,世界上任何事物的发展都是互相联系、互相依存、互相制约的。保险市场的发展变化以及各种营销指标和因素的变化,都是受到周围环境和其他相关因素的影响而发生的。例如,收入的上升会带来有效需求的增加,导致人们增加养老保险的购买量。诸如此类，回归分析法就是依据此原则建立起来的。

（3）类推原则。世界上许多事情的发展，存在相似性或类同性，因此，掌握了某一类事物发展变化的规律，就可以推测出其他类似事物的发展趋势。类推法就是利用这一原则进行的。

2.4.2　了解保险营销预测的分类

1．根据预测范围分类

（1）宏观预测。宏观预测是从考察国民经济整体的角度来对市场变化进行预测，其目的是为整个行业的发展规划提供科学决策的依据。

（2）微观预测。微观预测着眼于具体单位或对象的未来发展变化趋势，着重分析局部环境下影响其发生变化的各种外部与内部因素，其目的是有效进行管理，以求更好的生存与发展。

2．根据预测分类时间

（1）长期预测。长期预测一般是 10 年或 10 年以上的时间内的变化趋势预测，是制定战略性规划的科学依据。

（2）中期预测。中期预测一般是 3～5 年内的变化趋势预测，是为制定与实现中期计划目标而进行的分析预测。

（3）短期预测。短期预测通常是年度内的变化预测，是为近期安排计划、制定营销决策、解决突出问题而进行的预测。

3．根据预测方法分类

（1）定性预测。定性预测是指预测者依靠熟悉业务知识、具有丰富经验和综合分析能力的人员与专家，根据已掌握的历史资料和直观材料，运用个人的经验和分析判断能力，对事物的未来发展做出性质和程度上的判断，然后通过一定形式综合各方面的意见，作为预测未来的主要依据。

（2）定量预测。定量预测是在一定的理论基础上，利用大量的历史统计数据，运用数学方法建立有关的数学模型，对事物未来的发展趋势、增减速度以及可能达到的发展水平做出数量的说明，并且以数学模型来表达基本规律。定量预测的预测精度和可靠性很大程度上取决于数据的准确性和方法的科学性。

2.4.3　了解保险营销预测的方法

1．定性预测方法

定性预测方法，又称经验判断预测法，这是因为这种方法是通过对熟悉情况的有关人员做调查，凭借对方丰富的经验和对经济现象的认识来做出预测。通常有以下几种预测方式。

（1）客户意见法。这是直接听取客户的意见后综合进行预测，尤其是当客户已经形成清晰的意向，将要付诸行动，并向调研人员叙述自己的意向时，这种意见尤为可取，具有很高的价值。

（2）营销人员意见法。这是通过对营销人员进行调查来了解市场信息的方法。因为营销人员长期在一线营销，具备丰富的营销经验，对市场走向、商品需求和客户意见把握得比较准确，因此他们的意见往往比较客观，结论比较正确。但由于营销人员因为工作内容和范围不一样，有的是全局都知道，有的只负责某一局部，有的天生对事物比较悲观，也有天性比较乐观的，这样就会有估计误差。为了克服误差带来的影响，尽量做到客观公正，可以采用推定平均值法来加以修正。其公式如下：

$$推定平均值=（最乐观估计值×4+最可能估计值+最悲观估计值）÷6$$

（3）专家意见法。通过运用专家的专业知识和经验进行预测的方法就叫专家意见法。专家包括保险营销经理、保险营销顾问、行业精英人士、咨询公司的专家、理论专家等，一般可以采取下列方式进行预测。

① 专家集体讨论法。根据需要预测的项目及要达到的目标，邀请相关专家进行座谈或开会讨论，围绕预测项目深入发表各自的意见。主持人可进行多轮意见的收集与综合，不断集中观点，最后综合出一个集体预测结果。这个方法的缺点是与会人数有限，因此在场专家易受权威人士影响放弃自己的观点。

② 专家个人预测综合法。这是就某一具体项目做出预测，要求每个专家分别提出自己的预测意见，然后由分析专家将他们的意见综合成一个统一的预测，这样就保证了每个专家做出的预测的合理性与可靠性，关键在于分析专家的综合归纳能力。

③ 德尔菲法。即函询调查法，将提出的问题和必要的背景材料，用通信的方式向有经验的专家提出，然后把他们答复的意见进行综合，再反馈给他们，如此反复多次，直到认为合适的意见出现为止。这种方法的优点是可以消除心理上和权威人士的影响，让专家较充分地发表各自的意见。

2. 定量预测方法

定量预测方法，又称统计预测法，是根据比较完备的历史统计资料，运用一定的数学方法进行科学的加工处理，对预测项目做出定量的测算。通常有以下几种方式。

（1）时间序列法。时间序列法又称历史引申预测法，是一种历史资料延伸预测，是以时间数列所能反映的社会经济现象的发展过程和规律性，进行引申外推，预测其发展趋势的方法。

时间序列，又称时间数列、历史复数或动态数列，是将某种统计指标的数值，按时间先后顺序排列所形成的数列。时间序列预测法是通过编制和分析时间序列，根据时间序列所反映出来的发展过程、方向和趋势，进行类推或延伸，借以预测下一段时间或以后若干年内可能达到的水平的方法。其内容包括：收集与整理某种社会现象的历史资料；对这些资料进行检查鉴别，排成数列；分析时间数列，从中寻找该社会现象随时间变化而变化的规律，得出一定的模式；以此模式去预测该社会现象将来的情况。

时间序列预测法可用于短期预测、中期预测和长期预测。根据对资料分析方法的不同，又可分为简单序时平均数法、加权序时平均数法、简单移动平均法、加权移动平均法、指数平滑法、季节趋势预测法、市场寿命周期预测法等。

① 简单序时平均数法，又称算术平均法，即把若干历史时期的统计数值作为观察值，求出算术平均数作为下期预测值。这种方法基于下列假设："过去这样，今后也将这样。" 把近期和远期数据等同化和平均化，因此只能适用于事物变化不大的趋势预测。

② 加权序时平均数法，是把各个时期的历史数据按近期和远期影响程度进行加权，求出平均值，作为下期预测值。

③ 简单移动平均法，是相继移动计算若干时期的算术平均数作为下期预测值。

④ 加权移动平均法，即将简单移动平均数进行加权计算。在确定权数时，近期观察值的权数应该大些，远期观察值的权数应该小些。

上述几种方法虽然简便，能迅速求出预测值，但由于没有考虑整个社会经济发展的新动向和其他因素的影响，所以准确性较差。对于要求比较准确的预测项目，应根据新的情况，对预测结果做必要的修正，可采取下列方式。

⑤ 指数平滑法，即根据历史资料的上期实际数和预测值，用指数加权的办法进行预测。此法实质是由加权移动平均法演变而来的一种方法。其优点是：只要有上期实际数和上期预测值，就可计算下期的预测值，这样可以节省很多数据和处理数据的时间，减少数据的存储量，是国外广泛使用的一种短期预测方法。

⑥ 季节趋势预测法，是根据经济事物每年重复出现的周期性季节变动指数，预测其季节性变动趋势。推算季节性指数可采用不同的方法，常用的方法有季（月）别平均法和移动平均法两种。季（月）别平均法是把各年度的数值分季（或月）加以平均，除以各年季（或月）的总平均数，得出各季（月）指数。这种方法可以用来分析生产、销售、原材料储备、预计资金周转需要量等方面的经济事物的季节性变动。移动平均法是指应用移动平均数计算比例求典型季节指数。

⑦ 市场寿命周期预测法，是对产品市场寿命周期的分析研究。例如，对处于成长期的产品预测其销售量，最常用的一种方法就是根据统计资料，按时间序列画成曲线图，再将曲线外延，得到未来销售发展趋势。最简单的外延方法是直线外延法，适用于对耐用消费品的预测，这种方法简单、直观、易于掌握。

上述方法中，较为简单和常用的几种时间序列预测方法公式如下。

① 简单算术平均法的计算公式：

$$\bar{X} = \frac{x_1 + x_2 + \cdots + x_n}{n} = \frac{1}{n}\sum_{i=1}^{n} x_i = \frac{\sum x}{n}$$

式中，$\bar{X}$ 为算术平均数；x 为各单位标志值（变量值）；n 为总体单位数（项数）。

② 加权算术平均法的计算公式：

$$y = \sum(x_i w_i) \div \sum(w_i)$$

式中，x_i 为各观测值；w_i 为各观测值的对应权数；y 为加权算术平均数（预测值）。

③ 简单移动平均法的计算公式：

$$F_t = (A_{t-1} + A_{t-2} + A_{t-3} + \cdots + A_{t-n}) \div n$$

式中，F_t 为对下一期的预测值；n 为移动平均的时期个数；A_{t-1} 为前期实际值；A_{t-2}，A_{t-3} 和 A_{t-n} 分别为前两期、前三期直至前 n 期的实际值。

④ 加权移动平均法的计算公式：

$$F_t = W_1 A_{t-1} + W_2 A_{t-2} + W_3 A_{t-3} + \cdots + W_n A_{t-n}$$

式中，F_t 为对下一期的预测值；W_1 为第（$t-1$）期的权重；W_2 为第（$t-2$）期的权重；W_n 为第（$t-n$）期的权重；n 为预测的时期数；$W_1 + W_2 + \cdots + W_n = 1$。

在运用加权平均法时，权重的选择是一个应该注意的问题。经验法和试算法是选择权重最简单的方法。一般而言，最近期的数据最能预示未来的情况，因此权重应大些。例如，根据前一个月的利润和生产能力比起根据前几个月能更好地估测下个月的利润和生产能力。但是，如果数据是季节性的，则权重也应是季节性的。

（2）回归分析法。回归分析法是在分析市场现象自变量和因变量之间相关关系的基础上，建立变量之间的回归方程，并将回归方程作为预测模型。根据自变量在预测期的数量变化来预测因变量关系大多表现为相关关系。因此，回归分析法是一种重要的市场预测方法。当在对市场现象未来发展状况和水平进行预测时，如果能找到影响市场预测对象的主要因素，并且能够取得其数量资料，就可以采用回归分析法进行预测。它是一种具体的、行之有效的、实用价值很高的常用市场预测方法。

回归分析法有多种类型。依据相关关系中自变量的个数不同分类，可分为一元回归分析法和多元回归分析法。在一元回归分析法中，自变量只有一个，而在多元回归分析法中，自变量有两个以上。依据自变量和因变量之间的相关关系不同，可分为线性回归和非线性回归。

回归分析法的步骤如下：

① 根据预测目标，确定自变量和因变量。明确预测的具体目标，也就确定了因变量。如果预测具体目标是下一年度的销售量，那么销售量 Y 就是因变量。通过市场调查和查阅资料，寻找与预测目标的相关影响因素，即自变量，并从中选出主要的影响因素。

② 建立回归预测模型。依据自变量和因变量的历史统计资料进行计算，在此基础上建立回归分析方程，即回归分析预测模型。

③ 进行相关分析。回归分析是对具有因果关系的影响因素（自变量）和预测对象（因变量）所进行的数理统计分析处理，只有当变量与因变量确实存在某种关系时，建立的回归方程才有意义。因此，作为自变量的因素与作为因变量的预测对象是否有关，相关程度

如何，以及判断这种相关程度的把握性多大，就成为进行回归分析必须要解决的问题。进行相关分析，一般要求出相关关系，以相关系数的大小来判断自变量和因变量的相关程度。

④ 检验回归预测模型，计算预测误差。回归预测模型是否可用于实际预测，取决于对回归预测模型的检验和对预测误差的计算。回归方程只有通过各种检验，且预测误差较小，才能将回归方程作为预测模型进行预测。

⑤ 计算并确定预测值。利用回归预测模型计算预测值，并对预测值进行综合分析，确定最后的预测值。

下面简单介绍一元回归分析法。一元线性回归分析法是根据自变量 x 和因变量 y 的相关关系，建立 x 与 y 的线性回归方程进行预测的方法。由于市场现象一般受多种因素的影响，因此应用一元线性回归分析法，必须对影响市场现象的多种因素做全面分析。只有当诸多影响因素中，确实存在一个对因变量影响作用明显高于其他因素的变量，才能将它作为自变量，应用一元相关回归分析法进行预测。

一元线性回归分析法的预测模型为：

$$\hat{y}_t = a + bx_t + \varepsilon$$

式中，x_t 为 t 期自变量的值；$\hat{y}_t$ 为 t 期因变量的值；a、b 为一元线性回归方程的参数；ε 为偏差或称残差、估计误差；为了估计 a、b 参数，最常用的方法是最小二乘法。

a、b 参数由下列公式求得（用 $\sum$ 代表 $\sum_{i=1}^{n}$）：

$$\begin{cases} a = \dfrac{\sum y_i}{n} - b\dfrac{\sum x_i}{n} \\ b = \dfrac{n\sum x_i y_i - \sum x_i \sum y_i}{n\sum x_i^2 - (\sum x_i)^2} \end{cases}$$

为简便计算，我们令：

$$\bar{x} = \frac{\sum x_i}{n}, \bar{y} = \frac{\sum y_i}{n}$$

则有：

$$\begin{cases} a = \bar{y} - b\bar{x} \\ b = \dfrac{\sum x_i y_i - \bar{x}\sum y_i}{\sum x_i^2 - \bar{x}\sum x_i} \end{cases}$$

将 a、b 代入一元线性回归方程 $\hat{y}_t = a + bx_t$，就可以建立预测模型，那么，只要给定 x_t 值，即可求出预测值 $\hat{y}_t$。

在回归分析法中，需要对 x、y 之间相关程度做出判断，这就要计算相关系数 r。其公式如下：

$$r = \frac{\sum (x_i - \bar{x})(y_i - \bar{y})}{\sqrt{\sum (x_i - \bar{x})^2 \sum (y_i - \bar{y})^2}}$$

相关系数 r 的特征有：

① 相关系数取值范围为：$-1 \leqslant r \leqslant 1$。
② 当 $0 < r < 1$ 时，y 与 x 有一定的正线性相关，愈接近 1，则愈好。
③ 当 $-1 < r < 0$ 时，y 与 x 有一定的负线性相关，愈接近 -1，则愈好。
④ $|r|=0$，y 与 x 无线性相关关系；$|r|=1$，y 与 x 是完全确定的线性相关关系。

课堂实作　案例分析

某区域保险公司 1~6 月的保险费收入如表 2-6 所示。

表 2-6　某区域保险公司 1~6 月的保险费收入

月　　份	1	2	3	4	5	6
保险费收入（万元）	532	568	521	591	612	630

课堂实作训练：

请采用简单算术平均法和加权算术平均法（以月为权重）分别预测 7 月的保险费收入。

营销工具

如何进行网络市场调查

1．网络市场调查简介

网络市场调查是基于互联网而系统地进行营销信息的收集、整理、分析和研究的过程以及利用各种网站的搜索引擎寻找竞争环境信息、客户信息、供求信息的行为。

2．网络市场调查的一般步骤

（1）明确问题与确定调查目标。
（2）制定调查计划，确定资料来源、调查方法、调查手段、抽样方案和联系方法。
（3）收集信息。
（4）分析信息。
（5）提交报告。

3．网络市场调查方法分类

市场调查方法有两种：间接调查和直接调查。

调查资料包括两种：原始资料和二手资料。原始资料是指资料和信息直接从面谈、讨论、问卷调查等方式中获得，是原始的信息；二手资料是指先前别人已经收集和分类过的资料和信息。

4. 从网络上间接调查的方法

互联网上虽有海量的二手资料,但要找到自己需要的信息,首先必须熟悉搜索引擎的使用,其次要掌握专题型网络信息资源的分布。

归纳一下,网上查找资料主要通过下列三种方法。

(1) 利用搜索引擎查找资料。搜索引擎使用自动索引软件来发现、收集并标引网页,建立数据库,以 Web 形式提供给用户一个检索界面,供用户以关键词、词组或短语等检索项查询与提问匹配的记录。国际最著名的搜索引擎有 Google、infoseek、Lycos、OpenText、WebGrawler、AltaVista、Hotbot 等。

(2) 访问相关的网站收集资料。如果知道某一专题的信息主要集中在哪些网站,可直接访问这些网站,获得所需的资料。以下提供若干个相关的网站:

① 阿里巴巴。阿里巴巴是中国互联网商业先驱,连接着全球 186 个国家和地区的 45 万个商业用户,为中小企业提供海量的商业机会、公司资讯和产品信息,建立起了国际营销网络。

② 专业调查网站。如问卷星(http://www.sojump.com)等。

(3) 利用相关的网上数据库查找资料。网上数据库有付费和免费两种。下面是目前国际上影响较大的几个主要商情数据库检索系统。

① DIALOG 系统(http://www.dialog.com)。这是目前国际上最大的国际联机情报检索系统之一,属经济与商业方面的数据库文档有 149 个。

② ORBIT 系统(http://www.questel.orbit.com)。提供科学、技术、专利、能源、市场、公司、财务方面的服务。

③ STN 系统(www.stn.com)。STN 系统由德国、日本、美国于 1983 年 10 月联合建成,1984 年开始提供联机服务,有远程通信网络连接着三国的计算机设备。

5. 在网络上直接调查的方法

直接调查的方法有四种:观察法、专题讨论法、在线问卷法和实验法。网上使用最多的是专题讨论法和在线问卷法。注意,在调查过程中应遵循网络规范和礼仪。

(1) 专题讨论法。专题讨论法可通过 Usenet 新闻组、电子公告牌(BBS)或邮件列表讨论组进行。其步骤如下:① 确定要调查的目标市场。② 识别目标市场中要加以调查的讨论组。③ 确定可以讨论或准备讨论的具体话题。④ 登录相应的讨论组,通过过滤系统发现有用的信息,或者创建新的话题,让大家讨论,从而获得有用的信息。具体地说,目标市场的确定可根据 Usenet 新闻组、BBS 讨论组或邮件列表讨论组的分层话题选择,也可向讨论组的参与者查询其他相关名录;还应注意查阅讨论组上的 FAQ(常见问题),以便确定能否根据名录来进行市场调查。

（2）在线问卷法。在线问卷法即请求浏览其网站的每个人参与企业的各种调查。在线问卷法可以委托专业公司进行，具体做法如下：① 向相关的讨论组邮去简略的问卷。② 在自己的网站上放置简略的问卷。③ 向讨论组送去相关信息，并把链接指向放在自己网站上的问卷上。

资料来源：节选自问卷星官方博客所载的文章"如何进行网上市场调查"，http://blog.sojump.com/post/e5a682e4bd95e8bf9be8a18ce7bd91e4b88ae5b882e59cbae8b083e69fa5.aspx。

营销实战

网络保险调查问卷

在当今社会个人人身与经济风险的防范中，保险起了巨大的作用。为了解所在地区的保险意识与投保状况，特进行此项网络保险问卷调查。

一、您对保险知识的了解是通过什么途径得来的？（   ）

A．保险人员的宣传　　　　　　　　　　　B．朋友的介绍
C．电视、报纸、收音机等新闻媒介　　　　D．政府的宣传

二、您以前买过保险吗？（   ）

A．买过　　　　　　　　　　　　　　　　B．没买过

三、如买过保险：
请问您购买的是哪家公司的保险？_____
请问您购买的是哪款保险？_____

四、您认为现在您最需要的是什么保险？（   ）

A．重大疾病保险　　　　B．养老保险　　　　C．意外保险
D．住院医疗保险　　　　E．小儿保险　　　　F．其他

五、您对保险条款能看得懂吗？（   ）

A．能　　　　　　　　　　　　　　　　　　B．不能

六、您认为目前保险公司最需要改进的是哪些方面？（   ）

A．服务方面　　　　　　B．宣传方面　　　　C．条款方面

注：为了能把保险计划正常送达，请留下您的联系方式。

您的姓名：_____
电子邮箱：_____
联系地址：_____
联系电话：_____

实战要求：

请将学生分组并组织各组组员在网上发起上述问卷调查，一周后提交问卷调查报告，教师根据问卷调查情况与调查报告内容进行评分。

重要概念

保险营销调研 探索性保险营销调研 描述性保险营销调研 因果性保险营销调研 保险市场需求调研 保险市场环境 普查 抽样调查 总体 样本 随机抽样 非随机抽样 定性调研 定量调研 保险营销预测 定性预测 定量预测 德尔菲法 时间序列法 回归分析法

能力拓展

试根据本章所学知识，以 10 人为一组，对所在学校学生参与大学生社会基本医疗保险的情况进行问卷调查。要求有设计调查问卷、整理分析数据和提交调研报告三个环节。

项目 3　分析保险市场需求

学习目标

- 了解保险需求的概念与特征；
- 熟悉影响保险需求的因素；
- 掌握保险需求分析过程；
- 掌握保险需求调查问卷的设计。

案例导入

保险调查显示市场潜力巨大

为进一步了解广东地区居民目前的保险消费习惯、消费偏好与对保险的认知状况，挖掘市场消费潜力，同时通过聚拢社会对商业保险的关注，中意人寿广东省分公司联合华南地区最大的门户网站大洋网及专业调查机构零点研究咨询公司开展了主题为"保险，让生活更幸福"的广东保险消费倾向调查活动，调查结果于日前公布。

该项调查采取网上问卷调查、面对面问卷调查和电话问卷调查三种方式相结合开展，历时近两个月，共回收有效问卷近 6 000 份。一定程度上较准确地反映了当前广东地区，尤其是珠三角地区社会公众的商业保险消费基本现状和趋势。

1. 六成受访者未来愿意购买商业保险，最关注医疗险

调查显示，在经济条件允许的情况下，接近 60%的消费者愿意购买商业保险，这反映了广东保险市场发展潜力巨大。消费者最重视的是医疗保险，在未来购买可能性中位列第一，占 59%；其次是养老和意外保险，分别占 46%和 43%。消费者购买保险的最主要目的是为保障医疗和家庭生活，分别占 68%和 51%，同时为了资产的储蓄与增值。

专家点评：虽然社会医疗保障覆盖的人群越来越广，能够报销的医疗费用越来越高，但医疗系统却无法控制住医疗费用的快速增长，因此，人们总是担心医疗费用问题，从而对于商业医疗保险有较高需求。

同时，值得关注的是，意外险是用最低的费用实现高额保障的险种，每个人都应该投

保，但受访者中只有不到一半的消费者表示未来可能购买意外险，可见普通消费者对于保险的认知还是不足。

2. 多数受访者认为重大疾病保额需要20万~30万元

在医疗保险方面，重大疾病保险是最为主要的一个险种。在其保额的选择方面，选择30万元以上的消费者占比为30.9%，选择21万~30万元的占比为20.5%。这说明不少消费者已意识到现代治疗重大疾病的费用日趋高昂，需提前规划和筹备。

专家点评：考虑到医疗费用不断增长这一现实，10万元以下的保额只是一个初步的保障，很难抵御相关疾病风险。30万元保额是一个比较理想的水平。每个人的情况不同，也会因人而异。

3. 解决养老问题，养老年金保险抵御通胀

对于养老问题，调查反映，总体来看，个人存款为退休后最主要生活来源，占比达50%，其次则是社保，占比44%，也有28%的消费者选择商业养老保险。

专家点评：退休规划是一个长期的过程，不是简单地通过在退休之前存一笔钱就能够解决，因为通货膨胀会不断地侵蚀个人的积蓄。所以，要实现自己的财务目标，就必须要找到优质的理财工具。保险不是用来赚钱的，保险的主要功能是提供保障，具体到养老方面，就是资产的保值，最低能够抵御通货膨胀，同时结合了身故保障。养老年金保险已经成为更多消费者的选择。

4. 保险公司品牌和服务是选择保险产品考虑的最主要因素

调查显示，在选择保险产品时，保险公司品牌知名度是消费者考虑最多的因素，占比为59%，其次为理赔的方便快捷，占比为45%，第三为服务，占比为37%。

专家点评：品牌和服务是消费者关注的重点。保险公司应根据人民群众多层次的保险需求，加大保险产品服务的创新力度，加大保险消费者利益保护力度，提供多样化保险产品和高质量的保险服务，让保险惠及更多民众。

中意人寿广东省分公司该调查项目负责人表示，中意人寿将充分利用本次调查结果，加强符合市场需求的产品研发，为客户提供更加丰富的产品选择方案。同时，公司将不断优化服务质量，提升客户满意度，并加强保险知识的宣传普及。未来，中意人寿还将加快新型销售渠道的培养和开拓，使消费者能够更便捷地享受到专业的保险保障服务。

资料来源：节选自大洋网2012年4月1日刊载的文章"保险消费调查结果显示商业保险市场潜力巨大"，http://world.people.com.cn/GB/157278/17555100.html，节选时有删改。

阅读上述案例，思考下列问题：

1. 商业保险市场需求潜力巨大的原因有哪些？
2. 虽然我国保险市场需求广阔，但目前保险深度和密度都很低，保险普及面不泛，为什么？
3. 消费者在选择保险产品时更注重哪些因素？

任务 3.1 认知保险需求

3.1.1 了解保险需求的概念

1. 需求与需求的层次

要了解客户的保险需求，首先须明确什么是需求。需求不同于需要。通俗地说，需要是人们对事物产生的各种欲望或要求。它是应该有或必须有的。例如，任何人都需要一所房子，需要食物、衣服等生活必需品。为了使生活更加舒服，可能每个人都需要一所大房子、一辆车子、富足的食物等。

而从经济学意义上讲，需求是指消费者愿意购买并且有能力购买的商品的数量。可见，需求包括两方面含义：一是有这方面的需要；二是有能力实现这种需要。所以并不是所有需要都是需求。例如，对于一个工薪阶层而言，他当然梦想自己有大房子、车子、漂亮的衣服、体面的生活，他甚至希望自己有游艇、直升机等。这是他的需要，但是他却没有能力实现。因此，这些需要不是需求，而仅仅是需要。

在保险实践中，营销人员的营销对象通常是具有保险需求或潜在保险需求的这类群体。

人的需求是多方面的，并随着客观条件的变化而变化。美国著名心理学家马斯洛对此曾做过具体研究，提出了著名的*需求层次理论*，他把人的需求划分为五个层次，由低到高依次为生理需求、安全需求、归属需求、尊重需求和自我实现需求，如图 3-1 所示。该理论流传甚广，广泛应用于心理学、消费者行为分析及企业管理等领域。其强调两个基本论点：一是人是有需求的，其需求取决于他所得到的东西，只有尚未满足的需求才能影响其行为；二是人的需求是分层次的，有轻重缓急之分，一般只有低层次的需求满足后，才会产生更高层次的需求。马斯洛认为，驱使人类社会进步的是若干始终不变的、遗传的、本能的需求。

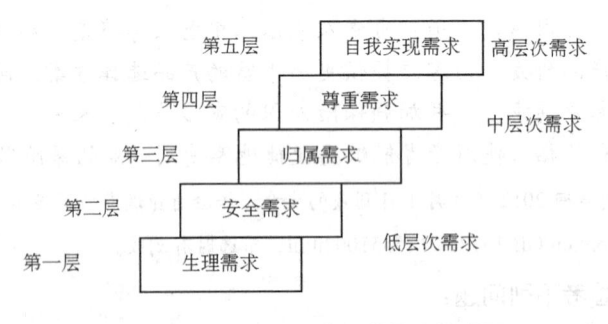

图 3-1 马斯洛需求层次模型

2. 保险需求

马斯洛需求层次划分的意义在于：低层次的需求满足之后，便会进入更高层次的需求；

越是低层次需求,越是基本需求,也就越迫切。人类的安全需求是比较基本和低层次的需求。这是因为人类在向自然界索取以及在组织和进行这种索取的活动中,总是希望在安全的环境中实现自己的预期目标。但实际情况可能往往相反。在人类的生存和发展过程中,常会出现各种风险,有自然风险,如火灾、水灾、风灾、地震等;有社会风险,如偷窃、抢劫、战争、罢工等;有经济风险,如经济管理不善、市场预测失误带来的风险等;有政治风险,如政治矛盾、种族冲突等所引发的风险等。这些风险给人们有目的的活动和期望带来冲击,有时甚至会打破或中断人们的生产和生活,使人们无法达到预期目标。

为了获得较好的生存环境,促进自身发展,人们在社会经济活动中始终有一种对安全的追求。这是人的一种本能需要。但是,对安全追求的满足有多种渠道,即可以通过多种风险处理手段来实现。例如,企业建立风险准备金,购买防盗门,进行防灾防损工作;个人将资产存入银行等。除此之外,人们还可以通过购买保险的方式来转移风险从而满足安全的需求。由此可见,保险产品也是人们安全需求满足的一种有效途径。

因此,当人们意识到保险能满足自身的安全需求时,那么,安全需求即可部分转化为对保险的需求,保险产品应运而生。同时,由于众多替代品的存在或保险条件的限制,并不是所有的安全需求都可以转化为保险需求。

综上所述,保险需求是指在特定时期内,特定地区内的个人和社会组织有欲望购买并有足够能力支付某一保险产品的数量。

保险需求是人们为转移风险而产生的渴求和欲望,是促成投保行为的内在动力。人们在一定条件下形成一定的保险需求,由一定保险需求引发投保动机,最终由投保动机支配投保行为。

3.1.2 认知保险需求的特征

1. 客观性

俗话说:"有风险,就有保险。"风险的存在是保险需求存在的前提。风险存在是客观的,不以人的意志为转移。因此,风险存在的客观性决定了保险需求的客观性。保险需求的客观性是指人们在一定现实条件下必然产生一定的保险需求,不管人们是否意识到它,它都是存在的。但是,在现实生活中,面对各类风险,并不是所有人都会选择购买保险,原因也多种多样。一种原因是人们选择了其他的风险处理方式。例如,人们为了避免飞机意外事故的发生,就会转而选择其他交通工具,这样就减少了对航空意外险的需求。另一种原因是,很大程度上人们没有真正认识到自己的保险需求,这就需要广大营销人员去引导、开发。

2. 非迫切性

保险需求的非迫切性是指消费者不会急切地需求保险产品。风险的未来性和不确定性,使得人们没有产生十分迫切的保险需求。保险需求的非迫切性表现在两个方面:一是保险需求可能是若干年以后的事情，也就是说，购买保险是为了满足相当长一段时间后才产生的需要。例如养老保险，年轻时投保缴费，老了的时候才开始享受，像这种未雨绸缪的事情并不迫切。二是风险的发生具有偶然性，发生的概率毕竟很小，所以买不买保险并不是十分紧要的事情。人们常有这种想法："这些年没买保险不是也一样没事吗？"

保险需求的非迫切性造成了保险产品营销困难。所以，需要保险营销人员悉心开导客户，多做解释工作，让人们有危机意识，有紧迫感，"不能临时抱佛脚"。要年轻时为年老时着想，健康时为有病时着想，平安时为有难时着想，父母为孩子们着想。

3. 差异性

保险需求的差异性表现为人们对保险的种类、强度和数量方面的不同需要。每个人都对人身保险有需求，但身体健康者和体弱多病者对医疗保险的需求程度不一样；普通的工薪阶层参加保险的金额不会很高，而一些收入高的个体业主、明星人物的保险金额则可能很高；同样是一个企业，经济条件好的可能选择几种保险来投保，经济条件差的可能只投保基本财产险等。可见，保险需求主体的保险需求千差万别，表现出明显的差异性。

4. 避讳性

祈求平安吉祥、恐惧灾难是人的本能，人们往往对诸如"死亡"、"疾病"、"事故"之类的词语非常避讳，而保险却与它们紧密相连。因此，人们对保险有着本能的排斥情绪。这也是保险营销处于困难境地的另一主要原因。这就要求保险营销人员要具备一定的耐性，设身处地地为客户着想，用真诚的态度感染客户，用广博的经济与金融知识来博得客户的信任，让客户从心底接受保险这一必要行为，从不认可到认可转变。

5. 高弹性

相比一般的商品而言，消费者对保险产品的需求弹性比较大。许多外部环境的变化都会引起投保人或潜在投保人的购买决策变化。例如，经济环境、人口环境的变化、自然灾害的发生等都制约着投保人的投保决策。例如，市场利率上升时，投保人可能会认为传统的寿险投资功能太差，为了追求高收益，他会选择投资连接类险种。另外，个人因素的变化也对购买者决策产生影响，如收入水平、健康状况等。

6. 隐蔽性

安全需要的产生是以风险存在为前提的。风险难以识别，从而导致与未被识别风险联系在一起的安全需求无法直接显露，而只是一种潜在需求。保险营销人员的一项重要工作就是要将这种潜在的保险需求转化为现实的保险需求，继而将这种现实的保险需求转化为消费者的购买动机并最终采取购买行动。具体做法是：站在客户的利益立场上，运用系统的观点和方法，帮助他们分析识别所面临的风险，同时诱发其购买动机。

课堂实作　消费者该如何看待保险

想退保，却被告知要承担损失；要理赔了，才知道属于免责范围，困惑、不解、愤怒的消费者，往往会自然而然得出结论：保险就是骗人的。

然而，事实真的是这样吗？

一个行业的发展有其自身的规律，就我国保险行业的发展而言，目前依然处在一个初级阶段，难免具备一些"粗放"特征。这种"粗放"，既存在于保险公司、保险产品，也存在于保险服务、保险消费者。因此，所谓消费"陷阱"的产生，可能来源于消费者亲身的经历，也可能来自对保险的"偏见"，也就是对信息的误读和误解。

实际上，这些少量的理赔纠纷，案件往往很复杂，并不是以一句"买了保险却遭遇拒赔"这么简单的标题就可以下结论的。汶川大地震、雅安芦山大地震等很多重大自然灾害或事故现场，保险公司员工的身影总是闪现在最前沿，主动搜救客户，及时现场理赔，就说明在保险事故清晰、符合理赔条件的前提下，保险公司是不会给客户设置任何障碍的。

在保险消费中产生纠纷的许多问题，也源于某些消费行为的不成熟。有的消费者在没有正确了解保险前，就盲目地购买保险。再加上保险合同的相对专业性，消费者为了简便省事，在没有了解甚至阅读投保书、风险提示书的情况下就随意签名，最后引起了许多官司和纠纷。

其实，要避免所谓的消费"陷阱"最好的方法在于多了解、多思考。千万不要有"花钱就是大爷"的心态。同时，也要花点心思好好阅读保险条款，无论是人身险还是车险、家财险，保险公司拒赔或扣除费用的特殊情况都会在保险条款中明确写明。通过仔细阅读条款，消费者能发现不少有疑问的地方，然后去咨询、解决疑点，也是为自己规避风险。

法律法规的逐步完善、监管力度的持续加强、企业管理以及从业人员的严格自律，都为保险消费提供了更加健康积极的环境。而消费者所要做的，就是正确对待保险，科学、理性、合理地消费，别让"偏见"蒙住眼睛，成为我们享受保险保障权益的"绊脚石"。

资料来源：节选自金投保险 2013 年 12 月 28 日转载的《信息时报》文章"保险就是骗人的？别让"偏见"蒙住我们的眼睛"，http://insurance.cngold.org/c/2013-12-28/c2345253.html，节选时有删改。

课堂实作训练：

仔细阅读上述案例并组织学生分组讨论下列问题。讨论完毕后要求每组派出一名代表对本组讨论结果进行评述，时间不超过 5 分钟。各组评述后由教师进行总结点评。

1. 结合亲身经历谈谈你对保险的认识。你是否认同保险？为什么？
2. 有客户说，"保险是骗人的，我不买"。作为保险营销人员如何取得客户认同？

任务 3.2　熟悉影响保险需求的因素

每个人的保险需求和购买行为都受到各种因素的影响。影响投保人保险需求的因素主要包括个人因素、心理因素和社会因素等。一般来说，个人和心理因素对消费者的购买行为会产生直接影响且容易被识别；社会因素对消费者的购买行为产生间接影响，则较难识别。

3.2.1　熟悉个人因素

1．人口因素

人口因素主要是指人的个人特征，如年龄、性别、收入水平、种族、教育程度、家庭构成、婚姻状况、职业、生活方式和生命周期阶段等。人口特征能够极大地影响消费者行为。

从年龄上看，不同年龄阶段人群对保险需求不同。例如，年龄较大者更关心养老保险、重大疾病保险等，而年轻人对意外伤害保险等则更关心。

从收入水平上看，收入高的人相对于收入低的人来说，更倾向于购买高保额的多种保险产品；收入较低的人只能购买保额比较低的险种，甚至没有保险需求。收入过高的人认为自己可以能够处理风险了，对保险没有需求。

从职业上看，从事危险职业人群的保险需求明显高于低风险职业人群。

从生活方式上来看，有些人喜欢风险，有些人却厌恶风险。

由此可见，不同的人群具有不同的保险需求，即使同一个人在不同时期的保险需求也会不一样。

2．角色和地位

每个人在社会中都充当着某一角色并占据与之相称的地位。角色是指处于特定地位的个人应该做出为社会所期待的行为模式。地位是指与群体中其他成员相对照，个人在社会中所处的位置。例如，同样的男性，未婚、已婚和为人父是三种不同的角色，具有不同的社会地位，相应的保险需求也不同。因此，不同的角色和地位决定了消费者的投保行为，保险营销人员应该细致研究和适应人在不同身份和处于不同地位时所面临的具体保险需求，为不同的客户设计满足其需求的产品。

> **课堂实作**　角色定位与保险需求识别
>
> 人的社会地位和角色定位不同，对保险需求也各有差异。
>
> **课堂实作训练：**
>
> 根据所学知识，请将表 3-1 填写完整。

表 3-1　角色定位与保险需求

风险主体	农　民	工薪阶层	企业主管	千万富豪	家　庭	企　业
适合的险种 (含人身险、财产险)						

3.2.2　熟悉心理因素

1. 动机

　　动机是鼓励人们采取某种行动、表现某种行为或为某一目标而行动的内在驱动力。动机是行为的直接原因，推动和诱使人们从事某种行为。动机由需求产生，而人的需求多种多样，动机也多种多样。在一定时期内，众多动机中只有一个最强烈的动机能促使人们采取行动。

　　消费者购买动机是推动消费者实行某种购买行为的愿望或念头。消费者购买动机一般分为生理动机（本能动机）和心理动机两种。生理动机是指消费者由于生理上的需求（吃、穿、睡眠等）所引起的购买动机；心理动机是指社会发展到一定水平时，人们因为心理需求（如地位、个性等）产生的购买行为。

2. 认知

　　认知又称知觉，是人脑对直接作用于感觉器官的客观事物个别属性的整体反映，是人们选择、组织和解释信息以便理解其含义的过程。知觉对投保行为的影响更直接、更重要，经知觉形成的对保险产品的认知，是投保行为发生的前提条件。

3. 学习

　　学习是投保人在投保活动中不断获取知识、经验和技能，不断完善其投保行为的过程。事实上，投保行为很大程度上是后天学习得来的。投保活动的每一步都在学习，从感知保险产品到投保决策及保后体验，都是学习的过程。学习是投保行为的关键，通过学习，消费者增加了保险产品知识，丰富了投保经验，从而有助于促发投保人重复性的投保行为。如果一个消费者在较长的时期内持续地、习惯性地购买某公司的险种，那么他就已建立了对该保险公司的品牌忠诚。

4. 态度

　　态度是投保人确定投保决策、执行投保行为的感情倾向的具体体现。态度的形成与改变直接影响投保人的投保行为。对保险持积极肯定的态度会推动投保人完成投保活动；而消极否定的态度则会阻碍投保活动。例如，对某险种有较好体验的客户会对该险种以及提供该险种的公司产生积极的态度，而对某险种有较差体验的客户会对该险种及提供该险种的公司产生消极的态度。态度一旦形成便很难改变，而且那些持有消极态度的消费者不仅不会继续购买，还会影响其他消费者对保险产品或特定保险公司的态度。而作为保险营销人员，拓展市场开发客户的一个重要任务就是给客户树立保险行业良好的印象，影响其态度，让其认可保险并产生需求。

由于保险产品的特殊性，在保险营销实践中，投保人经常表现出两种态度：一是拖延，特别是涉及需要长期支付保险费的时候，认为满足今天的需求比满足明天的需求更容易，因而往往使长期保障服从于其他更为现实的需求；二是避免，因为保险总使人联想到不愉快，对风险的恐惧抑制了人们考虑保险保障，人们不愿意去想死亡的不可避免和提前做准备的需求。这一切都会影响消费者的投保行为。

3.2.3 熟悉社会因素

1. 经济发展水平

经济发展水平从两方面影响保险需求。一方面，经济的发展可以创造出许多新的保险需求。例如，城市的出现产生了火灾保险的需求；航海技术的发展产生了海上保险的需求；人们喜欢旅游、滑雪、赛车，从而产生了专门针对高风险运动的意外险产品。另一方面，经济的发展使人们收入水平增加，把许多保险需要转化为保险需求。收入是影响保险需求的一个重要因素，收入的增加使低层次的需求得到满足，从而产生了高层次的新的保险需求。

2. 文化和亚文化

文化价值观是一个社会的大多数成员所信奉、被认为应为社会所普遍倡导的信念。文化价值观是通过一定的社会规范来影响投保人的投保行为的。文化价值观包括三种形式：

（1）他人导向价值观，反映社会关于个人与群体的合适关系的观点与看法。例如，集体取向的文化就比个人取向的文化更加重视集体的作用，投保人在做出投保决策时可能就会较多地依赖于他人的帮助和指导。

（2）环境导向价值观，反映社会与其经济的、技术的和特质的环境之间相互关系的看法。例如，一个安于现状、对承担风险采取回避态度的社会，投保人在投保时可能对新险种较为谨慎。

（3）自我导向价值观，反映的是社会成员认为应为之追求的生活目标及实现这些目标的途径、方式。例如，一个鼓励人们居安思危、细水长流而不是及时行乐的社会，投保人在投保时会表现出积极、主动且比较理智的行为。

文化很少是完全同质的。大多数文化中还包含许多亚文化。亚文化实质是主文化的细分和组成部分。亚文化是一个人种、地区、宗教、种族、年龄或社会团体所表现出来的一种强烈的有别于社会中其他团体的行为方式。亚文化既有与主文化一致或共同之处，又有自身的特殊性，其对投保行为的影响更直接、更具体，也尤为明显。亚文化通常有种族亚文化、宗教亚文化、民族亚文化和地域亚文化等。

从投保人来看，他们的投保行为不仅带有某一社会主文化的基本特性，还带有所属亚文化的特有特征。例如，以民族亚文化为例，中华民族是一个偏好安全的民族，在投保行为上会表现得比较保守；以地域亚文化为例，我国北方人的性格比较豪爽，在投保行为上会表现得比较果敢与粗放。

3. 社会阶层

社会阶层是依据经济、政治、教育、文化等多种社会因素所划分的社会集团。关于社会阶层的具体划分，常用的有综合指标法（同时使用几种尺度的综合衡量法）和单一指标法（只使用单一尺度衡量的方法）。美国的社会学家将美国人划分为六个阶层：上上层、上下层、中上层、中下层、下上层和下下层。我国有位经济学家曾将消费阶层分为五类：超级富裕阶层（由成功的私有企业或中外合资企业的老板组成）、富裕阶层（由中外合资企业的高级管理人员或专业技术人员、高级知识分子、走穴的演职人员等组成）、小康阶层（包括合资企业的中层管理人员、兼职的知识分子、个体业主或商人、工头）、温饱阶层（主要指效益较好的企业工薪族）、贫困阶层。从投保行为表现来看，超级富裕阶层表现得较为沉着、冷静；富裕阶层表现得比较激动；小康阶层表现得相对保守；温饱阶层表现得比较犹豫；贫困阶层则表现得比较冲动。

4. 参照群体

参照群体，又称相关群体或榜样群体，是指一种实际存在的或想象存在的，可以作为投保人判断其投保行为的依据或楷模的群体。参照群体对投保人有着强大的影响力，其标准、目标和规范会成为投保人的"内在中心"。投保人会以参照群体的标准、目标和规范作为行动的指南，将自身的行为与群体进行对照。通常，影响投保人投保行为的参照群体有家庭、同学、邻居、亲朋好友、社会团体和名人名家等。

参照群体对投保人投保行为的影响体现在：提供信息性影响，使其投保行为更加果敢；提供规范性影响，使其投保行为更受赞赏与认可；提供价值表现上的影响，使其投保行为更为主动。

5. 家庭影响

家庭也是保险产品的基本消费单位。家庭对投保行为有着直接的影响：家庭的类型（核心家庭、单亲家庭、扩展家庭等）影响投保人投保行为的独立性；家庭结构的变化（主要表现为规模的日渐缩小和单亲家庭的增多）使投保行为更加果敢。处于家庭生命周期的不同阶段，投保人的投保行为的理智性、果敢性也不同。家庭的实际收入水平影响到用于购买保险的支出金额，对家庭的预期收入的估计影响超现实的投保行为。购买保险的决策通常由家庭成员共同决定。通常父母会告诉子女他们认为什么样的商品是有品位的，哪些品牌的衣服是可购买的，哪些商店是可以光顾的等。这些都会对子女的消费行为产生影响。

任务3.3　分析保险需求

对客户进行需求分析是制定保险营销策略的前提。只有充分了解客户的需求及购买决策过程和动机，保险营销活动才能做到有的放矢、事半功倍。

3.3.1　了解保险需求分析

保险需求分析是指针对客户人生中的各类风险（人身风险、财产风险等），定量分析财务保障需求额度，并做出最适当的财务安排，避免风险发生时给生活带来的冲击，达到财务自由的境界，从而拥有高品质生活。

1．需求分析的理念

(1) 需求分析解决的是为什么要买的问题。

(2) 保险需求要去激发和唤起，甚至创造。

(3) 营销法则：首先发现并创造需求，然后推销解决问题的方案。

2．需求分析的重要性

(1) 需求分析帮助我们寻找客户购买点。

(2) 需求分析是成交的关键。

(3) 需求分析是接触和说明的桥梁，是为客户制作建议书的基础。

3．保险需求分析的一般过程

(1) 收集资料——收集客户的年龄、收入、婚姻状况（子女）、有无贷款（房、车）、社会保障（养老、医疗）等相关信息。可以通过电话或调查问卷等多种形式。

(2) 资料分析——针对不同的人生阶段和收入水平分类，有助于制定差异化的营销策略。

(3) 需求分析——将客户需求与保险产品联系起来，设计购买方案，激发客户购买行动。

3.3.2　熟悉客户购买决策过程

作为保险营销人员，向客户推销保险产品时，首先须明确客户购买的一般流程，并且要时刻清楚客户目前处在"购买决策过程"的哪一步，以便提供针对性的服务。客户购买决策过程通常包括以下阶段：

(1) 发现问题；

(2) 确认需求；

(3) 收集信息；

(4) 对比选择；

(5) 决定购买；

(6) 购后评价。

在客户购买流程的不同阶段，营销人员的任务是不同的。对应客户的购买流程，保险业务员各阶段的营销工作内容如下：

(1) 业务员的售前调研；

(2) 初次见面与问候，取得客户信任，与客户建立亲善关系，被客户邀请进入解决问题的过程；

(3) 获知需求信息；

(4) 产品价值说明；

(5) 提出解决方案/证明自己；

(6) 消除反对意见；

(7) 促成——要求客户下单；

(8) 跟踪回访，售后服务。

值得注意的是，当营销人员与客户初次接触时，这位客户不一定只处在第一步，而可能已经处在第四步——寻找能够满足需求的备选方案这个阶段，甚至已经到了第七步——联系潜在供方。客户可能在此之前已经接触过一些保险信息，明确了需求，确定了购买标准，见过了好几个业务员。因此，营销人员在与每个客户的每次具体接触中，都要设法明确客户处在购买流程的哪一步，以此来决定自己下一步应该采取的行动。

收集客户资料的目的如下：

(1) 获得事实资料，如个人信息、保险信息、财务信息。

(2) 获得感性资料，如风险意识、责任心、未来想法、投资偏好。

(3) 识别保险需求，如发现需求、(客户担心的问题)确认需求、找出保费预算等。

课堂实作 客户保险需求信息获取

角色扮演：两个同学一组，一个作为营销员，一个模拟客户。相互交流沟通，获得客户的基本情况资料、感性资料及保险需求等信息。角色交替进行。练习10分钟，最后由教师点评给分。

3.3.3 识别客户购买动机

1. 认识客户购买动机

客户购买动机主要有两类：生理动机和心理动机。生理动机追求物质满足，是低层次需求的满足；心理动机追求情感精神满足，是高层次需求的满足。

一般来说，人们通常比较担心的问题有：

(1) 走得太早；

(2) 残疾失能；

(3) 重大伤病费用；

(4) 活得太久；

(5) 投资——积累财富；

(6) 子女教育；

(7) 资产转移。

因此，对保险营销人员来说，主要从以下方面着手明确并激发客户需求：

(1) 从健康着手；

(2) 从重大疾病着手；

(3) 从意外伤害着手；

(4) 从子女教育、创业、婚嫁着手；

(5) 从家庭责任着手；

(6) 从养老金着手；

(7) 从投资理财着手；

(8) 从避税着手；

(9) 从收入状况着手；

(10) 从教育程度着手。

2. 引导客户产生购买动机

动机是一种爆发性情绪。这种情绪往往需要营销人员的引导，这种引导实际上是满足客户对保险的需求和理解。引导的方式可以采用有利于营销人员和客户签约的模式。当然，这要根据客户的具体情况而定。如果发现潜在客户对保险的兴趣提升了，就可以尝试缔结。这时，营销人员的态度要坚决，千万不能模棱两可，因为客户此时的心理状态也处在矛盾的情形之中。客户实际上是需要营销人员在心理上给予支持的，这时营销人员的态度也成了客户考核的重要指标。

3.3.4 挖掘客户保险需求

1. 了解影响客户购买行为的因素

营销人员不了解客户需求，就无法为客户提供有效服务，难以提高客户的满意度，最终会影响到业绩的提升。然而，客户的经济状况、性格特征、兴趣爱好各有不同，客户的需求千差万别，很难把握客户的真实想法。例如，接触了一个热情开朗的客户，和他相处得很不错，却很难知道他的真实需求，或者说，他的需求表述得不明确，让营销人员很难把握，保险计划书也无从下手。如何才能探知客户的真实想法？

对于潜在保险客户，影响其做出购买决定的因素主要有以下几种。

（1）没有信任感。在保险销售过程中，客户回复往往是"客户不认可保险"，"客户没有钱买保险"，"客户说过段时间再考虑保险"等。然而，客户真的不认可保险吗？客户真的没钱买保险吗？客户真的觉得眼下并不是投保的最好时机吗？如果深入了解客户需求，弄清客户的顾虑，就会发现这些并不是客户内心真实的想法。也许原因很简单，但所有的拒绝都来自他对营销人员仍不够信任！

营销话术　取得客户认同

营销人员小刘：张总，现在我们看了许多资料，也谈了很多问题，谢谢您耐心地和我谈了这么多。到目前为止，您能不能坦率地告诉我，您觉得我的工作做得怎么样？（目的：探测客户信任的程度）

营销人员小刘：我之所以这样问您，是因为我们公司和我本人都希望为您提供更好的服务。我有没有遗漏掉什么？还有什么需要改进的？请您坦率地告诉我，好吗？（目的：提升客户信任度）

营销人员小刘：那就是说，到目前为止您还是挺满意的，是吗？（目的：巩固信任）

（2）没有需求。许多营销人员业绩不理想的症结在于漫无目的地向客户介绍保险产品，结果是徒费口舌，不但没有把自己的产品介绍清楚，还让客户心生反感。事实上，成功的销售不是如何去说服客户，而是对客户的需求做出最精确的定义，根据定义出来的需求再去选择和介绍产品。所以需要帮助客户发现需求点，将其不明确的需求明确化、具体化。

案例分析　驼鹿与防毒面具

有一个推销员，他以能够卖出任何东西而出名。他已经给牙医卖过一支牙刷，给面包师卖过一个面包，给瞎子卖过一台电视机，但他的朋友对他说："只有卖给驼鹿一个防毒面具，你才算是一个优秀的推销员。"

于是，这位推销员不远千里来到北方，那里是一片只有驼鹿居住的森林。"您好！"他对遇到的第一只驼鹿说，"您一定需要一个防毒面具。"

"这里的空气这样清新，我要它干什么！"驼鹿说。

"现在每个人都有一个防毒面具。"

"真遗憾，可我并不需要。"

"您稍候，"推销员说，"您已经需要一个了。"说着他便开始在驼鹿居住的林地中央建造一座工厂。"你真是疯了！"他的朋友说。"不然呢。我只是想卖给驼鹿一个防毒面具。"

当工厂建成后，许多有毒的废气从大烟囱中滚滚而出，不久驼鹿便来到推销员处对他说："现在我需要一个防毒面具了。"

"这正是我想的。"推销员说着便卖给了驼鹿一个。"真是个好东西啊！"推销员兴奋地说。

"别的驼鹿现在也需要防毒面具,你还有吗?"

"你真走运,我还有成千上万个。"

"可是你的工厂里生产什么呢?"驼鹿好奇地问。

"防毒面具啊。"推销员兴奋而又简洁地回答。

案例思考:

在日常生活中,我们的购买行为有时并不非常明确或漫无目的的,这点在女性消费者身上表现得更为明显。所以就需要保险营销人员去发现、激发客户需求,甚至创造需求。本案例对你有什么启示?

(3) 没有帮助。

如果潜在保险客户对保险营销人员有信任感,而且后者也确认前者有需求存在,那么营销人员应该做的就是帮助潜在客户,给他们提供及时的必要的帮助。

(4) 不着急。营销实际上是满足需求的过程,但是要满足客户需求首先必须了解客户需求。在挖掘客户需求时,不妨把自己想象为一个医生。医生的工作就是协助病人发现病根,使病人了解它的紧迫性,赶紧帮助病人医治。而营销人员的工作就是帮助客户发现保险需求,了解保障的重要性,赶紧让客户为自己或家人添置一份保障。

客户需要保险,这是毋庸置疑的。可是,为什么客户对保险的需求却又显得差强人意呢?不难理解,当人对某一事物的渴望没有达到一定程度的时候,就不能成为思维系统的聚焦点。因为客户会区分事物的轻重缓急,并且会将自己将要处理的事务分为四类,如图3-2 所示。

显而易见,客户对保险的需求处在第二象限,认为保险是重要、非紧急的事情。如何能够将第二象限的需求升级到第一象限,是对营销人员的挑战,也是营销人员所必需的能力要求。在与客户接触的过程中,遇到这种客户也不要急于求成,可以选择适当的营销策略解决这个问题。

升级客户需求的方法有多种,也可以采用利诱的方法,因为人们在得到相同利益的情况下,大多会选择可以获得更大利益的时机。

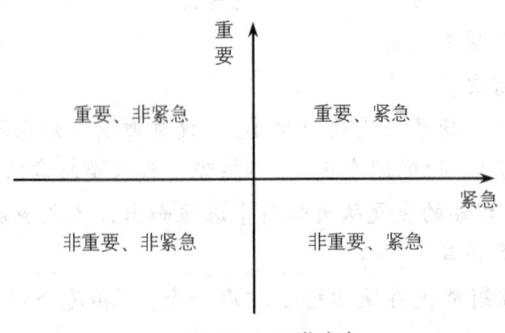

图 3-2 四类事务

这是一个通过利诱方式升级客户保险需求的例子。

案例分析　升级客户保险需求

营销人员小张在和一位女客户接触了很长时间以后，该客户始终不急于投保。这时，小张面对她的态度采取了利诱的方法。一天下午，小张打电话给这位客户："您好，您下午忙吗？我有急事找您。"

"可以，你现在能告诉我是什么事情吗？"她爽快地答应了小张的请求。

"我们公司正在实施一个回馈客户的行动，您如果在这个时候投保，可以有奖品获得。"小张急忙赶到客户那里，用很急切地口吻告诉她。

"能告诉我你们公司的奖品是什么吗？"她的注意力被公司的奖品吸引了。

"您喜欢什么方面的奖品呢？"小张反问她。

"我喜欢家用方面的。"她兴奋地回答小张。

"您猜对了，这次的奖品都是关于家用的。"小张顺势回答了她的问题。

就这样，小张很快就顺利地缔结了这张保单。

案例思考：

通过这个案例可以看出，利用客户追求利益的心理来诱导成交，是值得尝试的营销方式。除此之外，还有哪些方式可以升级客户需求？

2．识别客户的保险需求

(1) 识别准客户。在营销实践中，能迅速找到优质的准客户可以大大提高业务人员的工作效率。一般来说，优质准客户通常具有如下特征：认同保险；经济比较宽裕；责任感强；家庭理财观念强；注重健康；非常喜欢小孩；夫妻感情和睦；注重身份价值；热恋或新婚；创业初期，风险较高；供职于效益较好的企业；近期有房贷；家人或朋友发生变故；家庭成员有过重病等。

营销人员必须通过多种渠道广泛收集客户信息并进行甄选，确定有效的培养对象，为下一步开展营销服务打好基础。

(2) 识别客户的购买信息。很多时候，即使营销人员的营销工作让客户很满意，客户往往也不会主动明确提出成交要求。出于对付费的敏感和对无形的保险产品购买风险的压力，客户往往会"隐瞒"其购买想法，购买意愿也往往是通过不经意间的一些动作表现出来的，此时是运用促成技巧的最佳时期。这就需要保险营销人员细心观察，用心捕捉这种时刻，在交流过程中不仅要听其言，还要观其行。

1) 语言购买信号。客户询问产品的相关问题或者对产品挑剔、讨价还价都是发出的购买信号。在购买保险时客户常问的问题主要有购买方式、可靠性、公司实力等。具体包括以下情况：

① 客户询问保险缴费金额、缴费方式、保障内容、售后服务等问题时；

② 客户要与其他公司比较时；
③ 客户询问佣金时；
④ 客户就费用问题讨价还价时；
⑤ 客户询问体检方法时；
⑥ 客户询问住址变更方法时；
⑦ 客户询问别人的投保情形时。

2) 肢体语言购买信号。

① 客户的眼神有所改变。"眼睛是心灵的窗口"，眼神可以传递人内心的想法。眼睛具有反映人们深层心理的功能，其动作、神情、状态是最明确的情感表现。眼睛传递的信息既有积极的也有消极的，营销人员要善于观察客户的眼神及其变化，从中捕捉购买信号。

- 当谈话很投机时，客户的眼神会闪闪发光；
- 客户觉得谈话索然无味时，眼神会呆滞暗淡；
- 客户三心二意时，眼神会飘忽不定；
- 客户不耐烦时，眼神会心不在焉；
- 客户沉思时，眼神会凝住不动；
- 客户做出某一决定时，眼神会坚定不移。

另外，随着客户的眼神变化，谈话也会跟着变化，如声音的高低、快慢、语调等。这些也能透露出客户的购买意愿。

② 客户态度行为有所改变。客户的行为有以下变化时可以及时地促成。

- 客户非常专心地聆听营销人员解说时；
- 客户仔细查看产品介绍或其他宣传资料时；
- 客户点头对营销人员的意见表示赞同时；
- 客户表情开始认真起来时；
- 客户沉默思考时；
- 客户自己计算保险费时；
- 客户称赞营销人员的专业能力时；
- 客户高兴时。

客户做购买决策时往往面临欲望的满足与购买风险的双重力量博弈，这是件困难甚至痛苦的事，有时客户的心态就像站在十字路口，营销人员不能袖手旁观，而要帮助他做出抉择。

3. 分析客户保险需求

(1) 人身保险需求分析。人生的不同阶段，因其在家中的地位、责任、作用及经济贡献不同，所面临的风险也不同。从现金流上看，人生的整个成长过程，也就是现金流量不断波动的过程，如图3-3所示。

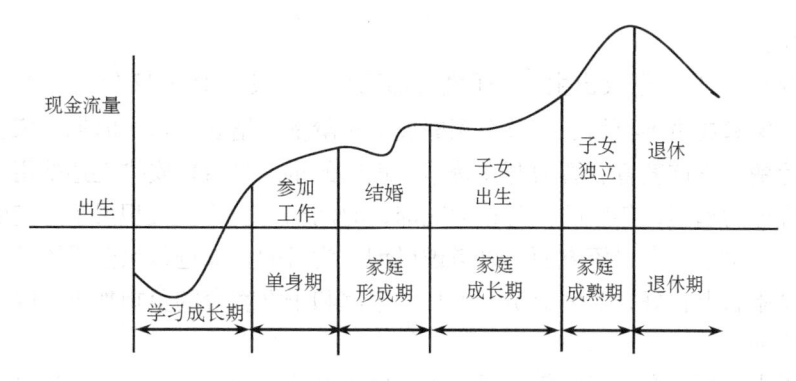

图 3-3 人生不同阶段现金流量

- 学习成长期是净支出，父母供养学习与成长所需的一切。
- 参加工作时，收入通常不多，那时现金收入基本上等于现金支出，即所谓的"月光族"现象。
- 随着年龄逐渐增长，到了30~40岁进入家庭形成期时，人生职业生涯也进入最辉煌的时间，通常现金收入能够大于现金支出，而且开始学习投资和理财。
- 进入到家庭成长期和家庭成熟期，也属于现金收入大于现金支出的时候。
- 进入退休期，可以安度晚年，这个时候，现金收入会小于现金支出。

基于此，人的投保生命期可分成五个阶段，针对各阶段的不同特征分析保险需求。

① 单身期（参加工作—结婚，一般为2~5年）。

特点：经济收入比较低且花销大。这个时期是未来家庭资金积累期。年纪轻，主要集中在20~28岁之间，健康状况良好，无家庭负担，收入低，但稳定增长，保险意识较弱。

保险需求分析：保险需求不高，主要可以考虑意外风险保障和必要的医疗保障，以减少因意外或疾病导致的直接或间接经济损失，保险费低，保障高。若父母需要赡养，需要考虑购买定期寿险，以最低的保险费获得最高的保障，确保一旦遭遇不测时，用保险金支持父母的生活。

② 家庭形成期（结婚—子女出生，一般为1~5年）。

特点：这个时期是家庭的主要消费期。经济收入增加而且生活稳定，家庭已经有一定的财力和基本生活用品。为提高生活质量往往需要较大的家庭建设支出，如购买一些较高档的用品，贷款买房的家庭还需一笔大开支——月供款。夫妇双方年纪较轻，健康状况良好，家庭负担较轻，收入迅速增长且保险意识和保险需求有所增强。

保险需求分析：为保障一家之主在万一遭受意外后房屋供款不会中断，可以选择缴费少的定期保险、意外险、健康保险等，但保险金额最好大于购房金额以及足够满足家庭成员5~8年的生活开支。处于家庭和事业新起点，有强烈的事业心和赚钱的愿望，渴望迅速积累资产，投资倾向易偏于激进。可购买投资型保险产品，规避风险的同时，又是资金增值的好方法。

③ 家庭成长期（子女出生——子女参加工作，一般为 18~22 年）。

特点：家庭成员不再增加，整个家庭成员年龄都在增长。这个时期，家庭的最大开支是保健医疗费、学前教育、智力开发费用。理财的重点是合理安排上述费用。同时，随着子女的自理能力增强，年轻的父母精力充沛，时间相对充裕，又积累了一定的社会经验，工作能力大大增强。在投资方面可以考虑以创业为目的，如进行风险投资等。夫妇双方年纪较轻，健康状况良好，家庭成员有增加，家庭和子女教育的负担加重，收入稳定增长，保险意识增强。

保险需求分析：在未来几年里面临子女接受高等教育的经济压力。通过保险可以为子女提供经济保证，使子女在任何情况下都可以接受良好的教育。偏重教育基金、父母自身保障。购车买房对财产险、车险有需求。

④ 家庭成熟期（子女参加工作—退休，一般为 15 年左右）。

特点：这个时期自身的工作能力、工作经验、经济状况都达到高峰状态，子女已经完全自立，债务已逐渐减轻，理财的重点是扩大投资。夫妇双方年纪较大，健康状况有所下降，家庭成员不再增加，家庭负担较轻，收入稳定在较高水平，保险意识和需求增强。

保险需求分析：人到中年，身体机能明显下降，在保险需求上，对养老、健康、重大疾病的要求较大，同时应为将来的老年生活做好安排。进入人生后期，万一风险投资失败，会葬送一生积累的财富，所以不宜过多选择风险投资的方式。此外，还要存储一笔养老资金，且这笔养老资金应是雷打不动的。保险作为强制性储蓄，累积养老金和资产保全，也是最好的选择。通过保险让自己辛苦创立的资产保持完整地留给后人，才是最明智的。财产险、车险的需求也必不可少。

⑤ 退休期（退休后——）。

特点：这个时期主要以安度晚年为目的，理财原则是身体、精神第一，财富第二。那些不富裕的家庭应合理安排晚年医疗、保健、娱乐、锻炼、旅游等开支，投资和花费有必要更为保守，可以带来固定收入的资产应优先考虑，保本在这个时期比什么都重要，最好不要进行新的投资，尤其不能再进行风险投资。

保险需求分析：夫妇双方年纪较大，健康状况差，家庭负担较轻，收入较低，家庭财产逐渐减少，保险意识强。在 65 岁之前，通过合理的计划，检视自己已经拥有的人寿保险，进行适当的调整。

根据以上分析，结合个人收入状况，不同人生阶段和收入状况的客户保险需求如表 3-2 所示。

表 3-2　不同人生阶段和收入状况的客户保险需求分析

人生阶段 收入状况	单身期	家庭形成期	家庭成长期	家庭成熟期	退休期
高收入	意外、健康、投资	意外、健康、投资、重疾	意外、健康、教育、投资、养老	健康、医疗、重疾、投资、储蓄、养老	高额终身寿险、避税
平均收入	意外、健康	健康、重疾、意外、储蓄	自身保障、教育资金、健康意外	健康、意外、储蓄、风险转移	

案例分析

案例一：陈先生，大学毕业两年，未婚，在私营公司从事 IT 行业，喜欢旅游、运动。父母健在，并享有不错的退休工资。

分析：

单身期，中等收入。需求：意外、健康、(投资)。

险种选择：定期寿险、意外保险、住院医疗、(重疾定期)。

案例二：宋先生，35 岁，高级白领，已婚，有一个 5 岁的女儿。

分析：

家庭形成期，高收入。需求：意外、健康、投资、重疾。

险种选择：教育年金（少儿教育金保险）、定期/终身寿险、意外、少儿重疾、投资型。

案例三：钱老板，45 岁，私营公司老板，资产雄厚，子女已出国留学，太太为家庭主妇。

分析：

家庭成熟期，高收入。需求：健康、医疗、重疾、投资或储蓄、养老。

险种选择：重大疾病保险、医疗费用保险、养老寿险（夫妻二人的养老保险）、退休年金、(高额终身寿险)。

课堂实作　保险需求分析

李明和刘莲是一对新婚夫妇。

课堂实作训练：

根据所学知识，分析他们的保险需求。

（2）财产保险需求分析。财产保险需求有两种表现形式：有形的经济保障和无形的经济保障。前者体现在物质方面，即人们遭受意外事故和自然灾害时，投保的个人或单位所得到的经济补偿和给付；而后者体现在主观意识方面，即在获得保险保障后，投保的个人或单位由于转嫁了意外损失风险获得保险保障，得到心理上的安全感，也就是通常所说的可以"睡个安稳觉"。

财产保险消费者的投保行为是一种财务上的安排，因为对于投保者来说，实质上是用相对于保险标的价值较小额度的保险费（这是实在的财务支出）来换取保险标的这一较大价值的安全保障。若在保险期间内，保险事故发生并造成保险标的价值的损失，且符合其他赔偿条件，那么投保人就会得到一定的（不高于保险价值的）保险金赔偿；然而，若在保险期间内，保险事故没有发生，那么投保人就得不到保险金的赔偿。从这两种情况来看，不论是否得到保险金的赔偿，投保人都支付了保险合同规定的保险费。不论投保人是否得到保险金赔偿，投保人都没有高于保险价值的获得。因此，从这一个角度来看，购买保险产品是一种财务上的安排。

相比人身保险产品而言，财产保险需求具有一定的刚性，特别是车险业务。在交强险实施的大背景下，车辆必须购买保险，车险市场需求广阔。图3-4为2013年10月财产保险公司市场份额图。

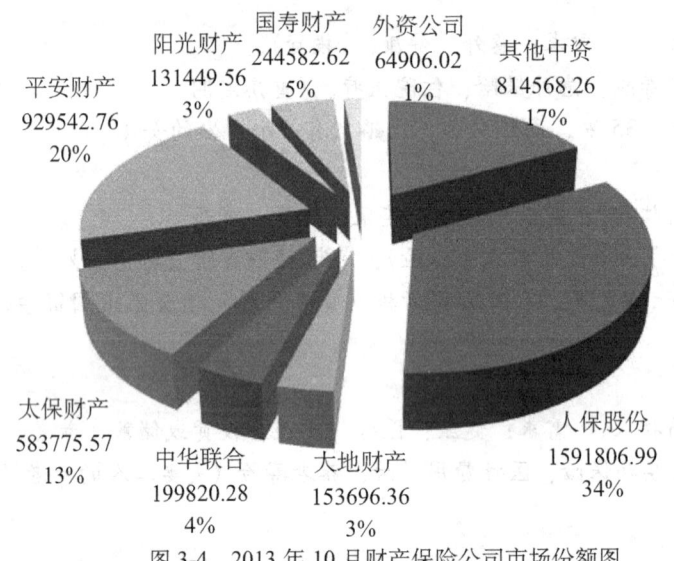

图3-4　2013年10月财产保险公司市场份额图

目前，国内汽车保险的种类主要分为机动车交通事故责任强制保险（简称交强险）和商业保险两大类。其中，商业保险又分基本险和附加险。基本险中有第三者责任险、车辆损失险、盗抢险、车上人员责任险；附加险有玻璃单独破碎险、自燃险、车身划痕险、不计免赔险等。

① 交强险。交强险是我国首个由国家法律规定实行的强制保险制度，是由保险公司对被保险机动车发生道路交通事故造成受害人（不包括本车人员和被保险人）的人身伤亡、财产损失，在责任限额内予以赔偿的强制性责任保险。目的是为交通事故受害人提供基本的保障。而交通事故受害人获得赔偿的渠道是多样的，交强险只是最基本的渠道之一。交

强险实行12.2万元的总责任限额，对于发生一起交通事故来说金额是不多的，所以仅仅强制投保了交强险是远远不够的，适当地增加些商业保险，可以尽量减少事故发生后的经济损失。

② 第三者责任险。第三者责任险是指被保险人或其允许的合法驾驶人在使用保险车辆过程中发生意外事故，致使第三者遭受人身伤亡或财产的直接损毁，依法应当由被保险人支付的赔偿金额，保险人依照保险合同的规定给予赔偿。同时，第三者责任险可以作为交强险很好的补充。

③ 车辆损失险。车辆损失险是指保险车辆遭受保险责任范围内的自然灾害（不包括地震）或意外事故，造成保险车辆本身损失，保险人依据保险合同的规定给予赔偿。

④ 盗抢险。盗抢险是指因被盗窃、被抢劫、被抢夺造成的保险车辆的损失。如果车辆在使用过程中一直都在比较可靠、安全的停车场中或者在治安管理很好的小区停放，上下班路途中也没有什么特别僻静的路段，可酌情不予投保此险。但如果车辆属于很常见的、丢失率比较高的车型或者经常停在治安环境不佳的地方，车主不妨考虑下投保盗抢险。

⑤ 车上人员责任险。车上人员责任险是对事故发生后保护救治司机或乘客人员伤亡造成的费用损失进行赔付。如果车辆经常搭载家人朋友的，车主可以考虑投保车上座位责任险。

课堂实作 认识机动车辆保险

1. 设计一份车险需求调查问卷，收集客户相关信息，为制定车险营销方案服务。
操作过程：设计调查内容；发放调查问卷；结果分析。

2. 通过图书馆、网络等渠道，查阅车险市场份额、险种分布及需求前景、存在的问题等最新相关资料，制作PPT演示，由老师给分点评。

营销工具

如何了解客户的保险需求

1. 保险需求分析的计算原理

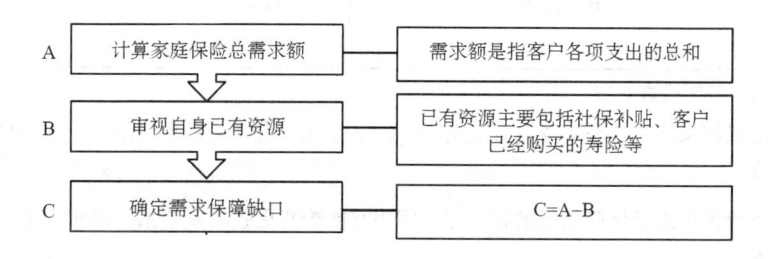

A	计算家庭保险总需求额	需求额是指客户各项支出的总和
B	审视自身已有资源	已有资源主要包括社保补贴、客户已经购买的寿险等
C	确定需求保障缺口	C=A−B

2. 保险需求诊断

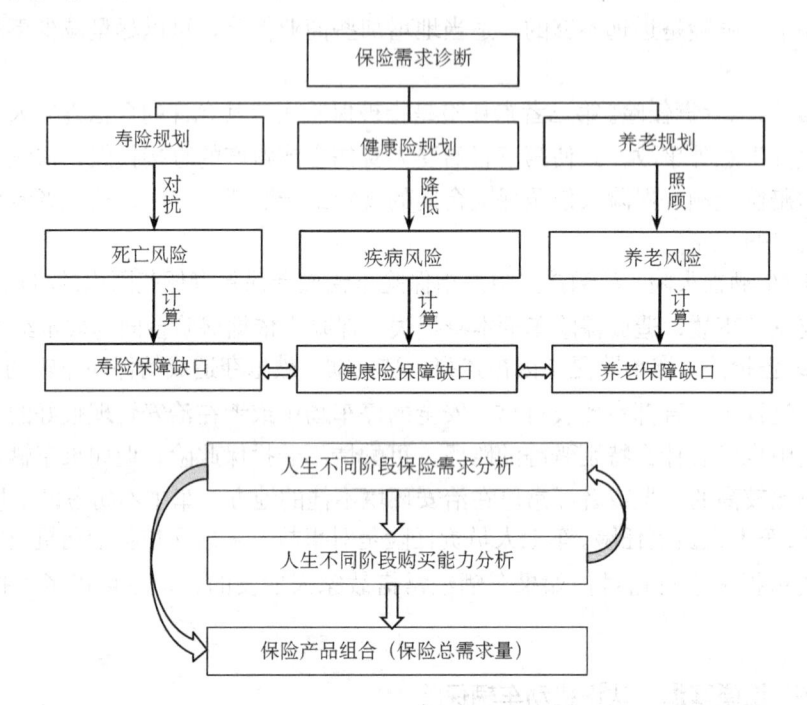

```
                    保险需求诊断
          ┌────────────┼────────────┐
        寿险规划      健康险规划      养老规划
          │对抗         │降低         │照顾
        死亡风险       疾病风险       养老风险
          │计算         │计算         │计算
       寿险保障缺口 ⇄ 健康险保障缺口 ⇄ 养老保障缺口

              人生不同阶段保险需求分析
                       ↓
              人生不同阶段购买能力分析
                       ↓
            保险产品组合（保险总需求量）
```

3. 保险需求调查问卷

生活保障及财务规划需求分析——问卷A：单身

一、您是否经常外出（包括出差、外勤、旅游）（　） A. 经常外出 B. 很少外出	二、您对户外活动的参与情况（　） A. 经常参加 B. 很少参加
三、您是否驾车（　） A. 驾车 B. 不驾车	四、您在一两年内有无结婚计划（　） 　A. 有 　B. 没有	五、您对自己健康状况的满意程度（　） A. 身体很好 B. 目前身体尚可，但也担心患病 C. 身体不太好 D. 身体很差

六、在下面两种观点中您最喜欢（　）

1A. 虽然定期产品只能保障至某个年龄段（如至 70 岁），但由于保费低，保障高，我还是倾向于选择定期保险产品

1B. 我更在意能为我提供终身保障功能的财产派，因为它能给我更强的安全感，即使它比定期保险产品保费相对高一点

续

2A．我对于兼具投资理财功能的保险产品不很感兴趣，因为把投资理财功能和保障功能混在一起会使保险产品保费较高

2B．我更接受结合了保障与投资/理财功能的险种，即使它比纯保障类的险种保费较高

3A．只要产品保障充足，价格合理，我能接受纯先费型（只在保险责任满足时给予赔付，无满期还本）的保险产品

3B．我更喜欢坚固保障与保险投资汇报性的险种（在保险满期时如果平安无事，仍希望能返还所缴保费）

4A．我更关注活着的时候的保障，可以避免因为意外或疾病的出现而使我的家庭背负上沉重的经济负担

4B．我更关注身故后的保障，如果出现意外，仍希望可以让父母过上稳定舒适的生活

5A．我更倾向于长期稳定的保险投资方式（如20年、30年甚至终生），长期投资可以帮助我更好地储蓄

5B．我更倾向于短期可以灵活返还的保险投资方式（如3年、5年），使我既能获得投资收益，又可以在需要的时候享用短期返还的资金

6A．我倾向于在年轻的时候通过购买养老保险产品来养老防老

6B．我倾向于通过自身的投资理财来为老年生活积累更充足的资金

7A．我的父母在经济上对我的依赖程度并不很高

7B．我觉得我应该也能够在经济上助父母一臂之力

8A．我相信我未来的收入只会上升，不会下降

8B．我对我未来收入的具体状况不是很确定

七、您的学历情况（　）	八、您的个人收入（　）
A．大专及以上	A．5 000元/月以上
B．大专以下	B．3 000～5 000元/月
	C．1 500～3 000元/月
	D．1 500元/月以下

九、您的年收入是如何支配的（　）百分比/金额：

A．日常消费（包括衣、食、用、交通、通信等）

B．储蓄/投资

C．大宗支出（如住房贷款与购车贷款）　　其他（请注明）_____

续

十、您与家人已有社会保险的情况（社保养老、社保医疗等）：

	单位/企业提供社保	自己交费买社保	无社保
1. 本人	A	B	C
2. 父亲	A	B	C
3. 母亲	A	B	C
4. 其他	A	B	C

十一、您对下列保险的功能都有哪些需求？	十二、（如果有保障类保险需求）您对保障类保险有哪些需求？
A. 意外保障	
B. 健康保险	A. 意外身故保险金
C. 养老保险	B. 意外伤残保险金
D. 理财/投资	C. 意外伤害的医疗
E. 保值/储蓄	D. 意外伤害的收入补偿
F. 避税	
您所选择的上述保险需求中，最重要的三个依次是：（　　　　　）	您所选择的上述保险需求中，最重要的三个依次是：（　　　　　）

十三、您目前拥有的商业寿险产品有哪些？

	公司名称	产品类型	保额/保费
1. 本人			
2. 父亲			
3. 母亲			
4. 其他			

再次感谢您对×××和我们的业务代表的信任！我们将根据问卷的结果对您及您家庭的保障情况进行认真细致的分析，并为您提供量身定做的理财和保障方案！

营销实战

保险需求分析及产品组合设计

李想先生，现年35岁，在上海国旅任部门经理。太太石现，34岁，私人幼儿园当老师。李先生有一女，李洁，今年5岁。李先生希望李洁在国内接受完整的基础教育，然后到海外接受高等教育。李先生父母现年65岁，岳父母现年60岁，估计赡养时间是20年。每年的赡养费用是3万元。

在生活品质的保障方面,现在家庭每月基本生活支出(扣除李先生本人的支出)为4 500元。在工作期间,李先生想在身后为家人提供10年的生活保障。退休后，李先生希望为家人提供5年、每月1 500元的生活保障。

　　李先生家购买了一套房子，现贷款总额为45万元，还有15年期。家中无其他负债。

　　在子女教育方面，李先生希望照顾李洁到24岁，估计教育费用是48万元，这个数字得到了李先生的认同。

　　李先生对善终费用的预计额是10万元。

　　考虑到自己没有医保，李先生希望准备的重疾治疗费用是20万元，住院期间希望得到的日补贴为150元。一旦发生重疾，李先生希望能够有12个月的收入补偿，大约是15万元。李先生单位已有意外及意外医疗。

　　李先生希望在65岁时正常退休，期望在退休后能够拥有1万元的月收入。目前，李先生有一处房产出租，月租金为3 000元，可以补充养老需求。另外，李先生估计在退休后可以领到2 000元的社保养老。他希望养老的问题通过多种途径解决。

　　李先生保障需求排序为生活品质、未付债务、子女教育、老人赡养、善终费用、重大疾病、收入补偿、住院补贴、养老。

　　李先生每年的保险费预算在2万元左右。

实战要求：

　　借助营销工具中的保险需求分析计算原理和保险需求分析诊断过程分析李先生的保险需求，并将对应的保险产品需求组合写出来。

重要概念

需求　需求层次理论　保险需求　保险需求的客观性　保险需求的非迫切性
保险需求的差异性　影响保险需求的因素　动机　认知　学习　态度　参照群体
保险需求分析

能力拓展

　　1. 安排学生到某保险公司对保险营销人员进行实地调研。通过实地调研，分析怎样才能成为一名优秀的保险营销人员。

　　2. 接触一个30~40岁的公司业务主管，利用本章所学知识，引导他谈及养老、医疗保险话题。

项目 4　制定保险营销战略

学习目标

- 认知保险营销外部环境因素；
- 认知保险营销内部环境因素；
- 理解保险营销的 STP 策略；
- 掌握保险营销的综合战略分析。

案例导入

中国人寿 2012 年分红险略降

2013 年寿险业未见"开门红"并不是孤立事件，这一现象更是对行业此前谋求转型的延续。"开门不红"的一个重要表现就是银保业务的下滑，而在过去的 2012 年，各大险企的银行保险业务均在市场中经历了下滑的过程，刚刚公布的四大 A 股上市险企 2012 年年报数据均验证了这一事实。

年报数据同时证实了寿险公司转型的另外两个明显趋势：一是险企对营销人员渠道的倚重程度加大。太保寿险表现得最为明显，其个险业务占比由 2011 年的 45.9%上升 8.6 个百分点至 2012 年的 54.5%。二是险企积极开拓电网销等新渠道业务的行动初见成效，这从国寿和太保的数据中可见一斑。

从四险企自身来看，2012 年银保渠道业务出现不同程度下滑的同时，个险渠道业务均表现出规模与占比双双上升的态势。

寿险行业龙头中国人寿 2012 年全年的个险渠道业务规模稳中有增，实现保费收入 1 797 亿元，2011 年保费规模为 1 605 亿元，其个险业务所占比重由 2011 年的 50.5%上升至 2012 年的 55.7%。中国人寿对此称，"有效扩张队伍策略平稳推进，销售队伍规模略有增长，有效人力稳健提升，销售队伍质态持续改善"。数据显示，截至 2012 年年末，保险营销人员共计 69.3 万人，2011 年年末为 68.5 万人。同时，中国人寿的渠道专业化建设在销售支持环节获得突破，国寿 e 家对新型移动展业模式的推行给予了支持。

按保费规模计的寿险市场第二大公司平安人寿，则将本已占比高达八成的个险业务占比再度拉升。平安人寿的个人寿险业务规模保费由 2011 年的 1 599.90 亿元增加 10.0%至 2012 年的 1 760.68 亿元。据《证券日报》统计数据显示，平安人寿 2012 年的个险业务占比相应由 2011 年 82.9%升至 84.9%。

着力在个险渠道推进业务转型的新华保险，在 2012 年实现保险收入 429.93 亿元，同比增长 19.9%。个险业务在全部保费收入中的占比也由 2011 年的 38.8%提升 6.3 个百分点至 45.1%。

2012 年太保寿险个险渠道业务收入为 509.0 亿元，2011 年为 428.1 亿元，个险业务收入占寿险业务收入的比例从 2011 年的 45.9%提升至 54.6%，同比提升 8.7 个百分点。太保寿险称其注重个险渠道人力的健康发展和产能的不断提升，在 2012 年该渠道价值占比为 78.7%，同比提升了 3.0 个百分点。

除个险业务有明显的增长外，数据还显示出，2012 年险企加快了发展以网销和电销为主的新渠道业务。例如，太保寿险 2012 年新渠道业务实现保费收入 9.37 亿元，同比增长 84.4%；中国人寿的该渠道业务收入也在 2012 年实现 13%的增长。

而从四大险企的综合对比来看，中国人寿和太保的几大渠道业务结构相近，个险业务占比处在同一水平，均为 55%左右，银保业务占比均接近四成；平安人寿依旧是个险渠道占比最高、银保业务占比最低的公司，其在 2012 年的个险业务达到了 84.9%的高比例，银保业务仅占 10%；新华保险的个险、银保、团险渠道业务分别占比 45.1%、53.4%、1.5%，较 2011 年的 38.8%、59.8%、1.4%有较大变化。

资料来源：节选自向日葵保险网 2013 年 5 月 21 日刊载的文章"中国人寿 2012 年分红险略降"，http://www.xiangrikui.com/shouxian/gushi/20130521/314931_1.html。

阅读上述案例，思考下列问题：

1. 中国人寿为何 2012 年分红险市场略下降？
2. 哪些宏观营销环境因素影响了中国人寿成功领跑分红险市场？
3. 影响保险企业的微观环境因素有哪些？
4. 四大险企的营销战略有何不同？

任务 4.1　认知保险营销的外部环境

4.1.1　了解保险营销外部环境

保险营销环境包括保险企业与其目标市场进行有效交易能力的所有行为者和力量，分为外部营销环境和内部营销环境两部分。保险营销外部环境是指对保险企业营销及经营绩效起着直接或间接潜在影响的各种外部因素或力量的总和。保险营销的外部环境具有以下几个特点。

1. 差异性

外部营销环境的差异性不仅表现在不同保险机构受不同环境的影响,而且同样一种环境因素的变化对不同保险机构的影响也不同。因此,保险机构为应付环境变化所采取的营销策略也有各自特点。

2. 相关性

保险营销的外部环境不是由某个单一因素决定的,它受到一系列相关因素的影响。保险营销因素相互影响的程度是不同的,有的可以进行评估,有的难以估计和预测。

3. 复杂性

保险机构面临的市场营销环境具有复杂性,具体表现为多个环境因素之间经常存在着复杂的矛盾关系。同时,保险企业必须遵守政府制定的各项法律和规定,既要创造和满足个人和企业用户的需求,又要使企业的行为和政府的要求符合。

4. 动态性

通常保险营销的外部环境是不断发生变化的。尽管根据其变化的程度不同,可以分为较为稳定的环境、缓慢变化的环境和剧烈变化的环境,但是变化是绝对的。从整体上说,变化的速度呈加快趋势。每个保险机构小系统都与社会大系统处在平衡之中,一旦环境发生变化,这种平衡便被打破,保险机构必须快速反映并积极适应这种变化。

4.1.2 认知营销宏观环境

保险营销宏观环境是保险企业所面对的总体市场经营环境。对于保险企业来说,影响最大的是政治法律、经济、社会和科学技术四大要素。保险企业的营销宏观环境分析主要是对这四个方面的分析。

1. 政治法律环境

政治法律环境是指保险企业市场营销活动的外部政治法律形势和状况,以及国家方针、政策、法规的变化对金融市场营销活动带来的影响。政治法律环境一般分为国内政治环境和国际政治环境两大类,包括政治局势、国际关系和金融方针政策等。政治环境稳定与否是保险企业营销成败的保障性条件。

(1) 政治局势。政治局势是指保险营销所处的政治稳定状况。一国政局是否稳定将给保险企业市场营销带来重大影响。政局稳定、人民安居乐业、金融市场稳定会给保险企业带来良好的营销环境;政局动乱、社会矛盾尖锐、生活秩序混乱则会影响经济增长和人民收入增长,影响人们的投资活动,给保险企业营销带来极大障碍和风险。

(2) 国际关系。国际关系是指国家间的政治、经济、文化、军事等关系,包括世界和平所处的具体状态、本国与他国政治经济和商贸往来的密切程度等。保险营销离不开国际环境,随着保险国际化、全球化趋势的形成和加深,保险营销的开展也必然注重国际关系,并在一定的国际政治秩序条件下制定营销策划，实施营销战略。

(3) 金融方针政策。金融方针是指国家的宏观金融政策和地方政府的方针政策，包括中央银行的货币政策、信贷政策和利率政策等。

(4) 有关法律、法规的颁布和实施。对保险企业营销法律环境进行分析的目的在于：一方面，凭借国家制定的各项法律、法规来维护保险企业的正当权益；另一方面，法律是评判金融营销活动的基本准则，在开展市场营销活动中，保险企业应当知法懂法、依法行事，不至于因违法而受到法律的制裁。

2. 经济环境

经济环境是保险营销活动所面临的外部社会条件及一定范围内的经济情况，包括经济增长速度、发展周期、市场现状和潜力、物价水平、投资和消费趋向、进出口贸易以及政府的各项经济政策，如财政税收政策、产业政策等。经济环境是对保险企业营销环境影响最大的环境因素，是整个经营活动的基础。

(1) 经济发展水平。保险营销活动要受到一个国家和地区的整个经济发展水平的制约。在经济发展水平较高、经济增长较快的地区，保险营销主要体现为服务竞争，属于较高层次的营销活动；在经济发展水平较低的地区，保险营销主要体现为价格竞争，属于较低层次的营销活动。因此，保险企业应当注意经济发展不同阶段的市场变化，把握时机，主动迎接市场挑战。

(2) 城市化程度。城市化程度是指一国或地区城市人口占总人口的百分比。城市化程度高低是影响保险营销的主要因素，城市化程度越高，对保险企业营销活动的开展要求也就越高，需求更为迫切。

(3) 居民收入水平和结构的变化。居民收入水平和结构的变化直接影响到居民消费、投资和储蓄水平，这可从宏观和微观两个不同层次来分析。宏观方面，主要分析居民收入的变化，它反映了一国的经济发展水平；微观方面，主要分析居民个人收入、个人可支配收入水平及其变化，它们决定居民有效需求的重要因素。一般而言，当一国的经济处于较快增长状态时，国民收入也在不断增长并达到新的水平，居民个人收入的增长成为可能，居民的储蓄、消费、投资等活动变得活跃，从而大大提高了保险营销的有效性。

3. 社会环境

社会环境是指社会中人口分布与构成、受教育程度、传统风俗、道德信仰、价值观念、消费模式与自然环境变化等。这些社会条件和文化背景与政治环境和经济环境相比相对稳定，对保险机构营销活动影响相对较小。尽管其变化不是很明显，但是不能忽视这些因素。

(1) 社会文化环境。社会文化环境主要是指一个国家、地区或民族的文化传统，如风俗习惯、伦理道德观念、价值观念、宗教信仰等。人们的生活方式、价值观念、风俗习惯和购买行为影响每个社会成员的生活和工作，因此不同社会阶层的客户有着不同的购买行为。根据收入、财产、文化教育水平、职业和社会名望等社会标准，可以分出不同的社会阶层。同一阶层通常有着相同的价值观念、生活方式和相似的购买行为。对于保险行业而言，在营销活动中识别不同客户所属的不同社会阶层，有助于更好地进行市场细分和定位，能够为各个不同层次的客户和企业提供优质服务。其次，不同的文化背景下，客户的购买行为也有较大的差异。由于地域的差异，各个地区和民族的人们有着不同的文化背景，对保险产品的认知态度也是不同的。

(2) 人口环境。人口环境对于保险营销的影响主要体现着在人口规模和人口结构两个主要方面。人口绝对量的增减会导致社会总体消费的增减，进而促进或阻碍消费品生产企业的业务，因此最终体现了这些企业在保险业务量上的增减。人口结构包括自然构成和社会构成，前者如性别构成、年龄结构；后者如民族构成、职业构成、教育构成等。以性别、年龄、民族、职业、教育程度相区别的不同消费者，由于在收入、阅历、生活方式、价值观念、风俗习惯、社会活动等方面的差异，必然会产生不同的保险消费需求和消费方式，形成各具特色的消费群体。

4. 科学技术环境

现代科学技术作为重要的营销环境因素，不仅影响企业的经营，而且和其他环境因素相互依赖，共同影响保险企业的营销活动。主要表现在三个方面：第一，科学技术的发展，不仅提高了生产效率，也提高了交换效率，给保险营销活动提供了突破性的机会。第二，科学技术的发展，改变了人们的生活观念和生活方式，给保险企业带来新的市场营销机会。第三，科学技术的发展及其在保险领域的运用，直接或间接影响着保险市场的营销策略。

由此可见，科学技术的进步和发展，给社会经济和金融活动带来了深刻的影响，并进而以不同方式、从不同角度影响了保险市场的营销活动。所以，应特别重视现代技术在保险领域的运用和开发，加强营销力度，提高营销效率，降低营销成本，实现总和效益目标。

4.1.3 熟悉营销微观环境

1. 营销微观环境要素

保险营销微观环境是指与保险企业营销活动直接发生关系的具体环境，是决定其生存和发展的基本环境，主要包括金融市场环境、客户环境和竞争者环境。考虑到微观环境的重要性及其对保险企业营销影响的直接性，保险企业在开展营销活动时必须对其加以重点关注。

(1) 金融市场环境。金融市场是以货币资金为融通和交易对象的市场，同业拆借市场、票据贴现市场、证券交易市场等即为典型的金融市场。对金融市场的参与者而言，由于存在资金需求和供给在时间上和空间上的差异，通过金融市场就可以利用资金的时间差、空间差，融通资金。金融市场的发展程度对保险企业提高资产的流动性和内在质量有着基础性作用，也使客户对保险企业产品和业务的需求增加，从而也对保险企业的市场营销提出了更高的要求。同时，保险企业开展市场营销活动总是在一定的、规范的市场环境下进行的。有序的金融市场能真正做到真实、客观、公正，才能保证保险企业营销活动的开展；金融市场越规范，保险企业的营销才越有效。

（2）客户环境。保险企业的一切营销活动都是以满足客户的需要为中心的，客户是其最重要的环境因素，客户的差异性和易变性导致了保险营销面临的客户环境因素的不确定性，同时为保险企业的改善经营、注重营销、开发新产品、培育新客户、提高竞争力、实现健康稳定发展提供了原动力。客户环境分析主要包括：① 客户意愿分析，即充分了解并最大限度地满足客户的需求。可以采用访问、信函或电话等方式对客户的意愿进行调查。② 客户信息分析，就是对保险企业现有客户和潜在客户的有关资料进行分析，从中了解客户结构、客户的习惯、客户对企业的贡献等，从而有针对性地制定相应的市场细分战略和产品战略，争取用最低的成本取得最好的效益。

（3）竞争者环境。竞争是市场经济的基本特征，只要存在商品生产和商品交换，就必然存在着竞争。因此，保险企业在从事营销活动中不可避免地会遇到竞争者的挑战。研究、分析竞争者的基础情况和特征，知己知彼也成为保险营销的客观要求。一般来说，保险企业对竞争者环境的分析主要包括竞争者数量分析、竞争者市场份额分析和竞争者营销活动分析。

① 竞争者数量分析。对竞争者数量的考察和分析一方面是掌握作为竞争对手的保险机构的数量及其增减变化情况，以便知己知彼，制定正确的营销策略。另一方面，保险机构数是动态的、不断变化的。因此从长远发展看，每家机构都要明确自身发展状况和前景，面对对手林立的市场，进一步做大做强，创出品牌和特色。

② 竞争者市场份额分析。市场份额是指目标市场在各竞争者之间的划分程度。衡量市场份额大小的指标主要是市场占有率和市场集中度。对保险企业来说，市场占有率的高低体现了其经营规模和实力，也反映了其竞争能力的大小，市场占有率越高，竞争力越强。拥有市场份额的大小对单个保险机构的重要性在于：不仅反映了该保险机构的发展现状及其与同行的差距，而且反映了其今后的发展前景和潜力。各保险机构占有的市场份额是一种此消彼长的关系。如果竞争对手占有的市场份额大，也就意味着自己拥有的市场份额相对较小，对此，应检讨自身的失误，查明其中的根本原因，采取相应的营销手段与对策。

③ 竞争者营销活动分析。竞争者的营销活动直接关系到其对客户的影响力。对竞争者营销活动的分析，主要是对竞争对手的营销组合策略的分析，表现在定价策略、产品策略、促销策略和网点设置的分布策略。例如，竞争对手采用什么样的价格竞争方式，提供哪些品种和数量的金融产品或服务，运用什么样的促销手段进入市场等。通过对竞争对手营销活动的全面分析，了解其在客户中的形象和信誉，目的在于根据自身特点和优势、原则和实施营销策略，占领目标市场。

2．微观营销环境的分析工具：波特五力

哈佛商学院迈克尔·波特教授于20世纪80年代初提出的竞争五力分析模型，对企业战略制定产生全球性的深远影响。波特五力分别是潜在进入者的威胁、行业内企业间的竞争、替代品的威胁、供货商的议价能力及购买者的议价能力，如图4-1所示。市场如战场，只有充分分析目前市场存在的威胁和机会，保险企业了解自己所处的竞争地位，才能在风云变幻的竞争市场发挥优势，也才能使劣势企业做到扬长避短。

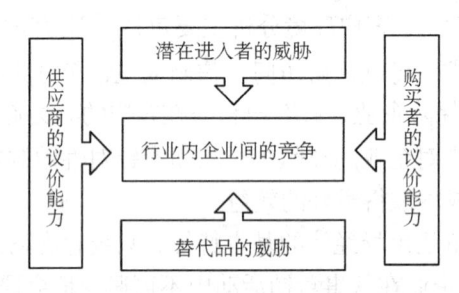

图4-1 波特五力分析模型

（1）潜在进入者的威胁。保险市场新进入者在给行业带来新生产能力、新资源的同时，将希望在已被现有企业瓜分完毕的市场中赢得一席之地，这就有可能会与现有企业发生市场份额的竞争，最终导致行业中现有保险企业赢利水平降低，甚至有可能危及这些企业的生存。竞争性进入威胁的严重程度取决于两个因素，即进入新领域的障碍大小与预期现有企业对进入者的反应情况。

（2）行业内企业间的竞争。大部分行业中的企业相互之间的赢利都是紧密联系在一起的，作为企业在整体战略一部分的企业竞争战略，其目标都在于使自己的企业获得相对于竞争对手的优势，所以，在实施中就必然会产生冲突与对抗现象，这些冲突与对抗就构成了现有企业之间的竞争。现有企业之间的竞争常常表现在价格、广告、产品介绍、售后服务等方面，其竞争强度与许多因素有关。一般来说，出现下述情况将意味着行业中现有企业之间竞争的加剧，这就是：行业进入障碍较低，势均力敌竞争对手较多，竞争参与者范围广泛；市场趋于成熟，产品需求增长缓慢；竞争者企业采用降价等手段促销；竞争者提供几乎相同产品或服务，用户转换成本很低；一个战略行动如果取得成功，其收入相当可观；行业外部实力强大的企业在接收行业中实力薄弱的企业后，发起进攻性行动，结果使得刚被接收的企业成为市场的主要竞争者；退出障碍较高，即退出竞争要比继续参与竞争代价更高。在这里，退出障碍主要受经济、战略、感情以及社会政治关系等方面的影响，具体包括资产的专用性、退出的固定费用、战略上的相互牵制、情绪上的难以接受、政府和社会的各种限制等。

（3）供应商的议价能力。供应商主要通过其高投入要素价格与降低单位价值质量的能力，来影响行业中现有企业的赢利能力与产品竞争力。供应商力量的强弱主要取决于他们

所提供给买主的是什么投入要素，保险市场中，保险企业提供的是无形服务，如在保险业中资金提供者的主体是分散的广大普通投保人，因此，保险市场中供应商议价能力的影响微弱。

(4) 购买者的议价能力。购买者主要是通过其压价与要求提供较高的产品或服务质量的能力，来影响行业中现有企业的赢利能力。一般来说，保险服务业市场中满足如下条件的购买者可能具有较强的讨价还价力量：购买者的总数较少，而每个购买者的购买量较大，占了卖方销售量的很大比例。卖方行业由大量相对来说规模较小的保险企业所组成。购买者所购买的基本上是一种标准化保险服务产品，同时向多个保险企业购买产品在经济上也完全可行。

(5) 替代品的威胁。两个处于不同行业中的企业，可能会由于所生产的产品是互为替代品，从而在它们之间产生相互竞争行为，这种源自替代品的竞争会以各种形式影响行业中现有企业的竞争战略。第一，现有企业产品售价以及获利潜力的提高，将由于存在着能被用户方便接受的替代品而受到限制；第二，替代品生产者的侵入，使得现有企业必须提高产品质量，或者使其产品具有特色，否则其销量与利润增长的目标就有可能受挫；第三，源自替代品生产者的竞争制度，受产品买主转换成本高低的影响。总之，替代品价格越低，质量越好，用户转换成本越低，其所能产生的竞争压力就越强；而这种来自替代品生产者的竞争压力的强度，可以具体通过考察替代品销售增长率、替代品厂家生产能力与赢利扩张情况来加以描述。

在保险市场中的每家企业或多或少都必须应付以上各种力量构成的威胁，而且保险企业必须面对行业中的每个竞争者的举动。除非认为正面交锋有必要而且有益处，如要求得到很大的市场份额，否则企业可以通过设置进入壁垒，包括差异化和转换成本来保护自己。当一家保险企业确定了其优势和劣势时（参见 SWOT 分析），该企业必须进行定位，以便因势利导，而不是被预料到的环境因素变化所损害，如产品生命周期、行业增长速度等，然后保护自己并做好准备，以有效地对其他企业的举动做出反应。根据上面对五力的讨论，企业可以采取可能的将自身的经营与竞争力量隔绝开来、努力从自身利益需要出发影响行业竞争规则、先占领有利的市场地位再发起进攻性竞争行为等手段来对付这五力，以增强自己的市场地位与竞争实力。

4.1.4 制定外部因素评价矩阵分析法

企业外部因素评价（External Factor Evaluation，EFE）矩阵分析，主要反映保险行业前景即保险企业所面临的主要机会与威胁，帮助保险机构营销战略决策者全面认识外部环境因素，为确定营销战略提供可靠的依据。

保险机构外部因素评价矩阵分析方法具体包括以下五个步骤：

(1) 为保险机构营销战略决策者识别并列出外部环境中的关键因素，即找出企业面临的主要机会和威胁。在实际应用中，一般以列出 10～15 个机会和威胁为宜。这些机会和威胁与保险机构的关联度相对要大一些,即其都可能影响保险机构的营销活动。

(2) 为每个关键因素指定一个权重,以表明该因素对金融行业中企业营销活动成败的相对重要度。权重取值范围从 0.0(表示不重要)到 1.0,并使各因素权重之和为 1。

(3) 用评分值 1、2、3、4 来分别代表相应因素对保险机构来说是主要威胁、一般威胁、一般机会、主要机会。

(4) 将每个因素的权重与相应的评分值相乘,从而得到各因素的加权评价值。

(5) 将第一个因素的加权评价值加总,以求得企业外部环境机会与威胁的综合加权评价值。

根据以上评价过程可知,对于任一保险机构来说,其可能的最高与最低的总和加权评价值分别为 4.0 与 1.0,其平均综合加权评价值为 2.5。如果综合加权评价值为 4.0,表示该企业处于一个非常有吸引力的行业中,面临大量的市场机会;而综合加权评价值为 1.0,则表示企业处于一个前景不妙的行业之中,面临着严重的外部威胁。保险机构外部因素评价矩阵示例如表 4-1 所示。

表 4-1　保险机构外部因素评价矩阵示例

关键因素	权重	评价值	加权评价值
经济增长	0.3	2	0.6
人口增长	0.2	4	0.8
政府放开外汇管制	0.3	3	0.9
计算机、网络发展	0.1	4	0.4
主要竞争对手战略扩张	0.1	1	0.1
综合加权评价值	1	14	2.8

由表 4-1 所列数据可知,该保险机构的主要威胁来自主要竞争对手战略扩张,其相应评价值为 1;企业有两个主要机会,即人口增长和计算机、网络的发展,其相应评价值均为 4;综合分析结果,对保险机构影响最大的两个因素依次是政府放开外汇管制和人口增长,其相应加权评价值分别为 0.9 和 0.8;最后得出的综合加权评价值为 2.8,表示保险机构在抓住外部机会与回避威胁方面处于行业平均水平 (2.5) 之上。

外部因素评价矩阵是保险营销外部环境分析最常用的方法和工具之一。它的特点是操作简单,很容易判断保险企业营销受金融市场环境的影响程度。但是该方法中通过加权得出的评价值只能体现企业在行业中的相对地位,其判断也仅仅是通过与行业平均水平相比得出的,具有一定的主观性。

课堂实作

你能否举出 1~2 个对保险公司产生双重性影响的例子?

任务 4.2　认知保险营销的内部环境

4.2.1　了解保险企业内部环境

致力于营销规划的保险企业应思考以下四项与保险企业内部环境相关的问题：保险企业文化、保险企业的生命周期、保险企业内部的资源要素、保险企业自身的优势和劣势。

1. 保险企业文化

每个企业都有自己的环境、特征，也称文化。保险企业文化由很多因素共同决定——它最初的任务、早期历史、保险企业的地理位置、规模、过去的成功，以及组织的能力与所在市场的相称性。如果保险企业的管理层和营销人员能经常回顾组织的历史，他们将受益匪浅。是哪些经济、社会力量最初促成了保险企业的成立，又是哪些因素维持了它的发展？这些力量或因素变化了吗？组织的特点有哪些？这些特点变化了吗？企业文化在企业管理方面的功能有以下几个。

（1）导向功能。企业文化能对企业整体和企业每个员工的价值取向及行为取向起引导作用。其具体体现在两个方面：一是对企业员工个体的思想行为起引导作用；二是对企业整体的价值取向和行为起导向作用。这是因为一个企业的企业文化一旦形成，就建立起了自身系统的价值和规范标准。如果企业员工在价值和行为取向上与企业文化的系统标准产生悖逆现象，企业文化会将其纠正并将之引导到企业价值观和规范标准上来。

（2）约束功能。企业文化对企业员工的思想、心理和行为具有约束和规范作用。企业文化的约束不是制度式的硬约束，而是一种软约束，这种约束产生于企业的文化氛围、群体行为准则和道德规范。群体意识、社会舆论、共同的习俗和风尚等精神文化内容，会造成强大的使个体行为从众化的群体心理压力和动力，使企业员工产生心理共鸣，继而达到行为的自我控制。

（3）凝聚功能。企业文化的凝聚功能是指当一种价值观被企业员工共同认可后，它就会成为一种黏合力，从而产生一种巨大的向心力和凝聚力。

（4）激励功能。企业文化具有使企业员工从内心产生一种高昂情绪和奋发进取精神的效应，企业文化把尊重人作为中心内容，以人的管理为中心。企业文化给员工多重需要的满足，并能对各种不合理的需要用它的软约束来调节。所以，积极向上的思想观念及行为准则会形成强烈的使命感、持久的驱动力，成为员工自我激励的一把尺。

（5）辐射功能。企业文化一旦形成较为固定的模式，它不仅会在企业内部发挥作用，对本企业员工产生影响，而且会通过各种渠道（宣传、交往等）对社会产生影响。企业文化的传播对树立企业在公众的形象很有帮助，优秀的企业文化对社会文化的发展有很大的影响。

(6) 品牌功能。企业文化和企业经济实力是构成企业品牌形象的两大基本要素，它们是相辅相成的。企业品牌展示一个企业的形象，企业形象是企业经济实力和企业文化内涵的综合体现。评估一个企业的经济实力如何，主要看企业的规模、效益、资本积累、竞争力和市场占有率等。企业文化是企业发展过程中逐步形成和培育起来的具有本企业特色的企业精神、发展战略、经营思想和管理理念，是企业员工普遍认同的价值观、企业道德观及其行为规范。企业如果形成了一种与市场经济相适应的企业精神、发展战略、经营思想和管理理念，即企业品牌，就能产生强大的团体向心力和凝聚力，激发员工积极向上和创造精神，从而推动企业经济实力持续发展。品牌的价值是时间的积累，也是企业文化的积累，是企业长期经营与管理积累的价值所在。

当然，企业文化既可以帮助，也可以阻碍组织的生存与发展。例如，拥有开放的组织和文化的保险企业能迅速适应保险服务领域的飞速发展。另一方面，一家非常保守的保险企业很可能发现，它的管理决策方式根本无法在开放地区的保险企业里使用。

2．保险企业的生命周期

与普通企业一样，一家保险企业也有自己的开始与终结。理想情况下，这两点在时间上并不很近。图 4-2 显示了一家保险企业生命周期的四个典型阶段。这家保险企业在某一点上成立，经历了一个缓慢的增长期（导入期），如果获得成功的话，接下来保持一段时间的增长（成长期）。增长渐渐减慢速度，进入成熟期。如果这时该机构不能适应新的市场条件或没能找到新的发展方向，它将进入衰退期。保险企业生命周期可能会相对较短，也可能会持续几十甚至数百年。

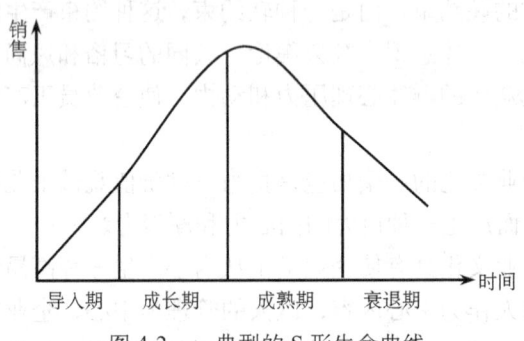

图 4-2　典型的 S 形生命曲线

度过成熟期的保险企业走向衰退，通常是因为它们不能适应变化的环境。市场营销分析的一大作用是确认新的市场机会，通过它们，保险企业可以回到健康增长的阶段，或持续延长成熟期。随着市场机会的变化，适应力强的保险企业时刻准备着修改自己的任务、目标、战略、组织机构和体系（见图 4-3）。例如，一家保险企业预见到了互联网的发展，它很可能重新进行市场定位，加强互联网方面的发展以便从事这一领域的服务。

图 4-3　延展的生命周期曲线

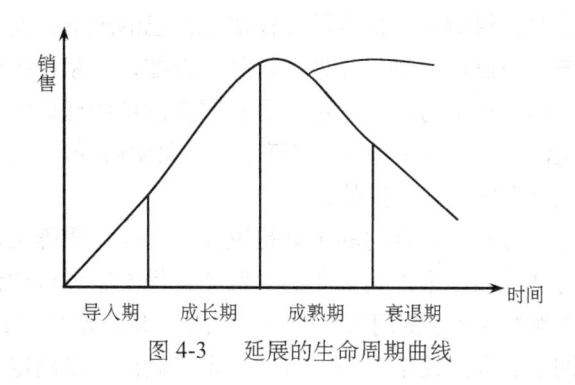

3．保险企业内部的资源要素

从本质上来说，资源要素分析的目的是要在竞争市场上为保险企业寻求一个能够充分利用自身资源的合适的位置。因此，保险企业营销战略的制定必须建立在全面认识自身资源条件的基础上。保险企业对外部环境的应变性、竞争性均是这些资源要素的综合体现。

金融服务机构应准备一份资源分析，以确定它的优势和劣势。它应追求与其优势相一致的目标、机会，并据此制定战略，同时它应避免突出自己的劣势。保险企业的主要资源有人员、资金、设施、系统以及市场资产等。保险企业对这些资源进行考察，哪些资源构成了保险企业的优势，哪些是中性的，还有哪些是保险企业的劣势。假定一家企业基于一项资源分析，认为自己拥有足够多经验丰富的专业服务人士，但他们对工作热情不高，对保险企业不够忠诚，也不以服务为中心。在资金方面，某些合伙人的老关系为保险企业带来了一批非常稳定的大保险企业客户，他们缴纳的费用构成了保险企业年收入的重要部分，因为他们保险企业在未来几年内不会遇到财务困难。保险企业的物理设施多少有些陈旧，也没有足够宽敞的办公室空间允许保险企业进一步发展，资料室缺乏必备的书籍，档案陈旧，打字设备简陋（只有有限的文字处理工具），而且办公室地点对于员工和客户来说都很不方便。保险企业的信息、企划和监控管理系统都很薄弱。最后，在客户接触和总体声誉方面，保险企业处于相对较优越的位置上。

4．保险企业自身的优势和劣势

为了抓住最佳机遇，保险企业应当关注自己特有的竞争力，即组织最有优势的资源和能力。同时，如果保险企业的主要竞争对手也拥有同样的竞争力，保险企业单靠自己的竞争力寻求发展就不足取了。因为，保险企业应更多地关注自己拥有的差别优势，即在这一点上保险企业能超越自己的竞争对手。保险企业应从整体上避免那些对组织薄弱或不足环节的要求很高的业务机会。例如，假设一家保险公司正在考虑开拓固定收益领域的业务，但只有为数不多的人员有良好的固定收益工作经历，这时对该保险企业来说，明智的抉择是停止讨论这项计划。但倘若有其他方面的资源支持计划，如能够吸收经验丰富的固定收益保险分析师，它还是可以继续进行下去的。

在评价优势与劣势时，保险服务机构不应仅依靠自己的理解，而应该进行一次形象调研，以了解在关键客户心中自己有哪些长处、短处。例如，一家保险企业可能认为自己涉及的一项投资产品非常具有吸引力，但一项调研表明在营销经理们眼中，这家保险企业只会设计毫无创意而且无法有效规避风险的投资产品。形象调研经常会产生出人意料的结果，这对保险服务机构来说，无疑是一项挑战。

确定企业的优势与劣势的一项有用的工具是重要性/表现矩阵图，确定在向客户提供服务时，机构的哪些特征对客户来说是重要的。例如，保险服务机构试图确定投资者在选择服务时都将着重考虑哪些因素。询问可能会得到以下结果：成本、付款方案、执业资格、经验、声誉、免费咨询服务等。接下来将进行一项定量调研，以确定在投资者心中各项因素的重要程度。图 4-4 是某保险公司制作的一张重要性/表现矩阵图，该图针对的是沿海地区潜在的 25～35 周岁的客户（不同的细分市场应分别只做重要性/表现矩阵图）。首先，该细分市场中，客户认为价格非常重要，而该保险收费昂贵，位于坐标的末端。但同时，付款方案在坐标中的位置暗示出，保险公司在发展方便客户付款的支付方案。在这种情况下，该公司应继续努力，设计出更为方便的付款方案，使这两项因素向图的右上方移动。在该图中，执业资格不怎么受重视，基于此，保险公司可以发展另一项潜在的战略。在该群体中，所有的保险公司都应拥有执业资格，因此开展业务的一项策略是向客户灌输执业资格的重要性，将这一点定位为一项竞争优势。声誉被认为是非常重要的，而且该保险公司拥有这项优势。如果它的竞争对手不具有更好的声誉，该公司可以将这点作为它的差别优势予以宣传。

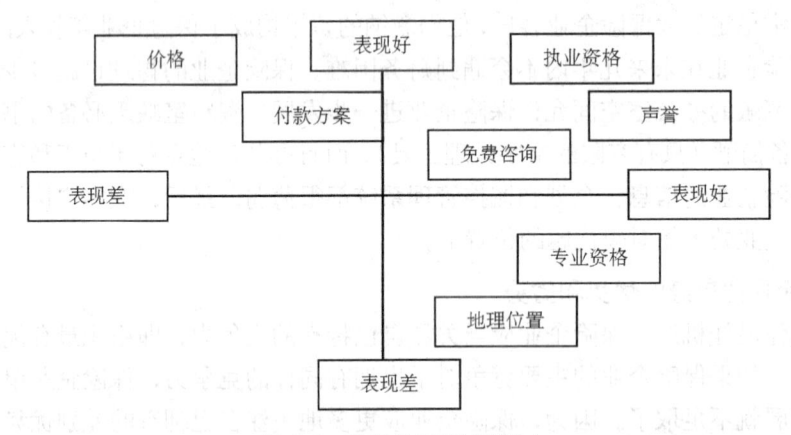

图 4-4 重要性/表现矩阵图

4.2.2 掌握内部因素评价矩阵分析法

内部因素评价（Internal Factor Evaluation，IFE）矩阵，是一种对内部因素进行分析的工具。其做法是从优势和劣势两个方面找出影响企业未来发展的关键因素，根据各个因素影响程度的大小确定权数，再按企业对各关键因素的有效反应程度对各关键因素进行评分，最后算出企业的总加权分数。通过 IFE，企业就可以把自己所面临的优势与劣势汇总，来刻画企业的全部引力。

IFE 可以按如下五个步骤来建立：

（1）列出在内部分析过程中确定的关键因素。采用 10、20 个内部因素，包括优势和弱点两个方面的。首先列出优势，然后列出劣势。要尽可能具体，要采用百分比、比率和比较数字。

（2）给每个因素以权重，其数值范围从 0.0（不重要）到 1.0（非常重要）。权重标志着各因素对于企业在产业中成败的影响相对大小。无论关键因素是内部优势还是劣势，只要对企业绩效有较大的影响因素就应当得到较高的权重。所有权重之和等于 1.0。

（3）为各因素进行评分。1 分代表重要劣势；2 分代表次要劣势；3 分代表次要优势；4 分代表重要优势。值得注意的是，优势的评分必须为 4 或 3，劣势的评分必须为 1 或 2。评分以公司为基准，而权重则以产业为基准。

（4）用每个因素的权重乘以它的评分，即得到每个因素的加权分数。

（5）将所有因素加权分数相加，得到企业的总加权分数。无论 IFE 包含多少个因素，总加权分数的范围都是从最低的 1.0 到最高的 4.0，平均分为 2.5。总加权分数低于 2.5 的企业的内部状况处于弱势，而分数高于 2.5 的企业的内部状况则处于强势。IFE 应包含 10、20 个关键因素，因素不影响总加权分数的范围，因为权重总和永远等于 1。内部因素评价矩阵与外部因素评价矩阵相似，此处不再赘述。

课堂实作

企业文化是企业的灵魂，时刻指导着企业的经营。作为国内知名的寿险公司，中国人寿、中国平安、泰康人寿、新华人寿等都有自己独特的企业文化。

课堂实作训练：

仔细阅读上述案例并组织学生分组讨论下列问题。讨论完毕后要求每组派出一名代表对本组讨论结果进行评述，时间不超过 10 分钟。各组评述后由教师进行总结点评。

1. 各保险公司的企业文化有什么特征？
2. 各保险公司的企业文化有什么区别？

任务 4.3　掌握保险服务的 STP 战略

STP 战略是指企业在市场细分的基础上，选择最佳的目标市场，并在市场上确定竞争优势的一整套策略和方法，包括市场细分（Segmentation，S）、目标市场选择（Targeting，T）和市场定位（Positioning，P）。

保险企业市场营销的成功，在很大程度上取决于能够辨识和分析不同消费者的不同需求和欲望，然后设计一套营销组合来满足这些需求。因此，金融服务成功的关键是确定正确的市场细分，针对不同市场的特殊但又相对同质的需求和偏好，有针对性地采取一定的营销组合策略和营销工具，以满足不同客户群的需要。

4.3.1 了解保险营销的市场细分

市场细分是最基本的营销战略。尽管所有的营销商都要进行某种程度的市场细分（即使他们没有意识到自己正在这样做），但是很多保险企业，特别是面向机构客户的企业，并没有充分利用细分战略去改善他们的营销效果。绝大多数机构销售主管通过个人的行业联络关系和行业聚会开展工作，因此市场细分是建立在行业实际状况的基础之上的。

1. 保险营销市场细分的益处

市场细分（Market Segmentation）是把一个复杂的市场细分为一些更小的、更加均匀的市场集合，即细分市场。有效的细分市场必须具备四个条件：每个细分市场的特性必须是可确定的和可度量的；每个子市场都应当可以通过适当的营销策略有效获得；每个子市场都必须具有产生利润的潜力；不同子市场单独对应不同的营销活动。细分市场的最终形式是每个消费者都被看作一个潜在的单一的市场而被唯一地服务。

保险企业进行市场细分的益处主要体现在：

（1）市场细分更加精密地将企业资源与市场要求匹配，进而减少了开支。

（2）更加精确地满足消费者需求，增加消费者满意度。

（3）能够选择某些消费群体，使得企业能够将精力集中在范围更小的目标上，因此能够深刻了解该消费群体的需求和要求。

（4）可以通过把已知的消费群体的特征应用到新的/潜在的消费者身上，来预测新的消费者的需要。

（5）可以通过提高消费者满意程度来保留消费者，通过消费者群的变化来预测消费者的需要。

2. 保险营销市场细分的原则

市场细分的基础是指"用于将消费者分类的消费者某个特征或某组特征"。细分的基础广义上可以分为两类："特定的消费者"基础和"特定的情况"基础。这两类还可以根据它们是否能够被客观地测量（可观测）或者是否必须经过推断才能得出（不可观测）进行分类，如表 4-2 所示。

表 4-2 市场细分基础类别

	特定的消费者	特定的情况
可观测	地理及人口统计：文化、社会经济、地理、人口因素 社会及经济：社会阶层、收入	行为：用户状态、使用情况、频度、品牌效应以及赞助和使用情况
不可观测	心理：人格特征和生活方式	心理描述：利益、态度、感知、偏好和意图

（1）地理及人口统计细分。地理是最早用于细分市场的变量。保险企业可以根据国家、地区、城市规模、市场密度、地形地貌、交通运输及通信条件等方面的差异将整体市场分为不同的小市场，因为处在不同地理环境条件下的消费者对于同类产品往往有不同的需求与偏好，他们对保险企业采取的营销策略与措施会有不同的反应。人口统计变量包括年龄、性别、家庭规模、家庭生命周期等细分基础。由于地理及人口统计细分变量有明确的尺度可以衡量，因此这类细分变量在保险企业市场营销中应用得最为普遍。

例如，按照周期细分，处于不同家庭生命周期的个人客户对保险产品和服务的要求不同。由于处于不同家庭生命周期的客户群体所承担的社会义务、家庭负担等具有较大的差别，其消费来源、消费目标以及储蓄的方式和目的也各不相同，保险企业为他们提供产品和服务的侧重点也应有所不同（见表 4-3）。

表 4-3 家庭各生命周期的保险需求

细分市场	年　龄	生活方式	保险产品及服务需求
学生	18 岁以下	经济未独立	简单方便的保险储蓄要求
年轻人	18～23 岁	接受高等教育和开始工作，收入有限	透支或信贷 储蓄账户 旅行贷款
年轻夫妇	23～28 岁	生活安定，为各项开支制定计划并准备储蓄共同账户、预算贷款	储蓄账户、消费信贷、保险
子女未独立家庭	28～45 岁	收入增长，购买耐用品、住房和高价品	共同账户、抵押和住房贷款、保险消费信贷、长期储蓄账户
子女已独立家庭	45 岁至退休之前	工资收入高，个人可支配收入增加	储蓄与投资 非经常性贷款 财务咨询服务 重置抵押贷款

续表

细分市场	年　龄	生活方式	保险产品及服务需求
退休老人	60岁以上	财产可观，为晚年生活做准备	资金收入管理 信托服务 财务咨询

资料来源：吕国胜等. 现代金融服务[M]. 北京：中国金融出版社，2002.

(2) 社会及经济细分。

① 社会阶层。社会阶层是对人们的教育背景、职业和收入的衡量。研究显示，在对资金的储蓄和投资方面，较低社会阶层一般趋向于选择一个他们觉得更加有形的业务，如一个带有存折的储蓄账户，他们在财务处理中选择较小的风险，并且偏向于使用那些能够迅速转化为现金的手段。相反，较高的社会阶层则倾向于承担更多风险，从有形性较小的储蓄中寻找更高的回报。社会阶层细分由于在理论基础和衡量方法方面存在很多问题，因此并不被认为是最佳的细分基础。

② 收入。一般而言，按收入变量细分，个人客户可划分为高、中、低三个不同的收入阶层。不同收入阶层的客户在银行服务需求上的差异显著。例如，发达国家的低收入阶层的客户较多地利用保险企业的消费信贷，是保险企业发放零售业务的主要对象；而高收入阶层则热衷于高风险的投资性保险产品，保险企业有针对性地为其提供各种投资性的储蓄服务和投资咨询服务，甚至通过保险经纪人方面的综合服务。又如，社会地位较高或受教育程度较高的个人客户倾向于超前消费。为此，保险企业可为其开办信用卡授信贷款业务，为其编制特殊的业务操作程序等。

(3) 心理细分。心理细分是根据消费者生活方式和个性的区别来判定购买者需求的变动。例如，银行针对时髦人物（年轻的、未婚的、活跃的、好玩的、热衷参加聚会的、寻找最新流行商品的人以及快节奏的快乐主义者）和"朴素的乔治"们（年老的、已婚的、以家庭为中心过普通日子的人，他们经常选择那些性能尚可的旧物品）的销售策略是不同的。那些独立的、相对更具有进取心的企业家们对于那些特征为被动的、无组织的给予建议的个人销售方式的反应更为积极有效，相反，那些依赖性较强、相对缺少进取心的大企业分支机构的管理人员则倾向于有组织的、权威的销售方式。在保险企业营销实践中，常用的心理细分变量有态度细分以及认识、学识和理解细分。

(4) 行为细分。根据购买者对产品的了解程度、态度、使用情况及反应等将他们划分成不同的群体，叫行为细分。主要的行为因素变量包括购买时机、购买方式、购买数量、使用者状况、品牌忠实诚度等。保险企业可以从市场容量和利益细分的角度来更好地探讨行为细分。

① 市场容量细分同在细分市场时所使用到的地理及人口统计和心理这三个变量的最佳集合密切相关。金融服务首先要对其服务中的用户进行区分：强、中、弱及非用户。然

后他们才能试图确定这些用户群体之间地域、人口统计或心理的差别。

② 利益细分。利益细分的前提假定是：优先清单以及消费者所寻求的主要利益的重要性是预测消费者行为的最佳工具。利益细分的目的在于，使消费者按照重要性的顺序列出他们在保险机构服务中所寻求的最主要利益。例如，一项研究成果认为，客户对保险企业的期望和要求有七个因素：价值显示、位置便利、价格吸引、诚实可靠、专业知识、经营理念、时间便利，表现出赢利、方便、安全、情感、友谊等不同的利益动机。保险机构可以依据消费者所寻求的利益来识别每个子市场，然后根据地域、人口统计和心理特性，以及产品或服务的优先选择，对这些已经确定的子市场进行交叉分类。

需要指出的是，由于不同的市场细分方法之间相互交叉渗透，因此，不可能使用唯一的标准确定保险企业的目标市场范围。而且在营销实践中，由不同的标准细分出的市场也可能是相互渗透甚至重叠的。因此，对于任何一家保险企业来说，采取单一的市场细分标准都是不全面的，保险企业营销应该以多重标准来细分市场，这也能最大限度地避免市场空隙的存在，市场细分后再细分更有利于保险企业更准确地找到有利可图的市场。

4.3.2 认知保险营销的目标市场选择

目标市场选择是指根据保险企业的目标和能力，细分市场规模、发展潜力和市场结构选择目标市场。对保险企业来说，其可选择的目标市场可能只有一个，也可能有几个，这个取决于对细分市场结构和保险企业自身资源状况的分析。合理选择确定的细分市场和进入目标市场的方式至关重要，它将直接影响到保险企业经营的成败。保险企业可以采用的目标市场战略有三种：无差异营销策略、差异性营销策略和集中性营销策略。

1．无差异营销策略

无差异营销策略是指保险企业将整个市场视为一个目标市场，用单一的营销策略开拓市场，即用一种产品、一种市场营销组合满足市场上所有客户的需求，其理论基础是成本的经济性。其实质是保险企业不进行市场细分，把整个市场视作为一个大的、同质的目标市场。无差异营销策略只考虑消费者或客户在需求上的共同点，而忽视他们在需求上存在的差异性，在所有的市场上同时开展相同的业务。

2．差异性营销策略

差异性营销策略是指保险企业把某种产品总市场分成若干个子市场后，从中选取两个或两个以上的子市场作为自己的目标市场，并分别为每个目标市场设计一个专门的营销组合。市场细分差异性营销策略相对风险较小，更能充分地利用目标市场的各种经营要素。其缺点表现在成本费用较高。所以，这种策略一般为大中型保险企业所采用。

3．集中性营销策略

集中性营销策略是指保险企业把某种产品总市场按一定的标准细分为若干个子市场后，

从中选择一个子市场作为目标市场，针对这一目标市场，只设计一种营销组合，集中人力、物力、财力投入到这一目标市场。集中策略的重要特点是：目标集中，并尽全力试图准确击中要害。这一方法的优点表现在：能更仔细、更透彻地分析和熟悉目标客户的要求，能集中精力、集中资源于某个子市场，效果更明显，其所设计出的营销组合更能贴近客户的需求，从而能使保险企业在子市场或某一专业市场获得垄断地位。这一方法适用于资源不多的中小保险企业。

4.3.3　掌握保险营销的市场定位

保险营销市场定位是指在目标市场范围确定后，保险企业就要根据所选定的目标市场的竞争状况和保险企业的内部条件，确定自身在目标市场上的竞争地位。市场定位是通过为自己的产品创立鲜明的特色和个性，从而塑造出独特的市场形象来实现的。因此，保险企业在进行市场定位时，既要了解客户对产品的各种属性的重视程度，又要了解竞争对手的产品特色，最终实现定位目标。

保险企业市场定位的过程可分为以下几个步骤。

1．确定定位层次

确定定位层次是要明确所要定位的客体，这个客体是行业、公司、产品组合，还是特定的产品或服务。一般有四个层次：

（1）行业定位。即保险服务业整体的定位。随着市场竞争的日趋激烈以及伴随中国资本市场发展而出现的金融"脱媒"程度的逐步加深，可以预见，未来的保险业务中各行业间的竞争将会愈演愈烈。

（2）机构定位。即把保险企业作为一个整体在既然服务业中的定位。这是考察某保险企业在与其他同业竞争对手相比较时，本来和应该处于的一个位置。

（3）产品和服务部门定位。即对保险企业所提供产品和服务的定位，是将保险企业产品和服务分成几个大类，然后确定各类产品的定位。这一层次的产品和服务大致可按照资产、负债、中间业务等来划分，是一种粗线条划分。

（4）个别产品和服务定位。即对保险企业某一项特定产品和服务的定位，如保险企业业务的市场定位。

2．识别重要属性

定位的第二步是识别影响目标市场客户购买决策的重要因素。这些因素就是所要定位的客体应该或必须具备的属性，或者是目标市场客户具有的某些重要的共同表征。值得注意的是，保险企业客户在选择不同保险企业的产品服务时主要依据的是，他们感觉到不同保险企业在这些产品和服务之间的差别，而这种差别可能并非产品和服务本身最重要的属性。例如，美国运通公司昂贵的白金卡被众多客户接受的原因是其身份显示的表征，而这并非信用卡最重要的功能。

3. 制作定位图

在识别出重要属性之后，就要绘制定位图，并在定位图上标示本保险企业和竞争者所处的位置或保险企业各项业务所处的位置。对其他保险企业的定位认识，是未来明确在特定市场中的竞争对手及他们所处的地位，为保险企业自身市场定位提供选择的空间。具体的定位图制作过程涉及统计程序，即在认定表征之后，将这些表征集合到几何维度的统计程序，由程序得出所需要的定位图。维度的名称可以是成分、多维尺度、元素等，变量可以是客观属性，也可以是主观属性，但都必须是"重要属性"。

4. 定位选择

与一般企业的市场定位相同，在保险企业的定位选择主要有以下三种方法：

（1）正向定位。保险企业根据客户的需求和偏好的不同，为保险企业的产品培养相应的特色，并采取各种方式努力向客户传递这些特色的信息。

（2）反向定位。保险企业以竞争对手为参照物，根据竞争对手的产品和服务特色决定自己的产品和服务特色，并运用各种方法努力传递这些特色的定位方法。

（3）重新定位。通常是指对那些不受客户欢迎、市场反应差的产品进行二次定位，往往是保险企业未来摆脱经营困境、寻求重新获得竞争力和增长的手段，但也有可能是由于发现新的产品市场范围所致。例如，某些专门为青年人设计的保险产品在中老年人中也开始流行后，这种产品就需要重新定位。

重新定位一方面可改变产品的功能，使之更能满足客户的需求；另一方面则有助于改变客户的心理定位，如美国长岛信托公司在大保险企业的竞争之下，无论是分行数目、服务范围还是服务质量与资本基础都排名落后，但在给公司做了"长岛保险企业为长岛居民服务"的重新定位后，在所有表征的排名上都有了大幅度提高。

5. 执行定位

定位最终需要通过各种沟通手段如广告、员工的着装、行为举止以及服务的态度、质量等传递出去，并为客户所认同。保险企业如何定位需要贯彻到所有与客户的内在和外在联系中，这就要求企业的所有元素——员工政策与形象都能反映一个相似的并能共同传播希望占据的市场位置的形象。实践中，保险企业期望的位置经常会与实际传递的位置不一致，这往往是不一致的营销组合所造成的。事实上，成功的定位取决于协调一致、整体的内部和外部营销策略。

> **课堂实作** 国寿财险用标准化塑造服务品牌
>
> 进入 2012 年以来，财险行业的监管环境发生了显著变化，加强和改进理赔服务质量及保护消费者合法权益两项内容逐渐成为财险行业的重中之重。2012 年 5 月，中国人寿财险《窗口服务人员标准化指引》正式推出，与前期《客户服务规范》、《窗口岗位服务标准执行手册》、客户服务标准化物料共同构成服务标准化体系。这标志着经过 5 年多的发展，该公

司对外承诺的客户服务"全国一套标准"已初步完成，客户服务标准化体系建设以其系统性、完整性、实操性而跻身国内保险公司前列。

据了解，系列指引包括《客户服务基础问答指引》、《客户服务承诺常见问题标准化应答指引》、《窗口服务人员焦点问题问答指引》和《窗口服务人员常见情境应对指引》四项。系列指引作为该公司电话中心、服务网点及一线窗口人员服务及应答客户的重要标准，下半年将在各级机构以多种形式进行有针对性的强化培训、考试，并充分利用电话抽检、现场暗访、技能考察以及第三方品质监督等手段持续强化培训效果。

资料来源：节选自和讯网 2012 年 6 月 6 日刊载的付秋实文章"国寿财险用标准化塑造服务品牌"，http://insurance.hexun.com/2012-06-06/142153868.html。

课堂实作训练：
1. 保险目标市场定位的策略有哪些？
2. 保险目标市场定位有哪几个步骤？
3. 国寿财险公司是如何塑造品牌定位的？

任务 4.4　制定保险营销的综合战略分析

4.4.1　了解市场吸引力与企业实力矩阵分析法

一般认为企业在对其战略业务单元加以分类和评价时，除了要考虑市场增长率和市场占有率之外，还要考虑许多因素。这些因素可以分别包括在以下两个主要变量之内：市场吸引力和企业实力。市场吸引力与企业实力矩阵是按照战略业务单元所处市场的吸引力与其企业实力来对战略业务单元进行分级的一种组合分析模型，是企业用来确定战略业务单元最大或最小潜力的一种有效诊断工具，如图 4-5 所示。

1. 市场吸引力

市场吸引力指标包括市场份额、增长率、规模及稳定性，潜在的赢利能力，技术要求，有通货膨胀所引起的脆弱性、能源要求、政府的管制程度，潜在的环境与社会影响及竞争态势。矩阵图中的纵坐标代表行业吸引力，以高、中、低表示。

2. 企业实力

管理层必须考虑企业的具体优势和具有竞争力的领域，包括企业的财务资源、形象、比较成本优势、客户源、技术开发能力和员工技能水平、产品质量、品牌信誉、商业网络、促销能力、生产能力与效率、单位成本、原料供应、研究与开发能力等。矩阵图中横坐标代表企业实力，以高、中、低表示。

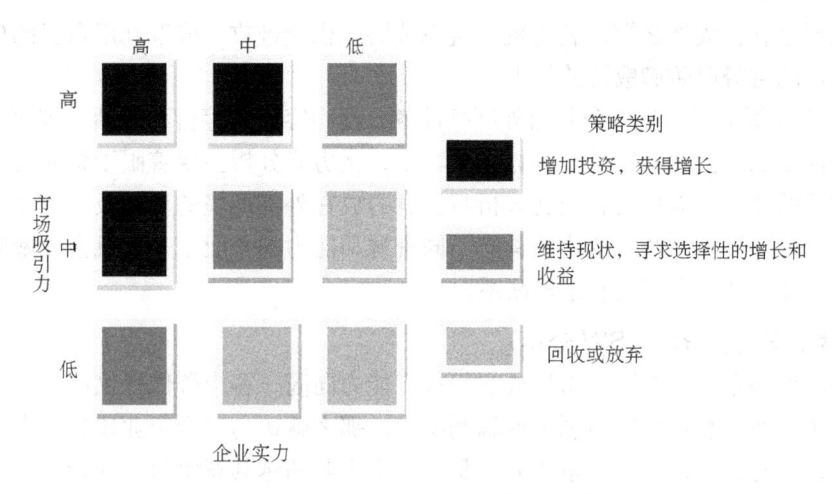

图 4-5　市场吸引力与企业实力矩阵

营销计划人员在分析企业的核心能力和所处的行业环境时常常会使用这一矩阵。运用此矩阵，有助于管理人员确定是否有必要寻求新的增长点，了解什么市场最有吸引力，什么市场缺乏吸引力，引导企业将资源配置给更为有利可图的业务。

(1) 左上角地带（又称"绿色地带"，这个地带的三个小格子是"高高"、"中高"、"高中"）。这个地带的市场吸引力和战略业务单元要"开绿灯"，采取增加投资和发展的战略。

(2) 从左下角到右上角的对角线地带（又称"黄色地带"，这个地带的三个小格子是"低高"、"中中"、"高低"）。这个地带的行业吸引力和战略业务单元的实力总的来说是"中中"。因此，企业对这个地带的战略业务单元要"亮黄灯"，采取维持原来的投资水平的市场占有率的战略。

(3) 右下角地带（又称"红色地带"，这个地带的三个小格子是"低低"、"低中"、"中低"）。总的来说，这个地带的行业吸引力偏小，战略业务单元的力量偏弱。因此，企业对这个地带的战略业务单元要"开红灯"，采取"回收"或"放弃"战略。

根据以上分类、评价和战略，还要绘制出各个战略业务单元的计划位置图，并根据此决定各战略业务单元的目标和资源分配预算。而相关营销人员就必须制定一个适合"回收"战略，如适当减少研究和开发投资、降低产品质量和减少服务、减少广告和推销人员开支、提高价格等。如果企业决定对某战略业务采取"放弃"战略，那么营销人员就要向企业提出应当经营哪些业务、生产哪些产品等意见。

4.4.2　熟悉 SWOT 分析法

SWOT 分析法是一种综合考虑企业内部条件和外部环境的各种因素，进行系统的评价，从而选择最佳营销战略的方法。S 是指企业内部的优势，W 是指企业内部的劣势，O 是指企业外部环境的机会，T 是指企业外部环境的威胁。其基本出发点都应该是每个企业的战略都是以己之长、攻彼之短，利用机会避免威胁、积极进攻，或者利用自己的机会和优势来克服自己的劣势而防御威胁的打击。

SWOT分析实际上是对企业内外部条件各方面内容进行综合和概括，进而分析组织的优劣势、面临的机会和威胁的一种方法。其中，优劣势分析主要着眼于企业自身的实力即与竞争对手的比较，而机会和威胁分析将注意力放在外部环境的变化及对企业的可能影响上。但是，外部环境的统一变化给具有不同资源和能力的企业带来的机会或威胁却可能完全不同，因此，两者之间又有紧密联系。

1. 优势与劣势分析（SW分析）

当两个保险企业处在同一市场或它们都有能力向同一客户群体提供产品和服务时，如果其中一个企业具有更高的赢利率或赢利潜力，那么就认为这个企业比另一个企业更具有竞争优势。换句话说，所谓竞争优势，是指一个企业超越其竞争对手的能力，这种能力有助于实现企业的主要目标——赢利。但值得注意的是，竞争优势并不完全体现在较高的赢利率上，因为有时企业更希望增加市场份额，或者多奖励管理人员或员工。

竞争优势可以指消费者眼中一个企业或它的产品有别于其竞争对手的任何优越的东西，它可以是产品线的宽度、产品的大小、质量、可靠性、实用性、风格和形象以及服务的及时、态度的热情等。虽然竞争优势实际上指的是一个企业比起竞争对手有较强的综合优势，但是明确企业究竟在哪个方面更具有优势更有意义。因为只有这样，才可以扬长避短，或者以实击虚。由于企业是一个整体，并且由于竞争优势来源的广泛性，因此，在做优劣势分析时必须从整个价值链的每个环节上，将企业与竞争对手做详细的对比。例如，产品是否新颖，制造工艺是否复杂，销售渠道是否畅通，以及价格是否具有竞争性等。如果一个企业在某个方面或某几个方面的优势正是该行业企业应具备的关键成功要素，那么该企业的综合竞争优势就强一些。需要指出的是，衡量一个企业及其是否具有竞争优势，只能站在现有潜在用户角度上，而不是站在企业的角度上。企业在维持竞争优势过程中，必须深刻认识自身的资源和能力，采取适当的措施。因为一个企业一旦在某个方面具有了竞争优势，势必会吸引到竞争对手的注意。一般来说，企业经过一段时期的努力，建立起某种竞争优势然后就处于维持这种竞争优势的态势。竞争对手直接进攻企业的优势所在，或采取其他更为有利的策略，就会使这种优势受到削弱。

影响企业竞争优势的持续时间，主要有三个关键因素：建立这种优势要多长时间？能够获得的优势有多大？竞争对手做出有力反击需要多长时间？如果企业分析清楚了这些因素，就会明确自己在建立和维持竞争优势中的地位。

2. 机会与威胁分析（OT分析）

随着经济、社会、科技等诸多方面的迅速发展，特别是世界全球化、一体化过程的加快，全球信息网络的建立和消费需求的多样化，企业所处的环境更为开放和动荡。这种变化几乎对所有企业都产生了深刻的影响。正因为如此，环境分析成为一种日益重要的企业职能。环境发展趋势分为两大类：一类表示环境威胁，另一类表示环境机会。环境威胁指的是环境中一种不利的发展趋势所形成的挑战，如果不采取果断的战略行为，这种不利趋势将导致公司的竞争地位受到削弱。环境机会是对公司行为富有吸引力的领域，在这一领域中，该公司将拥有竞争优势。对环境的分析也可以有不同的角度。例如，一种简明扼要的方法就是 PEST 分析：从政治（法律）的、经济的、社会文化的和技术的角度分析环境变化对本企业的影响。政治的、法律的：垄断法律，环境保护法，税法，对外贸易规定，劳动法，政府稳定性。经济的：经济周期，GDP，利率，货币供给，通货膨胀，失业率，可支配收入，能源供给。社会文化的：人口统计，收入分配，社会稳定，生活方式的变化，教育水平，消费。技术的：政府对研究的投入，政府和行业对技术的重视，新技术的发明。

保险企业 SWOT 分析过程可分为如下几个步骤：

（1）确认保险机构当前执行的营销战略。当然，这种战略可能是成功也可能是存在问题的。

（2）确认保险机构外部环境的关键性变化，把握可能出现的机会和威胁。虽然没有固定的数目，但以不超过 8 个关键点为宜。尽量挑选与保险机构息息相关的环境因素，确认其变化对保险营销有相对较大的影响。

（3）根据保险机构的资源组合情况，按照一定的程序确认企业的关键能力（优势）和受到的关键限制（劣势），同样，关键点最好不要超过 8 个。

（4）对所列出的外部环境和内部条件的各关键因素逐项进行打分，然后按照因素的重要程度加权并求其代数和。

（5）将上述结果在 SWOT 分析图上具体定位，确定保险机构营销战略能力。

（6）营销战略分析。由图 4-6 可知，在右上角定位的企业，具有很好的内部条件以及众多的外部机会，应该采取增长型战略；处于左上角的企业，面临巨大的外部机会，却受到内部劣势的限制，应该采取扭转型战略，充分利用环境带来的机会，设法清除劣势；在左下角定位的企业，内部存在劣势，外部面临强大的威胁，应采取多种经营战略，利用自己的优势，在多样化经营上寻找长期的发展机会。

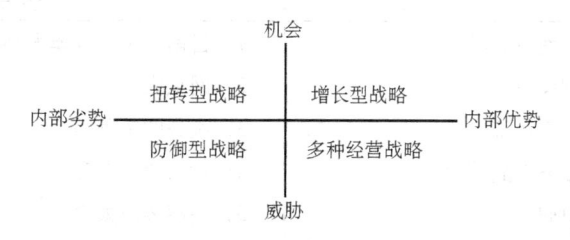

图 4-6 SWOT 分析与战略选择

延伸阅读

表 4-4 是某外资银行在进入中国市场之前做了大量调查之后得出的我国商业银行与外资银行之间的比较。

表 4-4　我国商业银行与外资银行之间的比较

我国商业银行	外资银行
优势	优势
1．四大国银行占国内银行业务的 60%，国有银行占银行业务 90%的市场 2．对本地客户的理解 3．牢固的客户基础 4．范围广阔的业务网络 5．政府的支持 6．在客户中有保证的信用	1．丰厚的资本基础和良好的资产质量 2．灵活有效的管理和经营体系 3．高素质的人力资源和管理层 4．国际竞争中积累的经验 5．较国有银行有更好的体系，但正在缩小差距 6．WTO 背景下，外资银行吸引人才及客户方面具有优势
劣势	劣势
1．落后的体系，低利润，低资产，质量在服务范围和业务范围上受限制 2．对雇员工资的上线无法发挥刺激作用 3．发放政府政策导向的贷款所带来的压力	1．无法进入本地债务和资本市场 2．不允许经营人民币业务 3．零售银行业务的限制 4．业务覆盖范围小且受到限制 5．暂时无法从文化和社会角度同本地银行竞争

该外资银行对中国国有银行和外资银行优劣势的分析相当透彻，这对其制定营销战略和各种具体的经营战略都具有相当大的作用。同时，该银行根据这些环境的调查，对自己做了一个完整的 SWOT 分析（见表 4-5）。

表 4-5　某外资银行的 SWOT 分析

应用环境		主要描述的内容
	优势	劣势
内部因素	1．巨大的可投入使用的资金 2．高质量的管理体系 3．集中统一的信息系统 4．先进的金融服务产品 5．良好的社会口碑 6．较强的资金运作能力	1．目前在中国规模太小 2．网点太少 3．服务的覆盖面广 4．运营成本上升 5．高端客户太少

续表

应用环境		主要描述的内容
	机会	威胁
外部因素	1. 可借助虚拟银行扩大规模和服务范围，如网上银行 2. 可与中资银行进行战略合作 3. 可开展中间业务进入新的领域 4. 中国加入 WTO，提供个人和企业的外币业务成为可能	1. 以花旗、汇丰为主的外资银行对外币业务的争夺 2. 对中国文化缺乏足够的了解 3. 非银行机构竞争压力加大

通过对 SWOT 分析，该外资银行制定出进入中国市场的战略：

（1）SO 战略：发挥优势，利用虚拟银行服务、中间业务以及外币业务的市场需求的机会抓住竞争对手的忽视，突出服务上的优势，大力开发相关金融产品和服务，满足客户需求，最好是长期的客户需求，锁定客户资源。

（2）WO 战略：利用机会，克服劣势。① 抓住中国经济增长和对外开放难得的发展机会，尽快解决该银行规模小、网点少等劣势问题。② 利用各种方式加快本土化进程，工作重点放在中间业务，抓发展机遇。

（3）ST 战略：利用优势，回避威胁。① 突出该银行在资金、专业、技术和服务上的优势，融入本土经济，利用中国外向型经济的特点，扩大外币业务。② 突出在客户方面、财务方面的优势，争取高端客户和优质资产。

（4）WT 战略：减小劣势，回避威胁。将本土化作为该银行的根本大事来做，建立中国式的企业文化；避免与花旗、汇丰等银行的正面冲突，但又要千方百计地扩大市场份额。

这些战略对于该外资银行如何确立自己在中国金融市场环境中的地位，进一步进入中国开展业务，以及如何在中国开展业务有着重大的意义。

4.4.3　掌握战略地位和行动评估矩阵分析法

SWOT 分析以简单明了的方法提供了一个企业战略能力评价上的工具，但是，它最大的缺陷是"方向单一"。在 SWOT 分析中，反映外部环境机会和威胁由多个关键指标综合而成，而这些指标优劣的方向并不一致。例如，保险行业发展潜力与行业的稳定性两个指标可能就不一致，发展潜力大并不意味着稳定性提高。同样，在 SWOT 分析中，反映保险机构内部条件优势和劣势也由多个指标综合而成，市场份额与保险机构财务实力（投资回报）可能不一致。因此，从 SWOT 分析得出的保险企业战略能力定位的结果中，不能判断企业外部环境的机会（或威胁）以及企业的优势（或劣势）主要由哪些因素决定。

为克服 SWOT 分析不足，战略地位和行动评估（SPACE）矩阵做了很大的改进。它用四维坐标进行评估，如图 4-7 所示。

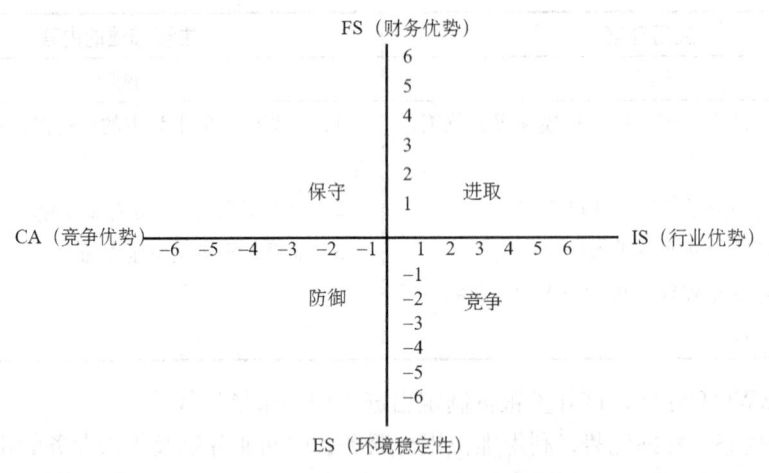

```
                    FS（财务优势）
                         6
                         5
                         4
                         3
                         2
            保守         1    进取
CA（竞争优势)                                IS（行业优势）
     -6 -5 -4 -3 -2 -1    1 2 3 4 5 6
                        -1
            防御        -2    竞争
                        -3
                        -4
                        -5
                        -6
                    ES（环境稳定性）
```

图 4-7　战略地位和行动评估矩阵

环境稳定性要素和行业要素是反映外部环境的两维坐标；财务要素和竞争要素是反映企业内部条件的两维坐标。

(1) 确定各维度坐标的关键要素。和 SWOT 分析要求一样，关键要素一般不超过 8 个。例如，环境稳定性要素有：相关政策法规变动、国家经济发展水平、通货膨胀、人口变化、技术变化、竞争产品的价值范围、进入市场的障碍、竞争压力。

(2) 分别在这四维坐标上按 +6 至 -6 进行刻度。

(3) 根据实际情况对每个要素进行评定，即确定哪个要素归属哪个刻度。请注意，产业实力和财务实力坐标上的各要素可塑绝对值越大，反映该要素状况越好；而环境稳定性和竞争优势坐标上的各要素绝对值越大，反映该要素状况越差。

(4) 按各要素的重要程度加权并求各坐标的代数和。

(5) 根据上述结果进行战略定位与评价，将会有多种组合结果。图 4-8 所示的四种组合是比较典型的：进攻型、竞争型、保守型、防御型。

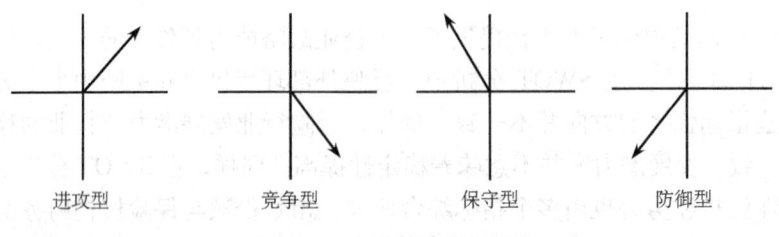

图 4-8　各种战略形态示意

① 进攻型：行业吸引力强，环境不确定因素极小，保险机构有一定的竞争优势，并可以用财务实力加以保护。处于这种情况下的保险机构可以采取发展战略。

② 竞争型：行业吸引力强，但环境处于相对不稳定状况，保险机构占有竞争优势，但是缺乏财务实力。处于这种情况下的保险机构应寻求财务资源以增加营销能力。

③ 保守型：保险机构处于稳定而缓慢发展的市场，企业竞争优势不足，但是财务实力比较强。处于这种情况下的企业应该熟知其产品系列，争取进入更大的市场。

④ 防御型：企业处于日趋衰退且不稳定的环境，企业本身又缺乏竞争性产品且财务能力不强，此时，企业应考虑退出市场。

SPACE 矩阵分析虽然克服了 SWOT 分析法方向单一的不足，但由于它有多种可能组合，增加了分析的复杂程度，为保险机构开展营销活动提供了完整的战略分析。

课堂实作　市场竞争不断升级　外资保险公司在华策略转变

搬离陆家嘴中心区高级写字楼、削减行政开支转而进行针对性的品牌营销……面对不断升级的市场份额竞争战，外资保险公司在华策略正在悄然变化。

【策略1】营运成本一减再减

在保险业，6~7 年是公认的寿险公司赢利周期，而根据某咨询公司最新发布的人身险市场调查结果，在国内成立已满 7 年的 8 家外资寿险公司中，仅友邦保险、中宏人寿、太平洋安泰 3 家实现赢利。

成立刚满 6 年的海康人寿正面临取得赢利的关键时点，其 CEO 兼总经理 Peter Brudnak 却对记者采访时并未给出实现赢利的时间表，但他表示让销售增长超过成本增长，这是唯一让公司实现赢利的途径，"我们做了仔细评估，剔除了很多不能带来价值的成本支出"。据了解，海康人寿近两年保费收入增长均超过 30%，今年成本下降了 15%。据了解，降低的成本主要来自将办公场所搬离寸土寸金的中心城区，将后台进行整合集中等。

【策略2】蓄势向二线城市扩张

外资保险公司一面大举缩减不必要的运营开支，一面为向二线城市开设网点积聚能量。从 11 月 23 日算起，在过去的 20 天中，保监会国际部共放行中航三星人寿、联泰大都会、国泰财险、海康人寿 4 家外资保险公司在福建、四川、湖北等地筹建分公司。

作为最容易设立的分支机构，营销服务部曾被外资保险公司视为扩张网点的重要据点。去年 9 月监管部门一纸暂停批准开设营销服务部的公文令外资保险公司叫苦不迭，一停就有 15 个月之久。记者从一家大型外资保险公司的市场部了解到，为敦促保险公司内控却意外捆住外资保险机构扩张手脚的营销服务部停批令有望重新开闸，有关开设新营销服务部的计划已经被写入该公司明年的工作计划之中。

【策略3】谨慎招聘新员工

此种局面下，新成立的外资保险公司更加谨慎，不仅明显放缓了新产品上市的时间表，还对招进来的新员工每人花 800 元做入职前的尽职调查。

据供职于新开业外资寿险公司的保险代理人李小姐透露，由于作为正式员工入职，这家外资保险公司不仅要向相关管理部门查询李小姐有没有被列入黑名单，还请来专业调查机构就其生活背景、工作业绩等进行实地调查。"每位员工都是如此，不仅调查原来的工作情况，连居委会也要去。"

据了解，金盛人寿、汇丰保险、恒安标准等多家保险公司对传统代理人制度进行变革，在代理人渠道引入员工制，即给予四险一金和底薪加提成的待遇。

资料来源：节选自《上海青年报》2009年12月14日刊载的"市场竞争不断升级 外资保险公司在华策略转变"，节选时有删减。

课堂实作训练：

仔细阅读上述案例并组织学生进行分组讨论。讨论完毕后要求每组派出一名代表对本组讨论结果进行评述，时间不超过5分钟。各组评述后由教师进行总结点评。

1. 请分析外资保险公司的竞争策略有哪些。
2. 具体的竞争策略体现在哪些方面？

营销工具

企业内部资源与外部细分市场分析

1. 企业内部资源要素分析表

资源	优势 高	优势 中	优势 低	中性	劣势 低	劣势 中	劣势 高
人员							
1. 适当	✓						
2. 熟练	✓						
3. 乐观							
4. 忠实								✓
5. 有服务意识						✓	
资金							
1. 充足		✓					
2. 灵活					✓		
设施							
1. 充足							
2. 灵活							
3. 位置质量						✓	
系统							

续表

资　源	优　势 高	优　势 中	优　势 低	中　性	劣　势 低	劣　势 中	劣　势 高
1．信息系统质量					✓		
2．计划系统质量							
3．控制系统质量							✓
市场资产							
1．客户基础							
2．接触基础	✓						
3．总体声誉		✓					

2．市场细分参考表

细分标准	分类细目
地域细分	
地区	
城市	伦敦、纽约、圣弗朗西斯科
省份	州（美国、加拿大等），行政区（法国），郡、自治城市等（其他国家）
规模	消费人口为5 000人以下、5 000～20 000人、20 000～40 000人
密度	城镇的、郊区的、乡村的
人口统计细分	
年龄	15岁以下、15～18岁、18～21岁、21～35岁、35～50岁、50～65岁、65岁以上
性别	男、女
家庭大小	家庭人口均为1～2人、3～4人、5～6人、7人以上
生命周期的各个阶段	未婚青年、单身已婚人、夫妻二人养育子女时期（满巢期）、空巢期、离婚（有孩子）、老年单身
收入	8 000英镑以下、8 000～14 000英镑、14 000～20 000英镑、20 000～35 000英镑、35 000～60 000英镑、60 000英镑以上等
职业	专业人员、技术人员、秘书人员、销售人员、技工、家庭主妇、农民、店员、领取养老金者、学生、失业者
教育	学院、大学、专业教育、职业教育、技术教育
国籍	澳大利亚人、英国人、加拿大人、印度人等
社会阶层	下低层、上低层、下中层、上中层、下高层、上高层

续表

细分标准	分类细目
行为特征	
寻求利益	便利、服务、安全
用户情况	非用户、潜在用户、首次用户、经常用户
忠诚程度	无、中等、强
使用比率	轻、中等、强
销售因素	敏感性、费用、可靠性、维护、友好程度等

资料来源：亚瑟·梅丹.保险营销学[M].王松奇，译.北京：中国金融出版社，2000：45-46。

营销实战

三八妇女节将至 什么保险适合她

近年来，女性重大疾病的死亡率越来越高，而发病期以 40～50 岁最为常见。因此，这个阶段的女性如果尚未购买任何保险，仍然要以意外险和重大疾病保险为首选，经济实力强的女性再考虑养老等其他险种。

1."个性"保险之准妈妈：买保险要趁早

女性妊娠期的风险概率，远远高于正常人，因此作为以营利为目的的保险公司对准妈妈投保的要求也相对较多。目前，保险公司对怀孕 4 个月以上的女性限制投保医疗保险、重疾险和意外险等。有些保险公司虽然开发了专为孕妇开设的母婴险，但也有"拒保期"，一般怀孕未满 28 周才能投保。

2."个性"保险之单身妈妈：先保自己再保孩子

一个完整的家庭有两个人共同承担开支，而单亲妈妈却要独自肩负自己和孩子的生活，所以经济负担不言而喻是比较重的。对于单亲妈妈来说，不要盲目只给孩子投保，要明白自己是现在这个家庭唯一的支柱，因此要最先给自己购买保险，主要以医疗保险和寿险为主，以防自己万一发生不测，孩子今后成长也能有一定经济保障。有余钱的话为孩子选择的险种最好具有或者可选择附加投保人豁免条款，孩子的保障才不会因父母发生意外而中断。

3."个性"保险之全职太太：注重医疗保障

对没有工作专心在家带孩子照顾老公的全职太太而言，丈夫是家庭的绝对经济支柱，所以购买保险时最应该给丈夫买，再考虑家庭的其他成员。其实这一原则也适用于大部分的以丈夫为主要收入对象的家庭。家庭长期的家务劳动和女性的生理特征，让全职太太容易罹患一些女性疾病，可投保一些医疗保障功能强的女性险，特别是可为特殊女性疾病投保。

资料来源：节选自向日葵保险网 2011 年 3 月 4 日刊载的文章"三八妇女节将至 什么保险适合她？"，http://www.xiangrikui.com/yanglao/qita/20110304/96273_1.html。

实战要求：
1. 该案例中选择女性市场采用了哪些营销策略？
2. 选择女性保险目标市场时需要考虑哪些因素？
3. 结合表 1 分析企业在当前的竞争当中如何借助企业的内部资源。
4. 结合表 2 分析案例中保险公司是如何进行市场细分的。

重要概念

保险营销环境　保险营销外部环境　保险营销宏观环境　保险营销微观环境
波特五力　STP 战略　市场细分　目标市场选择　无差异营销策略
差异性营销策略　集中性营销策略　保险营销市场定位　SWOT 分析法

能力拓展

1. 假设你是中国人寿湖南省分公司的营销主管，负责投资连接保险产品的开发和市场推广，请分析你的营销环境和竞争对手，并写出环境分析报告。

2. 假设你是平安公司的营销主管，负责新产品的研发与推广。若公司打算推出专门针对 0～3 岁宝宝的医疗保险，请你对此险种的进行制定营销战略，并写出分析报告。

项目 5　制定保险产品策略

学习目标

- 了解保险产品整体概念及保险产品策略实施的步骤；
- 理解险种组合的要素和策略；
- 熟悉新险种开发的主要程序；
- 熟悉险种品牌与服务策略；
- 掌握险种生命周期各阶段的特点及营销策略。

案例导入

阳光人寿推出升级版少儿万能险"金娃娃"

自人身险费率改革新政实施以来，保险公司争相推出费改新产品，继第一波传统型人身险新品亮相市场不久，部分险企又着手进行非传统险的改良，费改影响仍在持续发酵。阳光人寿公司于 11 月 5 日新推出一款名叫"金娃娃"的升级版少儿万能险产品。

阳光人寿"金娃娃"少儿保障计划，是一款针对少儿客户的兼具理财与保障功能的万能型少儿两全保险，由主险金娃娃少儿两全保险（万能型）和附加少儿万能额外给付重大疾病保险组合搭配而成，同时可根据客户个性需求搭配特定保障功能的各类附加险。此款产品在保险责任上主要突出四大功能：增加投保人豁免，增加重疾种类，增加轻症重疾，增加白血病 120%给付。

提供投保人豁免保险费的保障，是此款产品最大亮点。在保险责任期间，如果投保人因发生意外导致身故或全残，可豁免保单前十年未交保费，保障责任不受任何影响。这种人性化的设计，主要出于对未成年人的保护和关爱，可以保证父母对孩子的爱一直延续到孩子成年。

此保险同时还提供 42 种重大疾病、10 种轻症重疾保障以及白血病 120%给付，帮助少儿客户全面抵御疾病风险。其中，42 种重大疾病在少儿 18 周岁之前和之后种类不一，18 周岁前提供的 42 种重疾保障主要涵盖少年儿童易罹患的一些重疾，待被保人 18 周岁后，所保障的 42 种重疾将自动变更为成年人更易罹患的病种，重疾保障责任的转换根据被保人年龄自动完成，无须另行手续。同时，该产品提供高达 10 种的轻症重疾保障，包括非危及生命的恶性病变、视力严重受损、较小面积 III 度烧伤等一般重大疾病保险不会承保的疾病。阳光人寿也提供 20%重疾保额的保险保障。这一点能让客户患病后安心地早治疗、早康复。另外值得一提的是，针对少儿恶性肿瘤发病之首的白血病，"金娃娃"还提供最高 120%的基本保险金额给付。

除了以上保障方面的优势之外，"金娃娃"还具备良好的收益性。作为一款万能险，"金娃娃"延续阳光独有的稳健型和进取型双账户，让客户充分享受到高额的结算利率，结算利率优于普通万能险。账户里的资金复利计息，随时领取，使孩子在享有高额保障的同时，也为其教育、创业、婚嫁等不同阶段的需求提供一笔丰厚的资金。

据阳光人寿相关产品研发人员透露，少儿保险一直是广大家长们热衷的首选产品，但因保险专业性太强，很多家长在投保前对它并没有一个透彻的理解。据介绍，少儿保险按功能可分四类：意外伤害保险、健康医疗保险、教育储蓄保险和投资理财保险，主要用于解决孩子成长过程中所需的教育、创业、婚嫁等费用，以及应付孩子可能面临的疾病、伤残、死亡等风险。目前，在市场上在售的少儿类保险产品虽然种类较多，但大多功能较为单一，有的产品侧重孩子的教育金，但保障功能不强且缴费较高，有的产品侧重少儿重疾及意外保障，但收益性较差。"金娃娃"的问世，将保障与理财功能有机结合，为市场提供了更多选择。

资料来源：节选自青岛新闻网 2013 年 11 月 4 日刊载的文章"阳光人寿推出升级版少儿万能险'金娃娃'"，http://finance.qingdaonews.com/content/2013-11/04/content_10076773.htm，节选时有删改。

阅读上述案例，思考下列问题：
1. 对于阳光人寿推出的少儿万能险"金娃娃"，如何进行产品组合？
2. 此次阳光人寿推出的少儿万能险"金娃娃"，是否属于新险种开发？
3. 如何运用品牌策略和服务策略来推广少儿万能险"金娃娃"？
4. 在不同生命周期阶段，保险公司可以对该保险产品制定哪些营销策略？

任务 5.1　了解保险产品策略实施的步骤

5.1.1　认知保险产品

1. 什么是保险产品

在现代市场营销中，产品概念具有极其宽广的外延与深刻的内涵。产品是指能够通过交换满足消费者或用户某一需求或欲望的任何有形物品和无形服务。有形物品包括产品实体及其品质、款式、特色等。无形服务包括可以给客户带来附加利益和心理满足感的售后服务、保证、产品信誉、企业形象等。

保险产品，即针对社会满足保险客户风险转嫁需求的风险保障项目，一般以保险单为基本单位，以保险条款为基本内容。例如，家庭财产保险、企业财产保险、人寿保险、汽车保险、核电站保险等。它的使用价值集中表现在保险社会生产的稳定和人民生活安定的功能上，它的价值就是耗费在经济保险劳务上的劳动量。

2．保险产品的整体概念

从营销学的角度来讲，产品的整体概念既包括具有物质形态的商品实体和商品品质、特色和品牌，也包括商品所带来的非物质形态的利益，如服务、策划等。保险产品的整体概念用三个层次来表现，即核心产品、有形服务和延伸产品（附加产品），如图5-1所示。

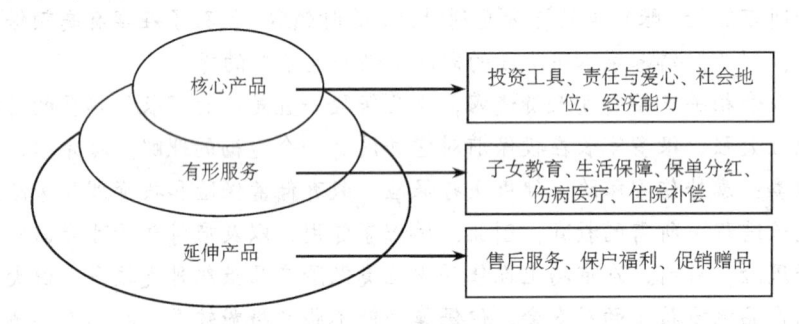

核心产品 → 投资工具、责任与爱心、社会地位、经济能力

有形服务 → 子女教育、生活保障、保单分红、伤病医疗、住院补偿

延伸产品 → 售后服务、保户福利、促销赠品

图5-1　产品的整体概念的三个层次

（1）核心产品。核心产品是整体概念中最基本、最主要的层次。它是消费者购买商品的目的所在，是消费者追求的效用或利益。消费者购买某种产品，不是为了占有产品本身，而是为了获得满足某种效用或利益。购买人寿保险的人可能是为了表示对家庭的责任与爱心，或者是为了表示个人的社会地位与经济能力，也可能是作为一种高效率的投资方式。因此，保险公司在设计产品时首先必须确定核心产品给投保人带来的利益。

（2）有形服务。对于保险公司来讲，有形服务是指把保险产品的核心部分转换为一种有形的服务标志，即消费者的某一需求，必须通过特定的形式来满足。保险的服务形式具有为消费者提供生活保险、子女教育费用、养老费用、储蓄、投资和财产保障等功能，保险产品这些服务的不同组合能满足消费者的不同需求。

（3）延伸产品。延伸产品，又叫附加产品，是指由保险公司提供的投保人有需求的产品层次，主要是帮助客户更好地使用核心利益和服务，如售后服务、促销赠品、保户福利等。目前，许多人寿保险公司在推行充实附带服务或综合生活保障服务这类附加产品，如为方便经常在世界各地出差、旅游的客户，提供遗失行李和证件支援服务、医疗支援服务、法律人员介绍等相关服务；对有理财知识需求的客户，通过讲座、咨询等方式帮助客户树立正确的理财观，制定理财计划等。风险咨询、法律咨询、旅游咨询、教育咨询等附加值服务，也将成为保险公司延伸价值服务的新亮点。

保险产品整体概念的三个层次，体现了以消费者为中心的现代营销观念。一个保险产品的价值是由消费者决定的，而不是由保险人决定的。因此，保险产品整体的内涵与外延都是以消费者需求为标准，由消费者需求决定的。

5.1.2 了解保险产品策略实施的步骤

保险产品策略是指在市场调查与选定目标市场的基础上，对险种的开发、设计、组合、推出时机、附加险、服务等做出决策。保险产品策略是营销策略的基础，保险产品策略的正确与否，直接影响到保险营销的成败。

保险产品策略的制定与实施是一个系统工程，需要进行统筹规划，按照一定的工作步骤来完成。保险产品策略实施的步骤包括制定险种组合策略、开发新险种策略、制定险种品牌和服务策略、制定险种生命周期策略，如图 5-2 所示。

```
制定险种组合策略
      ↓
开发新险种策略
      ↓
制定险种品牌和服务策略
      ↓
制定险种生命周期策略
```

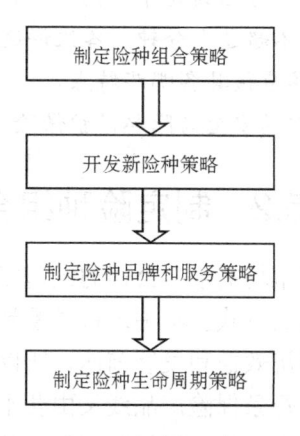

图 5-2　保险产品策略实施的步骤

目前，保险市场上各险种出于精算和限定风险的目的，保险产品的保险责任比较单一。一个保险产品无法满足同一客户的保险需求，需要进行险种组合。在制定险种组合中为满足客户需求要考虑产品组合的宽度、长度、深度和相容度。保险产品具有一定的市场寿命，在制定产品过程中需要考虑产品的生命周期过程。为影响客户对产品做出购买决策，还要为产品的品牌服务制定策略。

课堂实作　双十一购物带来信息数据风险　安全与隐私保护保险问世

11 月 11 日是一年一度的"双十一"购物狂欢节，在短短的 2 小时内，淘宝等知名购物网站的交易额就突破了 80 亿元。然而，在人们享受这一购物便利的同时，也存在巨大的信息泄露等安全隐患。金融界保险频道从苏黎世财产保险(中国)有限公司（"苏黎世保险"）获悉，该公司利用在安全风险环境方面的知识和风险管理方面的经验，在中国大陆率先推出了"安全与隐私保护综合保险"，协助企业主动加强信息保护方面的责任。

据了解，中国大陆之前尚无此类保险产品，在整个亚太地区，也只有新加坡、澳大利亚和中国香港等相对发达的国家和地区有相关保险。此次苏黎世保险推出安全与隐私保护综合保险，填补了国内保险市场的一个空白。

苏黎世保险中国区金融险部负责人毛亮介绍说，该险种可以承保的范围包括隐私侵犯费用和营业中断等，能有效协助客户减轻安全和隐私侵犯导致的负面效应和市场不满影响。对第三方责任的承保范围包括符合一定条件的监管调查抗辩费用，以及可选承保范围如互联网媒体责任等。

资料来源：节选自金融界网站 2013 年 11 月 11 日刊载的文章"双十一购物带来信息数据风险 安全与隐私保护保险问世"，http://insurance.jrj.com.cn/2013/11/11172716125060.shtml，节选时有删改。

课堂实作训练：

仔细阅读上述案例并组织学生分组讨论下列问题。讨论完毕后要求每组派出一名代表对本组讨论结果进行评述，时间不超过 5 分钟。各组评述后由教师进行总结点评。

1．安全与隐私保护保险产品应该具备哪些特点？
2．如何开发一款受市场欢迎的安全与隐私保护保险产品？

任务 5.2　制定险种组合策略

险种组合是指保险公司根据市场需求、公司的经营能力和市场竞争等因素，确定保险公司所经营的全部产品的有机构成方式。险种组合关系到保险公司险种开发计划与保险资源的利用，关系到保险公司的经济效益和发展前途，所以必须予以重视。在险种组合中，一般由若干条保险产品线组成，每条保险产品线又由若干个保险产品项目构成。保险产品线是指那些密切相关的满足同类需求的一组保险产品。保险产品项目是指因保险对象、保险期间、缴费方式或给付方式等的差异而区别于其他保险产品的产品，也就是在保险公司产品目录中列出的每个保险产品。例如，某人寿保险公司经营人寿险、健康险和意外伤害险三类产品，其中，健康险产品开发出医疗保险、住院医疗保险、疾病保险、生育保险等，这些就称为产品线。每个产品线中，都包含若干产品项目。例如，生育保险线中的"母婴安康保险"就是一种保险产品项目。

5.2.1　了解险种组合的原则

1．满足客户需要

险种组合的形式是以满足客户保险需求为基础的。例如，现行的家庭财产保险组合就是在火灾保险的基础上，根据人们对自然灾害和盗窃风险的保险需求而产生的。

2．注重基本保障

保险产品的基本保障是财产的安全和人身的安全，如财产保险、传统的人寿保险所提供的定期死亡保险和终身保险。但是，随着社会经济的发展和人们生活水平的提高，人们已不满足于已获得的基本保障，开始寻求更大范围的保险保障。保险公司就要适时推出以死亡保险为主，附加人身意外伤害和医疗费用保险的险种组合。

3．提高保险公司的效益

险种组合要遵循保险市场经济规律，就要以较少的投入获得较大的经济效益和社会效益。在进行险种组合时，保险公司要科学地确定保险责任范围和保险费率，并选择合适的销售渠道和销售方式，才能最大限度地提高经济效益和社会效益。

4．有利于保险产品的促销

险种组合后，尽管险种保障范围扩大了，保险费率也有所上升，但由于更适合投保人的需要，而且投保手续更为简单，对于提高保险产品的销售额就会更为有利。另外，险种组合要考虑其完整性。例如，人寿保险具有储蓄、投资、节税、养老、保障遗产等多元化功能。因此险种组合上，就要考虑客户的年龄、经济能力、婚姻、子女及有无其他社会保险等因素，把有限的保险费做最佳分配，使保险单的功能趋于完整。

5.2.2 理解险种组合的要素

1．险种组合的广度或宽度

险种组合的宽度或广度，是指保险公司所经营产品线的数量。拥有的产品线越多，则其组合宽度或广度越充分，越有利于满足客户的多方面需求，并能实现保险公司的稳定经营。

2．险种组合的长度

险种组合的长度是指保险公司各条产品线所包含的产品项目总数。全部产品品种数除以全部产品线，就是每条产品线的平均长度。

3．险种组合的深度

险种组合的深度是指产品线中每种产品品牌有多少个品种。例如，在抗击"非典"中，中国人民保险公司提供的责任险"非典"产品的品种有医务人员法定传染病责任保险、医务人员法定传染病责任保险附加治疗期间工资福利补偿保险、承运人非典型肺炎责任保险、承运人非典型肺炎责任保险附加司乘人员非典型肺炎保险。其中，两个是主险，两个是主险附加险。

4．险种组合的密度

险种组合的密度是指各种保险产品在适用范围、设计特点、销售渠道等方面相互联系的紧密程度。险种组合密度大，有利于产品适应不断变化的市场需求。

险种组合的广度、长度、深度、密度不同，可以形成保险公司营销的特色。如果保险公司合理地扩展保险产品的组合广度，增加保险产品系列，将使其在更大的市场领域内发挥作用，承保更多的风险，提高市场份额。如果保险公司注重挖掘险种组合深度，围绕某一类保险产品去开发更多的险种，就可以满足不同的保险需求，吸引更多的客户。如果保险公司险种组合的密度高，就可以有更强的营销力量去占领保险市场。

课堂实作 险种组合宽度与长度（见表5-1）

表5-1 某保险公司产品组合

产品组合的宽度		
团体寿险	个人寿险	财产险
养老保险　5 医疗保险　8 意外保险　3 普通寿险　4 综合险　　5	定期寿险　　2 终身寿险　　3 两全保险　　6 意外伤害保险　5 医疗保险　　7 疾病保险　　5 分红保险　　11 万能寿险　　4	企业财产保险　5 家庭财产保险　5 机动车辆保险　8 运输保险　　8 工程保险　　7 责任保险　　6 特殊保险　　5

（产品线长度）

课堂实作训练：

根据上述某保险公司产品组合表，分析该保险公司：

1. 保险产品宽度为多少？
2. 各产品线产品组合长度分别为多少？平均长度为多少？
3. 险种组合的深度如何体现？
4. 险种组合的密度如何体现？

5.2.3 制定险种组合的策略

1. 险种组合分析

保险公司在对险种组合做出决策时，首先要对险种组合进行分析。其分析内容主要针对保险产品市场的六个层次进行。

（1）目前主要险种的状况；

（2）未来主要保险产品可能是由目前主要险种改革而成的；

（3）在市场竞争的情况下，可能成为主要赢利的险种；

（4）过去效益最好、销量最大的险种可能会变成销路逐渐萎缩的险种；

（5）销路尚未完全失去，仍然可能继续经营的险种；

（6）已经失去销路或销路未打开就衰退的险种。

通过以上分析，为保险公司进行险种组合决策提供重要依据，以便保险公司选择合适的细分市场，配以合适的险种组合，从而实现长期的发展目标。

2．制定险种组合策略

险种组合策略包括保险产品系列化策略、扩大保险产品策略、缩减险种组合策略、关联性小的险种组合策略。

（1）保险产品系列化策略。保险产品系列化策略是把原有的保险产品扩充成系列化险种，也就是在基本险种的保障责任上，附加一些险种，扩充保险责任范围。附加险种可根据适用的条件和范围分为一般附加险和特殊附加险。例如，海洋货物运输保险在基本险"水渍险"的基础上，可以选择附加 11 种一般附加险、6 种特别附加险和 2 种特殊附加险，从而达到扩大承保风险的目的。当然，保险公司还可以用附加险的方式来扩大原有险种的责任范围，将只承保直接损失扩大为既承保直接损失，又承保间接损失。例如，财产保险附加营业中断保险，不仅对火灾造成财产的直接毁损负责赔偿，而且对因火灾引起营业中断造成利润损失的间接损失也负责赔偿。

（2）扩大保险产品策略。扩大保险产品策略是在原有的保险产品线的基础上增加关联性大的保险产品线。例如，人身保险可细分为人寿保险、意外伤害保险、健康保险等相关的保险产品线；人寿保险又可以细分为死亡保险、生存保险、两全保险等相关的保险产品线。如果保险公司确定在某一时期以增加某种保险产品线为策略，就可能迅速占领某一保险细分市场。

实施扩大险种组合策略对保险公司的好处：一是充分利用人力、物力和财力，发挥保险营销人员的潜力，使原来对一个客户只能销售一两个险种的情况，改变为可同时推销四五个险种。例如，机动车辆保险组合的推出，使投保人在购买第三者责任险、车辆损失险的同时，购买了车上人员责任险、承运货物责任险等附加险种，并且只需填写一张投保单，缴付一次保险费，使投保人感到方便，同时增加了保险公司的保险费收入。二是增强保险公司经营的稳定性。险种组合的优化，使各险种相互关联、相互影响、相互促进，有利于保险公司化解风险。三是满足客户的多样化需求。保险公司在基本险种的基础上，附加一个或多个险种，使客户在获得基本保障的同时，只需再增加小额的保险费，就能获得更多方面的保障。

（3）缩减险种组合策略。缩减险种组合策略是指保险公司缩减保险产品的深度和广度，即减少一些利润低、无竞争力的险种。这是在保险市场处于饱和状态、竞争激烈、保险消费者缴费能力下降的情况下，保险公司为了更有效地进行保险销售，或者集中精力进行专业化经营，取消某些市场占有率低、经营亏损、保险消费者需求不强烈的保险产品而采取的策略。缩减险种组合策略的优点是：可以使保险业务人员集中精力推销保险需求高的保险产品，提高保险推销的效率和服务质量；可以减轻环境威胁，提高保险公司的经济效益；可以不断完善保险产品的设计，使之更适合保险消费者的需求。

(4) 关联性小的险种组合策略。关联性小的险种组合策略是指将在最终用途、分销渠道等方面的相关联程度小的保险产品线进行组合，使新组合的保险险种更能满足消费者的需求。随着保险市场需求的发展和保险公司间竞争的加剧，越来越多的保险公司将财产保险与人身保险进行组合，每个组合或以财产保险为主，或以人身保险为主。有保险公司将家庭财产保险与家庭成员的意外伤害保险相结合，将驾驶员意外伤害保险与机动车辆保险相结合，从而形成具有特色的新险种。从保险业发展来看，财产保险与人身保险的结合，适应了保险市场的需求变化，受到广大消费者的欢迎。

5.2.4 掌握险种组合的方法

大部分保险公司推出的保险产品的保险责任趋向单元化、单一化，为产品组合提供了广阔的空间。对不同险种进行多种组合，不但有利于营销，也有利于充分体现营销人员的专业水平。保险产品可以通过功能的互补、时间的搭配、需求的分析、层次的确定等，形成不同特色的组合方案，满足客户的不同需求。

1. 按被保险人年龄段进行组合

针对人生不同年龄段的不同需求，设计既阶段鲜明又连贯互补、突出重点的组合方案。例如，单身期间（20～30岁）的年轻人，主要以保障自身为主，最好的组合是保险费不高，但保障高的产品，如"终身寿险+定期寿险+意外伤害保险"、"重大疾病保险+健康保险"等。又如，进入退休规划期（40～50岁）的中年人，主要面临的是退休后生活水平上的保障，最佳组合是"养老保险+终身寿险+意外险+医疗险"。

2. 按条款功能组合

针对不同的保险条款所提供的不同保险责任进行组合，突出不同功能的互补作用，既注重保险面的拓展，又突出主要责任的比重。例如，"组合成年金保险+意外伤害保险"、"重大疾病保险+定期保险+健康险"等结合客户情况的保险产品。

3. 按家庭责任组合

根据家庭成员在家庭中所扮演的角色和承担的责任进行组合。不同角色的家庭成员发生风险给家庭带来的影响程度是不同的：家庭成员的经济支柱如发生不幸，整个家庭将陷入困境，而非经济支柱的家庭成员如发生不幸所带来的主要是精神打击。营销人员可仔细区分谁是家庭中的主要经济支柱，设计险种组合方案时，对家庭中的主要经济支柱，要注重保险"责任，以"定期寿险+意外伤害险"为主，非经济支柱的家庭成员以"疾病+养老保险为主。例如，丈夫是家庭中的主要经济来源者，为他订做的保险套餐是：20万元的定期保险+20万元的意外伤害保险；妻子的保险套餐是：5万元的终身寿险+10万元重大疾病保险；子女以教育储蓄险为主。

4. 按需要层次组合

保险消费者的需求是多层次的，不同的经济水平、不同的文化素养、不同的性格都会表现出对保险需求的差异性。马斯洛的需求理论对我们仍有一定的启示。依据保险需求的层次性原理，险种组合也遵循这种分层组合的原则，适应由低到高的需求渐进，由浅层组合转入深层组合。目前，我国居民的总体收入水平还不高，大部分人的保险需求仍处于低层次，传统的保障性的产品组合还大有市场。但也要注意，大中城市的高收入者，购买保险的目的不仅是为了满足对生命的保护需求，而且是当做自己身份、责任心的一种表现，这时的险种组合应该是"身份组合"与"责任组合"。

> **课堂实作** 如何给宝宝买保险：四专家为你定制产品组合方案

A 的家庭情况：现在只有一份北京市的一老一小的保险，孩子住院可报销。给孩子定投了基金，一年 14 000 元左右。

想再买份保险，要求能把从小学到大学的学费搞定。还要加个住院大病的，最后要个意外的。总额年在 10 000 元左右。

专家 B 建议：

可以考虑人保健康定期大病保额 20 万元，保险费 300 多元/年。另外，人保健康特定重疾，一次性交费 298 元，保 20 年，10 万元保额保白血病。意外方面，可以少量，主要是意外医疗，100 多元的组合可以接受。这样总保险费一年也就 500 元，298 元的就交一次。可以再考虑增加住院医疗，补充一老一小，但住院医疗费比较贵，大致 700 元/年。剩余的 8 000 元，买个投连，做长期投资，可以考虑瑞泰人寿安裕之选。具体内容还要代理人讲解，这里不多说了。仅供参考。

专家 C 建议：

可以考虑美国友邦的金喜洋洋，年交 1 万元，连续交 8 年后，孩子正好 10 岁，以后每年返金保额的 5%，一直领到 88 岁，如果身故还有一笔钱，很不错的。

专家 D 建议：

太平洋保险公司教育金保险"状元红"+重疾险"金泰人生重疾险"+意外险"悠然人生"+住院报销险"住院安心"。

保险费每年 9 443 元，缴费期 10 年。

主要保险责任：

保障责任：

(1) 35 类重大疾病保额 10 万元至终身。

(2) 10 万元基本寿险（身故或全残）保额保至终身，并随着红利分配，保额一直在不断递增。

(3) 每年 10 万元意外伤害保障保额；每年 10 000 元的疾病及意外住院医疗报销，报销额度为85%，住院补贴20元/天。

（4）18岁、19岁、20岁、21岁每年领取教育金9 000元，25岁一次性领取创业金26 520元+预期中等累计红利34 134元，累积领取金额共计99 654元。

（5）终身享受分红，每年的分红自动累积至保额中；保单终止可享受终了红利分配。

（6）享受减保或转换年金现金领取，以备未来养老补充。

（7）被保险人生存至60周岁可累积保额168 039元，或一次性现金领取84 765元。

此方案不但包括重疾保障、教育保障，还包括保额递增的寿险保障、年度分红及终了红利等利益，并且可以作为养老补充保险，附加上综合意外保险，全面保障了各方面人身风险。

专家E建议：

（1）瑞泰安裕之选附加瑞麟少儿重大疾病（重大疾病最高投保30万元）作为教育金。另外，选择一款儿童意外伤害保险。这里推荐350元的平安的成长快乐A款保险卡，意外伤害加住院意料补充就全齐了，配合一老一小社保，保障应该算比较全面了。

优势：通过投资连接保险，长期分散投资，基本上把风险控制和收益结合得比较好，可以满足小学、中学、大学教育金问题（该投连险封闭期为5年，5年后可以任意支取账户价值，5年内每年可以免费支取账户价值的10%）。附加的瑞麟少儿重大疾病是专为少儿设计的，保障24种重大疾病，价格不贵。

（2）人民人寿金色朝阳定期寿险+少儿重大疾病+少儿教育金+投保人身故、高残豁免。意外伤害保险还是推荐平安的成长快乐卡，这是目前北京市场上综合性价比最高的少儿意外及医疗产品了。

一张组合单子解决您的所有需求：教育金、重大疾病、创业金等。

选择缴费到15周岁，缴费12年，每年保险费1万元左右，15~17岁每年领保额10%，18~24岁每年领保额20%，25岁领保额30%，中间还有分红，让你获得锦上添花的收益。

重大疾病也是专为少儿设计的产品，最高也可以投保30万元。

与上一个推荐方案相比，最大的亮点不是收益，而是可以附加投保人豁免，体现保险的根本意义。

最后，提醒："给孩子投保教育险时一定要看带不带保险费豁免责任，即缴费期间投保人因意外或疾病造成的身故或高残，免缴续期保险费。"

资料来源：节选自搜狐理财网站2012年1月13日刊载的文章"如何给宝宝买保险：4专家为你定制产品组合方案"，http://insurance.cngold.org/c/2012-01-13/c933632.html，节选时有删改。

课堂实作训练：

仔细阅读上述案例并组织学生分组讨论下列问题。讨论完毕后要求每组派出一名代表对本组讨论结果进行评述，时间不超过15分钟。各组评述后由教师进行总结点评。

如何给少年儿童制定险种组合方案？

任务 5.3　开发新险种策略

5.3.1　认知新险种开发

1．什么是新险种开发

新险种开发是指保险公司根据保险目标市场的需求，在市场调查的基础上，组织设计保险新产品及改造保险旧产品等活动的过程。险种开发集中地体现着保险公司的业务经营战略，是保险公司经营策略的重要构成部分。产品开发的目的在于选准公司的业务经营方向和战略，争取有利的竞争地位和较大的市场份额。

2．新险种开发的意义

（1）新险种开发是保险公司经营活动的基础。保险产品设计是保险展业、承保等其他经营活动的前提条件。在有利可图的前提下，对何种标的提供经济保障、承保什么风险、不承保什么危险、承保多大程度的风险、保险费率如何测算与制定、如何规定保险期限等有关保险的重要内容都赖于保险的产品开发。

（2）新险种开发是增强保险公司竞争实力的后盾。保险需求由于受各种客观因素的影响，变化往往呈多变性、快速性，其变化的程度和特性决定着险种的兴衰，关系着保险公司在竞争中的成败。如果保险产品衰退，则表明该产品已不适应需求的变化，已不能满足保险需求，倘若不重新加以设计，该保险产品将失去保险市场，保险公司将处于劣势；反之，如果保险公司能根据保险需求的变化，不断进行新险种开发，投放出适应需求的保险产品，就可能把握保险市场，从而使保险公司在竞争中处于优势。可见，新险种开发是各家保险公司在竞争环境中求生存谋发展的重要战略和手段。

（3）新险种开发是推动保险公司技术进步的动力。保险新产品的开发往往要涉及经济学、大数定律、概率论、保险法律及灾害学、心理学等多方面的知识，具有很强的技术性。要开发高水平、有吸引力的险种，就要有较高水平的人才和技术手段，所以重视险种开发有利于促进保险公司技术管理水平的提高。

5.3.2　了解新险种开发的原则

1．市场需求原则

保险公司在进行险种开发时，应将客户需求放在首位，既要注重客户的现实需求，又要注重客户的潜在需求；既要考虑客户的近期需求，又要考虑客户的长期需求。新的保险产品终究要接受市场的检验。如果市场上对它没有需求，或需求甚少，这种产品开发很可能得不偿失。

2．费率科学原则

保险公司在进行产品开发时，必须通盘考虑客户需求、支付能力和保险公司的管理水平、承受能力。科学合理地确定保险费率，是产品开发的重要内容。保险公司所能承保的只能是那些可以价值化、数量化的风险保障需求，纯费率部分要与损失概率或给付水准相一致，附加费率要与险种经营费用率相一致，并力求使所开发的产品有适当的利率。

3．可保利益原则

为了避免保险业务经营中的道德危险，各国保险公司在产品开发中都重视可保利益原则，即重视客户对投保标的具有合法的经济利害关系。坚持可保利益原则，实际上是坚持保险公司经营内容和法律原则的一致性，所以不仅在产品开发时要作为衡量投保人资格的条件，而且是贯穿保险经营全过程的一项原则。

4．满足竞争原则

新产品进入市场后，既要接受消费者的挑选，也会面临同类产品的竞争。因此，新险种开发时，必须考虑待开发产品市场的竞争格局、竞争对手的产品特点、竞争战略和策略及优势与劣势等，然后设计、开发与竞争对手有所不同的产品，使其更具竞争性。

5．经营效益原则

新险种开发的目的是促进产品和企业竞争力的提高，并为企业带来一定的利润。因此，在开发过程中，应在选择有前景的市场基础上，设计好产品的功能、保险条款和产品形象，科学计算费率。然后，借助适当的促销活动，提高市场对该产品的关注度和购买率，实现产品效益性。

6．国际接轨原则

随着保险市场的逐步开放，保险竞争日益全球化，保险产品的开发可以参照国外的先进技术和通常做法，在产品功能、风险范围、理赔、服务规范及一些国际性通用条款（如寿险中的不可争条款等），尽可能与国际市场接轨。

7．合法原则

保险产品比较特殊，它是无形的产品。我们可以说一份保险是一份承诺、一份约定，也可以说是一份合同。关系社会公众利益的保险险种、依法实行强制保险的险种和新开发的人寿保险险种等的保险条款和保险费率，应当报国务院保险监督管理机构批准。国务院保险监督管理机构审批时，应当遵循保护社会公众利益和防止不正当竞争的原则。其他保险险种的保险条款和保险费率，应当报保险监督管理机构备案。在依法治国观念日益深入人心的今天，保险产品的开发设计，一定要遵循国家和地方的法律、法规。

5.3.3 了解新险种开发的程序

新险种开发是一项十分复杂而又极具风险的工作，直接关系到保险营销的成败，必须按一定的科学程序来进行。新险种开发的程序包括保险市场调查、保险产品可行性分析、保险产品设计、保险产品鉴定、保险产品报批、正式推向市场等过程，如图5-3所示。

```
保险市场调查
    ↓
保险产品可行性分析
    ↓
保险产品设计
    ↓
保险产品鉴定
    ↓
保险产品报批
    ↓
正式推向市场
```

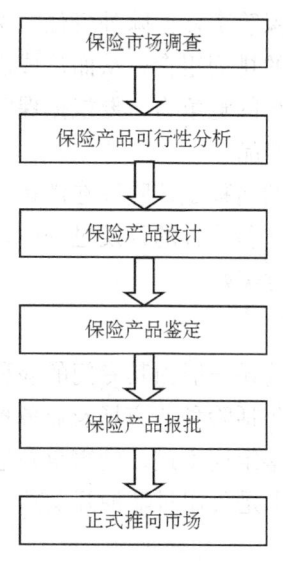

图 5-3　新险种开发的程序

1．保险市场调查

新险种开发的第一步是进行市场调查，了解保险客户对新的风险保障的需求及其市场潜力，调查公司原有的经营状况，从中寻找新险种开发的方向和设计点。将了解到的市场上所关心的、期望的甚至急需的风险防范事项进行研究，为开发能够唤起消费者需求的保险产品提供思路。例如，随着我国人口老龄化的来临，老年人的保险需求量将大大增长，由此可以进一步调查分析需求规模、保障范围和保障程度等。

2．保险产品可行性分析

可行性分析即新产品的开发要与保险公司的精算技术、营销实力、管理水平相适应，并且通过对新产品的预计销售额、成本和利润等因素的分析，判定产品是否符合企业目标、营销战略及是否有利可图。保险公司要根据自己的业务经营范围，在市场调查的基础上对险种开发进行可行性分析，选择险种开发的重点，初步构思开发什么保险业务，其内容一般包括险种名称、业务性质、主攻方向及其与公司现有业务的联系等。例如，从长远看，我国年金保险产品大有前途，但并不是每家公司都能够开发和经营的，因为它涉及科学的精算技术和保险投资战略与技巧等。

3．保险产品设计

新险种的开发设计应完成保险单设计、保险条款设计和险种命名设计等环节工作。

（1）保险单与保险条款设计。保险单是保险人与投保人之间订立保险合同的正式书面证明。因此，保险单的内容要求完整，文字清楚准确，一般应详细列明保险合同当事人双方的权利、义务及各种证明双方权利义务的内容。

保险单的设计对保险标的、保险责任、除外责任、保险费、保险金额、保险期限、被保险人义务等重要内容进行不同的排列组合，从而形成满足各种不同消费者需求的保险险种的过程。保险公司为保持其险种的竞争力，要根据保险市场的需求不断淘汰不适应市场的旧险种，并不断推出新的保险产品。

(2) 险种命名设计。新险种的名称是该险种在消费者心目中的第一印象，直接关系到险种形象及企业的形象，因此，在新险种的开发过程中，险种的命名十分关键。新险种的名称要求突出满足客户需求，寓意美好。

4．保险产品鉴定

保险产品设计完成后，保险公司一般由其专门的险种设计委员会或有关专家顾问咨询机构对其进行鉴定。其内容主要包括险种的市场及业务量大小、险种能否给公司创造效益及条款设计中有无缺陷等。如果鉴定通不过，则需重新进行市场调查、可行性论证及条款设计工作。因此，鉴定环节实质上是公司对险种开发部门的设计进行审核和把关。

5．保险产品报批

保险公司的保险产品，事先由保险公司设计推出，事后为保险客户所购买。产品设计是否合理，直接关系到保险客户的切身利益。因此，险种报批是保险法律规定的一项必经程序。审批保险条款也是保险监督管理机构的法定权力，尤其是对一些主要险种，以便维护保险客户的权益。

6．正式推向市场

保险产品经审批后即可投入市场，但对新产品而言，其生命力往往要经过保险市场的检验。因此，保险公司产品开发的最后阶段便是试销，待试销证实该项产品的生命力后再大规模推广，并争取迅速占领市场。另外，在做出正式进入市场决策时，还必须考虑针对已选定的目标市场决定推出的时机、推出的地点。推出时机的选择往往考虑与目标客户消费时机或消费旺季相吻合，如旅游意外伤害保险可选择在旅游旺季到来之前推出。推出地点的选择则必须考虑能与目标客户群相吻合。

总之，上述程序是险种开发中的通常程序，对于各保险公司而言，其具体步骤与内容可能有所差异。例如，有的公司设有专门的市场调查部门、险种开发部门，拥有一支专门的险种设计队伍；有的公司则由展业或承保部门负责进行；有的公司借助代理人的力量；还有的则缺乏自己的新险种，即只是借鉴或照搬其他保险公司的条款开展业务。

5.3.4 掌握新险种开发的主要策略

新险种开发的主要策略包括创新策略、改进策略、引进策略、更新策略等。

(1) 创新策略。根据市场需求的特点及趋势，设计开发全新保险产品。例如，著名的英国劳合社在新险种开发上曾经多次首开先河，开发过世界上第一张汽车保险单、第一张飞机保险单、第一张海洋石油保险单、第一张卫星保险单等无数个新险种，从而奠定了其在世界保险业中 300 年来的特殊地位。但是因创新型产品属于首创，保险公司要承担较大的风险，因此产品技术创新需要企业具有雄厚的技术实力、管理实力和营销实力。

（2）改进策略。对保险公司现有的险种进行技术改进，保持其长处，克服其缺陷，以便对保险客户更具吸引力。改进策略的运用可节省公司的人力、物力、财力，所以许多保险公司采用这一策略来竞争保险业务，但它也存在险种面孔老并易被其他公司仿效的缺陷。例如，在传统的人寿保险产品基础上推出的变额人寿保险、可调整的人寿保险、万能人寿保险和变额万能人寿保险等产品。改进可以是功能上的完善，也可以是保险费率、缴费方式、服务形式等方面的进步。

（3）引进策略。直接从其他保险公司原样引进险种。这种策略因有具体参照物又不费财力、人力，风险更小，虽然在运作中具有滞后性，但也为许多保险公司所采用。例如，中国平安保险公司参照日本一家保险公司率先开办了"癌症保险"，结合中国的实际情况，推出了保障癌症风险的"平安康乐"保险。

（4）更新策略。对公司过去开发过的老险种进行改进，使之符合保险客户的现实需求。例如，在我国香港特别行政区、日本等地的寿险市场上，寿险保单就被寿险公司不断翻新。一些保险公司纷纷在原有寿险保单的基础上推出分红保单、保值保单等多种保险单，以确保保险客户的投保信心，分担保险客户投保过程中十分担心的通货膨胀风险。

总之，保险公司在观念上应以动态的观点去看待保险产品，因为保险产品存在的意义在于其能够满足保险客户的需求，而保险需求又在不断变化，保险产品也应随之变化。新险种开发必须为保险营销、保险承保、防灾防损及保险理赔等打好基础，为其他保险经营环节的顺利开展做好准备。

课堂实作　首款网销高端医疗保险上线

近年来，高端医疗保险逐渐受到关注和热捧，如今各大险企也纷纷推出自家的高端医疗保险产品。近日，业内首款专供网上投保的高端医疗保险悄然上线。

该款产品是由平安健康险官网挂出的"平安尊至人生全球医疗保险"。该款产品在网上投保更加方便、快捷、实惠，相较普通的保险代理人投保方式，网上投保可节省 10% 的费用开支。目前还没有全国开通，仅北京、上海地区的客户可直接参与网上投保。

据悉，在投保栏内，客户不仅可以自助选择保障额度和保障区域，还可以根据年龄进行投保费率测算，选择合适的保障计划。例如，1990 年出生的客户保障区域选择在中国内地，保障额度选择 400 万元包含特定医院门诊时，年缴保费则为 8 645 元。如果客户选择保额 1 600 万元保障范围为全球地区时，年缴保费则需要 22 009 元。

该款高端医疗保险虽然是为高端人士设计的医疗保险产品，但不需要递交相应的个人账户资产证明，只需要客户在网上填写常规性的个人基本资料和健康信息即可。平安健康险业务员表示，投保平安尊至人生全球医疗保险的客户只要年龄在45岁以下就不需要体检证明，在客户填写完信息递交申请后，7个工作日内会有相应的业务经理与客户取得联系协助客户完成一系列手续，最后通过转账支付的方式完成投保。

值得一提的是，相比其他高端医疗保险不可退保的限制，平安尊至人生全球医疗保险是可以进行退保的，只不过退保时退保费会按照投保时间进行相应的折算。

高端医疗险限时投保还将享受到增值服务。例如，客户在2013年12月31日前投保平安尊至人生全球医疗保险，还可获得家庭医生、体检、疫苗和口腔折扣等服务的高端健康礼包，同时可获高端旅游折扣和红酒折扣。据悉，除了平安健康保险公司，目前市场上推出高端医疗保险产品的还有太平洋保险、中意人寿、招商信诺人寿、永诚财险等，多通过传统渠道进行销售。

资料来源：节选自新浪财经网站2013年10月16日转载的《北京商报》的文章"首款网销高端医疗保险上线"，http://finance.sina.com.cn/money/insurance/xpsd/20131016/080117006224.shtml，节选时有删改。

课堂实作训练：

仔细阅读上述案例并组织学生分组讨论下列问题。讨论完毕后要求每组派出一名代表对本组讨论结果进行评述，时间不超过5分钟。各组评述后由教师进行总结点评。

1. 如何开发高端医疗保险产品？
2. 在新险种开发过程中可以使用哪些策略？

任务 5.4　制定险种品牌和服务策略

开发新的保险产品后，保险公司将要制定保险产品品牌策略和服务策略。保险产品品牌策略和服务策略直接影响着投保人对保险公司和保险产品的印象，还关系着消费者是否能够继续做出购买更多产品的决策。

5.4.1　了解险种品牌设计原则

1. 什么是保险产品品牌

保险产品品牌是利用名称、数字、术语、标志、符号、图案或其组合来标志一家保险公司的一种或多种产品，以区别于其他竞争产品。品牌的组成是两个部分，分别是品牌名称和品牌标志。品牌名称是可以用语言表述的字或词。品牌标志，又称商标，是任何可以识别但无法用语言表述的符号、图案、鲜明的色彩、独特的风格或其组合体。

设计品牌标志，一般采用以下三种基本形式：

（1）名称标志。把名称与标志合在一起，把名称的文字、数字艺术化，可以作为与众不同的品牌标志。例如，中国人寿保险股份有限公司采用了文字加标志的"名称标志"型设计方式，如图5-4所示。

图 5-4　中国人寿保险股份有限公司品牌标志

（2）符号标志。例如，日本"3 菱"电机是由 3 个菱形符号组成的。

（3）图案标志。保险企业的品牌往往由企业的品牌标志及图案或服务产品的品牌标志及图案组成。

2．保险产品品牌设计的原则

保险产品是服务性商品，是无形的产品。因此，产品品牌标志的设计尤为重要，一般可以按照以下原则进行设计。

（1）简洁醒目，易懂好记。这是品牌记忆点的关键所在，产品的名字应该不生僻，为大多数人一目了然，读起来朗朗上口。品牌设计时文字上要简洁流畅，读音清晰响亮，节奏感强，易于传播。

（2）鲜明独特，富有个性。优秀的品牌是与众不同的，一般都是特色鲜明，极有自我个性，使客户一目了然、过目不忘。例如，中国人寿的"金彩明天"就曾是客户非常欢迎的保险品牌。

（3）提示功能，暗示属性。品牌要表示产品的性能、用途，揭示产品能够提供给消费者效用和利益。例如，中国人寿的"康宁终身重大疾病保险产品"就能反映产品的终身重大疾病保险的功能。

（4）突出诉求，富蕴内涵。消费者购买保险产品，购买的不是产品服务本身，而是心理上的想象和感受，如果产品名称仅仅停留在属性或功能上，在产品同质化的市场环境下，消费者只能随机选择某种产品，而不会特意关注，只有突出情感、文化等内涵的诉求，才能吸引消费者。例如，中国人寿保险公司推出的终身寿险起名"88 鸿利"、"99 鸿福"等就给人以幸运、吉祥等美好的联想和感觉，很符合中国人的传统心理。

5.4.2　掌握险种品牌策略

为了使公司产品品牌在保险市场营销中更好地发挥作用，就应采取适当的品牌策略。保险产品品牌策略一般包括品牌化策略、品牌使用者策略、品牌数量策略。

1．品牌化策略

品牌化策略是指公司是否一定要给产品加注品牌名称的决策。在企业品牌化策略的基本类型中，存在一个从单一品牌策略到多品牌策略的连续变化区间。通过品牌延伸实行品牌集中和通过多品牌扩展实行品牌分散，日益成为当今企业品牌化策略的两大发展趋势。

使用品牌无疑对保险公司有许多好处，为了发展产品信誉，应使用品牌。但是，如果保险公司是属于刚开始的新创企业，还没有定型，这时可以考虑不使用品牌，等时机成熟后再建立品牌。

2．品牌使用者策略

品牌使用者策略是指保险企业在决定给其产品规定品牌之后，下一步需要决定如何使用该品牌。财力比较雄厚、技术和经营管理水平比较高的保险企业一般都力求使用自己的品牌。但在竞争激烈的市场条件下，在短时间内创立一个有影响力的商标并非易事，因此，在有些情况下保险公司也可以使用别人已有一定市场信誉的品牌。

3．品牌数量策略

对于不同险种或同一险种下的不同产品，到底如何使用商标，通常有四种策略可供选择。

(1) 个别品牌策略。保险公司为自己不同的产品分别使用不同的品牌。这一策略的优点是使保险公司针对不同细分市场的需要，有针对性地开展营销活动；缺点在于品牌较多会影响广告效果，易被遗忘。

(2) 统一品牌策略。保险公司的所有产品都统一使用同一品牌。采用此策略的好处是可减少品牌设计费，降低促销成本；同时，如果品牌声誉很高，还有助于新产品推出。不足之处是某一产品的问题会影响到整个品牌形象，危及保险公司的信誉。

(3) 分类品牌策略。保险公司依据一定的标准将其产品分类，并分别使用不同品牌。这样，同一类别的产品实行同一品牌策略，不同类别的产品实行个别品牌策略，以兼收统一品牌策略的益处。

(4) 企业名称加个别商标策略。各种不同的产品分别使用不同的品牌，但每个品牌之前冠以保险公司名称。目前大多数保险公司都采用这一策略。例如，中国平安保险公司的分红险的名称是平安鸿鑫终身、平安世纪同祥、平安鸿祥两全、平安世纪彩虹、平安鸿利两全、平安鸿盛终身等。这样可以使新产品系统化，借助保险公司的信誉扩大品牌影响。

目前，我国大多数保险公司都有品牌意识，努力建立和维护保险公司的形象，并把保险公司的名称广为宣扬。例如，广告语"太平洋保险保太平"、"平安村"、"平安街"、"平安里"等。但是，产品品牌和商标策略的运用在保险行业中还比较少见。同时，消费者铭刻在心的也是保险公司的名称，而对保险产品的品牌印象不深。

5.4.3 掌握险种服务策略

随着保险公司之间的竞争越来越激烈，在价格、销售等条件基本相同的情况下，服务已成为各保险公司竞争的焦点，谁能为消费者提供最优质的服务，谁就可以在竞争中占有优势。

1. 服务的含义

服务是一方能够向另一方提供的基本上无形的任何活动或利益，并且不会导致任何所有权的产品。从某种意义上讲，保险产品是一种服务性的产品，服务就是保险产品全部。这种服务包括提供保险保障、风险的咨询、防灾防损等。其中，提供保险保障可以称为保险的核心服务，而其他服务则是附属的扩散性服务。

2. 服务的内容

按照保险营销的过程，保险服务体现为售前服务、售中服务和售后服务。

（1）售前服务。售前服务是指销售保险产品之前为消费者提供的涉及保险方面的服务，即消费者未接触保险产品之前，采取各种方法刺激消费者购买欲望而提供的各种服务，主要包括以下内容：

① 购买咨询服务。在投保之前了解各种有关信息，如保险公司的情况、所推出的险种、保单条款的内容等。

② 风险规划与管理服务。帮助消费者和企业识别风险，并协助选择防范风险的措施，做好财务规划。

（2）售中服务。售中服务是指在保险产品的买卖过程中，直接为销售活动提供的各种服务。这是销售实现的关键环节。售中服务的主要内容有：

① 承保服务。从业务接洽、协商、投保、审核、检验、接受业务、制单、收取保费到复核签章、清分发送、归档保管一系列活动。

② 技术服务。对客户进行保险业务指导，协助填写投保单，并提供快捷有效的服务。

③ 建立保户档案。

（3）售后服务。售后服务即在保险产品出售后为客户所提供的服务。其主要内容包括防灾防损服务、理赔服务、附加价值服务和保单保全服务。防灾防损服务，即为减少保险事故的发生或在保险事故发生后尽量减少损失而采取的各种措施。理赔服务，即在保险标的发生保险事故之后，保险人根据保险合同规定履行赔偿或给付责任，对被保险人提出的索赔进行处理的行为。附加价值服务，即保险公司所提供的与保险保障没有直接关系的服务。保单保全服务，即保险公司为了维护已经生效的保单而进行的一系列服务，如保险合同变更等。

实际上，保险服务的质量更多地体现在售后服务中。许多消费者对保险公司产生不良印象的原因就是保险公司的售后服务不好。因此，良好的售后服务还可以降低保险公司客户的出险率，提高保险公司的利润。

3. 服务策略

保险产品服务策略主要是指服务差异化策略，包括服务内容差异化、人员差异化和形象差异化。

（1）服务内容差异化。服务内容差异化即在具体服务项目上形成自己的特色。例如，给所有寿险客户提供体验和健康咨询的服务等。服务内容的差异可以使保险公司在短期内区别于对手，但这些服务项目很容易被模仿。

（2）人员差异化。在服务过程中，保险公司通过人员、环境和过程实现服务的传送。服务人员的态度、技能、精神面貌、仪表都直接影响到服务的质量。如果服务人员不精通业务、责任心不强，消费者马上就能感觉到服务水平有问题，很可能转移到竞争对手那里购买服务。由于服务内容很具体、细致，每个消费者的要求也不一样，所以仅仅靠服务规范是不够的，这就要求服务人员有很强的适应能力。后台人员的技术水平、工作态度也会直接影响到服务的质量。所以，聘用比竞争对手的员工更优秀的员工，并加强培训和继续教育，建立有效的考评激励制度，通过人员差异化来实现服务差异化，才能取得长久的效果。

（3）形象差异化。保险公司的形象是长期不懈努力的结果，是保险公司的无形资源。保险公司应当注意通过沟通和实实在在的行动，致力于塑造公司或品牌的个性，提升保险公司的形象，从而达到吸引消费者、促进销售的目的。

> **课堂实作**　阳光保险获评 2013 中国 500 最具价值品牌
>
> 世界品牌实验室在北京发布 2013 年（第十届）"中国 500 最具价值品牌"排行榜。阳光保险以 74.59 亿元的品牌价值再次入选，排名总榜单 256 位。这个在保险行业屡创快速发展记录的企业，再次展示了品牌成长的"阳光速度"。
>
> **1. 阳光速度：跨越式发展屡创行业记录**
>
> 阳光保险以 74.59 亿元的品牌价值位居"2013 中国 500 最具价值品牌"第 256 位，排名较去年上升 65 位，品牌价值较去年增长了 33.47 亿元，增幅为 81.4%，是上榜七家险企中排名上升最快与价值增幅最大的"双料冠军"。
>
> 2005 年，阳光保险刚刚创立时，员工不足 10 人，资金不足百万。通过战略布局、产品创新、品牌发力，实现了健康、持续、快速的发展——成立三年跻身国内七大保险集团，五年跻身中国企业 500 强和服务业企业 100 强，七年成为集产、寿险和资产管理于一身的保险金融集团，八年集团资产达 850 多亿元，累计纳税额超过百亿元。阳光保险用跨越式的发展超越了同期成立的 72 家保险公司，成长为拥有 74.59 亿元品牌身价的保险集团。
>
> **2. 实力筑基：持续创新拓展品牌空间**
>
> 媒体及业内专家分析认为，阳光保险的"速度奇迹"之所以能够上演，得益于创立初期独特的管理模式及对文化知识的坚持，得益于精准的市场定位和产品、服务的持续创新。
>
> "预制"文化引航、多线并进促寿险、创造性的"红黄蓝管理模式"、关爱客户的"三个一工程"、"闪赔"服务承诺、紧跟 3G 时代步伐的寿险"直赔"、惠及民众的大病"襄阳模式"……持续以客户为中心的创新让阳光赢得了市场的青睐。

3. 品牌发力：内外兼修一举爆发

在品牌价值 74.59 亿元的数字背后，我们看到的是阳光保险的企业实力，也是该企业善于把握机遇、推动品牌一举爆发的智慧与魄力。

自 2011 年开始，阳光保险连续三年独家冠名央视综艺频道全新推出的"我要上春晚"栏目，借助春晚的高关注度和央视传播平台，阳光保险搭建起线上传播、明星代言，线下互动营销、全国海选等一整套立体化全方位传播体系，实现了品牌知名度与活跃度的迅速攀升、品牌价值的爆发式增长。

在品牌知名度迅速提升的同时，阳光保险同样看重企业品牌所蕴含的美誉度。自成立以来，阳光累计纳税超过 100 亿元，为 7 900 多万企业及个人客户提供保险保障超过 45 万亿元，支付赔款超过 290 亿元，在各项公益慈善事业中累计投入 6 000 多万元，每月为 1 万多位员工父母发放"赡养津贴"，系统内近万名阳光志愿者在全国各地积极从事公益活动……在填写出色的财务报表的同时，阳光保险交出的社会报表同样精彩。

据悉，世界品牌实验室是国际化、专业性的品牌研究机构，主要运用经济附加值法、数理分析方法等科学手段，通过对市场、行业竞争环境的分析，计算企业品牌的当前价值。此次入围 2013 年（第十届）"中国 500 最具价值品牌"排行榜的保险企业还有中国人寿、中国平安、太平洋保险、新华保险、泰康人寿和中华保险。

资料来源：节选自中国经济网站 2013 年 7 月 5 日刊载的文章"阳光保险获评 2013 中国 500 最具价值品牌"，http://finance.ce.cn/rolling/201307/05/t20130705_518994.shtml，节选时有删改。

课堂实作训练：

仔细阅读上述案例并组织学生分组讨论下列问题。讨论完毕后要求每组派出一名代表对本组讨论结果进行评述，时间不超过 5 分钟。各组评述后由教师进行总结点评。

1. 如何制定保险品牌策略？
2. 如何制定保险服务策略？

任务 5.5　制定险种生命周期策略

5.5.1　认知保险产品生命周期

保险产品生命周期是指一种新的保险产品从进入保险市场开始，经历市场导入、成长、成熟直至衰退的全过程。保险产品生命周期包括导入期、成长期、成熟期和衰退期四个阶段，保险产品生命周期各期保费收入和利润变动情况如图 5-5 所示。

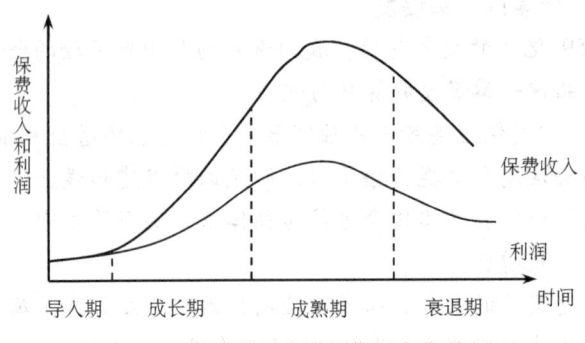

图 5-5　保险产品生命周期及各期特征

1. 导入期

导入期是指保险产品进入保险市场的开始阶段。客户对产品还不了解，只有少数知内情者、经济实力强者、追求新奇者可能购买，销售量很低。为了扩展销路，需要大量的促销费用对保险产品进行宣传。在这一阶段，由于成本高，保险公司可能得不到利润，甚至亏损。而且导入期的产品不一定都能走完所有的生命周期阶段，它还存在夭折的风险。市场预测的失误、新产品本身的缺陷、上市时机选择不当、宣传推广不力、成本核算偏差，以及中介的不予配合等，都可能使新产品上市后即被市场淘汰。

2. 成长期

成长期是指新的保险产品经过宣传促销，销路已打开，销售量迅速增长的阶段。当保险产品在导入期销售成功以后，便进入成长期，大量的新客户开始购买，保险费迅速上升，成本相对降低，利润也迅速增长，竞争对手渐多，同类产品增加。新产品顺利进入成长期后，它已摆脱了夭折的风险。但这并不等于创新产品的公司能成功地利用这一产品长期获利，因为众多竞争对手完全可以采用"改进策略"，既不用研制新产品投入，又可针对新产品的缺陷、不足，加以大幅度地改进，最终把创新产品的企业挤出市场。

3. 成熟期

成熟期是指新的保险产品的销售量增长率下降的阶段。成熟期保险产品销售额增长速度趋于缓慢甚至减少，市场需求趋向饱和，销售量和利润达到最高点，后期两者增长缓慢，只有少量滞后的客户在这时进入市场，一部分消费者开始转向购买替代新产品，竞争最为激烈。行业内由于生产过剩的威胁，迫使各个保险公司都采用最有效的竞争手段来维持市场占有率，导致最激烈的市场竞争。

4. 衰退期

衰退期是指新的保险产品已不适应保险市场需求、竞争力衰弱、销售量大幅度萎缩的阶段。潜在客户已经很少，保险费增长缓慢直至转而下降。这时竞争逐渐加剧，促销费用增加，企业利润下降，新的险种将出现，从而使原来商品的销售额和利润额迅速下降。

保险产品生命周期及各期特征如表 5-2 所示。

表 5-2　保险产品生命周期及各期特征

生命周期	导 入 期	成 长 期	成 熟 期	衰 退 期
销售量	低	快速上升	最高峰	迅速减少
成本	单位成本高	单位成本较低	单位成本很低	单位成本很低
获利	损失	上升	最高	迅速减少
客户群	新潮者	早期采用者	中间多数	行动缓慢者
竞争者	很少	成长中	最高	数目迅速减少

研究保险产品生命周期，主要是为了明确以下观点：保险产品生命周期是有限的；保险产品销售经过不同阶段，每个阶段保险公司都面临着不同的挑战；在保险产品生命周期的不同阶段中，利润有升有降；在保险产品生命周期的不同阶段中，保险产品需要不同的营销、融资、制度和人事策略。

5.5.2　掌握保险产品生命周期的营销策略

1. 导入期的营销策略

在保险产品投入保险市场的初期，保险公司要强化广告宣传，引导保险消费需求。导入期的产品营销策略包括快速撇脂策略、缓慢撇脂策略、快速渗透策略、缓慢渗透策略。

(1) 快速撇脂策略。快速撇脂策略是指以高价和大量的促销推出新品，快速收回投资的策略。保险公司提出的高价格，是为了尽可能在每个单位的销售中获得高额毛利。保险公司在促销方面耗费巨资，目的是使保险市场上客户相信用高价格购买保险会得到相应的回报。采用这种营销策略时，保险市场应具备的条件是：该保险产品的产品市场知名度不高，市场潜力较大；保险消费者对此产品需求强烈并接受高的价格；市场上的竞争对手较少。

(2) 缓慢撇脂策略。缓慢撇脂策略是指以高价和少量促销推出新品，以尽可能低的费用取得最大收益的策略。高价格是为了获得更多的利润，低促销费用则可以减少费用开支，降低成本。采用这种策略的保险市场应具备的条件是：保险市场规模有限；市场上大部分人已了解这种保险产品；保险消费者愿意出高价购买这种保险产品；市场竞争不太激烈。

(3) 快速渗透策略。快速渗透策略是指以低价和大量促销推出新品，取得规模效益的策略。这种策略可望以最快速度渗透市场，并达到最大市场占有率。采用这种策略的市场应具备的条件是：保险市场规模大；市场上的保险消费者不了解新的保险产品；大部分保险消费者对价格敏感；市场潜在的竞争激烈；保险公司大范围地承保某保险产品使经营成本降低，能获得一定的收益。

(4) 缓慢渗透策略。缓慢渗透策略是指以低价和少量促销推出新品，以低成本扩大销售的策略。低价格会刺激保险市场尽快接受这种保险产品，保险公司保持低促销费用降低营销成本，获得更多利润。采用这种策略的保险市场应具备的条件是：市场庞大；保险消费者非常了解这种保险产品；保险消费者对低价格特别感兴趣；存在潜在的竞争对手。

2．成长期的营销策略

在保险产品经过试销后，销售额急剧上升的时期为保险产品的成长期。保险公司应尽可能保持该险种在保险市场上长久的增长率，可采取以下策略：一是不断地完善保险产品，使之更适应保险需求和业务的需要，并提高保险产品的竞争能力。二是为了吸引更多层次的、对价格敏感的保险消费者，应当在适当的时候调整保险价格。三是广告宣传的内容要依据保险消费者需求的变化而变化。四是开拓新的保险营销渠道，如依靠保险代理人和保险经纪人开展业务，建立广泛的营销网点。五是做好保险售后服务。例如，人寿保险公司在与被保险人签订保险合同后，还应提供保健、安全和经营方面的全方位服务，这对于树立保险公司的良好形象、增进社会对保险公司的信赖是十分有利的。

3．成熟期的营销策略

成熟期是指保险产品销售量最高的阶段，保险市场上出现承保能力过剩的情况，而承保能力过剩又引发保险市场更加激烈的竞争。因此，此时保险公司采取的策略主要有：

(1) 开发新的保险市场。保险公司可以设法寻找新的目标市场，如原来主要以城市人口为对象的养老保险，现在可以在农村大力开展这一业务。

(2) 改进保险产品。对现有的保险产品进行修改、完善，以增加其作用，如在承保一些特殊保险标的时，适当增加保险责任，达到保持和提高该保险产品市场占有率的目的。如在承保某些特殊保险标的时，适当增加保险责任。

(3) 争夺竞争对手的客户。对于向其他保险公司投保同一保险标的的投保人，保险公司可采取适当降低保险费率或提供优质服务来吸引他们，使他们转为向本公司投保。

4．衰退期的营销策略

这一阶段大部分保险产品的销售量最终都会下降。保险公司在处理正在老化的保险产品时，主要应采取稳妥的策略。

(1) 避免仓促收兵和难于割爱的错误做法。如果一家保险公司决定放弃某个已经衰退的保险产品时，必须决定为已投保该保险险种的客户做好服务，不要仓促收兵，而要逐步地、有计划地限制推销，直至停办。另外，要避免感情用事，认为过去依靠该保险产品，保险公司获得了较多的利润，现在放弃它有些于心不忍。应该看到，如果继续保留这种衰退的保险产品，保险公司将为其支付出高昂的代价。因为它的不适用，除无法收回间接费用和创造利润外，甚至可能损害公司的形象。

(2) 有预见性地、有计划地开发新的保险产品。这样做可以再次将那些寻求保险替代产品的消费者吸引过来，并重新启动保险市场，尽可能缩短保险产品衰退期，以达到保险公司稳定经营的目的。

总之，保险公司为投保人提供优质产品和服务的最终目的是在保险市场中赢得竞争，实现公司的利润。在激烈的市场中，保险产品策略不是一成不变的，保险公司应依据自己的目标及定位采取适当的灵活策略，这样才能实现最终目标。

课堂实作　国寿新康宁保险　健康保障大升级

中国人寿康宁系列保险自 1999 年上市以来一直畅销不衰，不仅引领着行业健康险的发展，也是备受广大客户认可的明星保险产品。2012 年中国人寿升格为副部级央企之后，大力推动产品与服务升级，对传统的康宁保险进行保障大升级，全新推出扛鼎力作国寿康宁终身重大疾病保险（2012 版），感恩回馈新老客户。该保险具有疾病保障更全、保障额度更高、保险设计更具人性等优点，再次受到客户的热捧和青睐。

市场专业人士分析认为，"新康宁"热销市场具有各种原因。首先，当前资本市场动荡不安，在各类理财产品中，保险投资相对稳定，而健康险则能更加充分体现保险的意义。市民都希望"有病及时治、没病当存钱"，希望通过购买重疾保险实现稳健的财务目标，因此，像"新康宁"这样的长期保险更受消费者的欢迎。其次，健康是人生最大的财富，但健康也成为很多人难以企及的期盼。据权威机构统计，人的一生中患重大疾病的可能性高达 72.18%。现实生活中，备受关注的食品安全问题、不断加大的工作和生活压力，使人们对健康问题日益忧虑。目前很多家庭一旦有成员发生重大疾病，医疗费用的支出会影响到整个家庭的经济状况和生活水平，而重大疾病保险可作为有效补充，保险金的赔付可以减轻家庭在重大疾病治疗时的额外支出。

"新康宁"的主要特点：保障范围更广泛，涵盖 40 类重疾。2012 版康宁终身保险的保障范围由以往的 20 类重疾增加到 40 类重大疾病，不仅全面涵盖了保险行业协会制定的《重大疾病保险的疾病定义使用规范》中列明的 25 种重疾，还涵盖了目前较为常见的其他 15 类重大疾病。

责任设计更人性，10 类轻症提前给付。该保险专门设定了原位癌、特定年龄视力受损、多种介入手术等高发、频发疾病等 10 类轻症特定重疾保障范围。一经发生 10 大轻症，提前给付保额的 20%，同时不减少身故和高残保障金额，真正体现人性化的关爱。

少儿投保更宽松，利于增加保障额度。新版康宁保险不受少儿投保最高赔付 10 万元的限制，可以更大限度地满足客户对孩子重疾保障的需求。

"新康宁"除了上述显著特点和优势以外，还具有保单借款功能，使客户能够更灵活地处理保单，更全面地做好保障规划，更好地维护自己的保险利益。

资料来源：节选自网易财经 2012 年 9 月 10 日转载的《华商报》的文章"国寿新康宁保险　健康保障大升级"，http://money.163.com/12/0910/02/8B0QMQEV00253B0H.html，节选时有删改。

课堂实作训练：

仔细阅读上述案例并组织学生分组讨论下列问题。讨论完毕后要求每组派出一名代表对本组讨论结果进行评述，时间不超过 5 分钟。各组评述后由教师进行总结点评。

1. 国寿"新康宁"处于商品生命周期的哪个阶段？
2. 国寿"新康宁"在此生命周期阶段可以运用哪些营销策略？

营销工具

创意新险种

1. 新险种构思评审表（见表 5-3）

表 5-3　新险种构思评审表

产品成功的必要条件	权重 (A)	公司能力水平 (B)										得分数 (A×B)
		0.1	0.1	0.2	0.3	0.4	0.5	0.6	0.7	0.8	0.9	1.0	
公司信誉	0.15												
市场营销	0.25												
研究与开发	0.15												
员工	0.10												
财务	0.15												
销售渠道	0.20												
总计	1.0												

分数：0.00～0.40 为"劣"；0.41～0.75 为"中"；0.76～1.0 为"良"。目前可以接受的最低分数为 0.70。表上第一列是某新产品成功的条件；第二列是按照这些条件在进入市场时的重要程度分别给予不同的权重；第三列是对某新产品成功打入市场能力给予不同的评分；最后一列是汇总，即 A×B，得分总数，表示这个产品投放市场是否符合本企业的目标和战略的综合评分。

2. 险种创意策划表（见表 5-4）

表 5-4　险种创意策划表

拟策划险种的名称：

创意项目	具体内容要素描述	备注
险种基本功能描述		
初步市场定位描述		
险种的独特卖点		

3. 品牌定位表（见表5-5）

表5-5 品牌定位表

创意项目	具体内容要素描述	备 注
名牌名称		
品牌标志及图案		
品牌内涵		

营销实战

中国人寿"福禄双喜"至尊版亮丽面世

万能险曾经是保险市场的宠儿，却转而沉寂。分红险作为一枝独秀的第一险种，亦风光无量。风水轮流转，曾经的明星产品们，如今都经历着市场的新变化：疲软的资本市场让万能险魅力大减，银行高收益理财产品对传统分红保险带来巨大的冲击。

在创新空间已非常有限的现状下，如何通过产品组合，形成新的产品销售合力，增加市场竞争力，成为各保险公司用心研究的内容。日前，中国人寿推出的"福禄双喜"至尊版，是其创新产品形态的新尝试。

1. 至尊升级

2010年，中国人寿推出"福禄"系列的新产品"福禄双喜"，其"两年一返还"的特点，立即吸引了消费者的注意，掀起热销风潮。

据了解，"福禄双喜"具有三大亮点："2"每两年返还一次生存金，认购越早，领得越多；"0"保险费零风险，满期全额返还；"10"生存金每次返还保额的10%。同时，在保单生效规定时期后即可申请办理保单贷款，解决客户资金周转不足的困惑。

作为一款"理财+保障+投资"的新型产品，客户可以享受"两年一返、固定收入"，符合消费者对保本有息兼保障的理财诉求和习惯，同时满足了消费者的保险保障和投资需求，成为返还高、受欢迎的一款分红型产品。

作为一枝独秀的产品，分红险近年来受到各家保险公司的追捧和热推。市场围绕着生存金返还比例、返还频率做了大量的产品设计。在CPI高企、短期银行理财产品挤压保险销售渠道的同时，保险产品的短期化趋势有所加剧，"两年一返"的快速返还型保险产品成为市场主打。

中国人寿产品开发部有关负责人表示，保险公司需要通过产品组合，增加产品收益水平，较好地平衡价值、规模、费用三者的关系，才能聚焦经营重点，形成销售合力，增加市场竞争力。

"福禄双喜+瑞盈万能"的"福禄双喜"至尊版，便在此产品设计思路下诞生了。

2. 双剑合璧

与"福禄双喜"旧版相比,"福禄双喜"至尊版具有新的产品形态：一个是生存金万能账户,一个是分红账户,可以实现双账理财。

从产品形式来看,"福禄双喜"至尊版是一个分红万能产品组合,其中瑞盈万能不能单独购买,必须与福禄双喜搭配。

据介绍,"福禄双喜"至尊版的客户,在确保本金安全的前提下,可以将分红险生存金转入专门的万能险账户,将生存金"万能化"。按照万能险账户的管理模式,免收转入生存金的初始费用,客户可以随时领取。

生存金账户可以灵活支取,作为教育金、养老金或生活备用金,以满足人生不同的需求。同时,可以享受与保单等长的分红。据了解,这款产品保底收益为每年2.5%。

一直以来,中国人寿以分红险作为主打险种,为了丰富产品线,也推出了瑞祥终身险等万能险产品。中国人寿产品开发部门负责人介绍说,对于一些风险偏好型客户来说,万能险具有一定的吸引力和市场需求。万能险可以根据对风险保障的需求变换保险金额,根据自身不同阶段拥有资金的情况自主决定交纳保费的时间和金额,还可以部分领取个人账户内的资金,相当于在保险公司建立了一个既能提供风险保障,又可以随时存取的个人账户,可以充分满足客户自由支配个人财富的需求。

"福禄双喜"至尊版无疑是对分红险和万能险各自优势和特点的融合,满足了客户的双元化需求。

资料来源：节选自搜狐新闻2012年7月23日转载人民网的文章"双剑合璧,中国人寿'福禄双喜'至尊版亮丽面世",http://news.sohu.com/20120723/n348780588.shtml,节选时有删改。

实战要求：

1．中国人寿"福禄双喜"至尊版保险产品如何运用保险产品的组合策略？

2．中国人寿"福禄双喜"至尊版保险产品导入期可以运用哪些营销策略？

3．请为中国人寿设计一款可与"福禄双喜"至尊版险种组合的健康保险产品,并填制新险种构思评审表、险种创意策划表和品牌定位表。

重要概念

保险产品　产品的整体概念　核心产品　有形服务　延伸产品　保险产品策略
险种组合　保险产品线　保险产品项目　险种组合的宽度或广度、长度、深度、密度
保险产品系列化策略　扩大保险产品策略　缩减险种组合策略
关联性小的险种组合策略　新险种开发　保险产品品牌　品牌化策略　品牌使用者策略
个别品牌策略　统一品牌策略　分类品牌策略　服务　保险产品服务策略
保险产品生命周期　快速撇脂策略　缓慢撇脂策略　快速渗透策略　缓慢渗透策略

能力拓展

1. 假设你是一位保险公司险种开发部的负责人，现要针对高端客户开发一款少儿保险，请组织其开发的基本过程。

2. 投资连接产品在国外已经获得极大的成功，某保险公司决定引入这一产品到国内市场。但是，保险公司应如何解决下列问题：

（1）有客户需要这种产品吗？如果没有，公司将寻找另外的机会；如果有，公司将如何确定目标市场？

（2）营销人员有能力和愿意销售吗？产品是否过于复杂？营销人员的报酬是否合理和富有吸引力？

（3）保险公司的服务措施应怎样适应市场与险种的变化，包括对代理人的培训、对客户的售后服务，甚至包括公司的广告支持等？

3. 请以中国人寿康宁终身保险产品为对象，分析在该产品的不同生命周期应如何制定营销策略。

项目 6 制定保险产品定价策略

学习目标

- 认知保险费、保险金额、保险费率、预定利率和生命表的概念；
- 了解保险定价的主要原则；
- 掌握影响保险定价的主要因素；
- 运用保险产品的定价策略；
- 掌握保险产品的定价方法。

案例导入

平安人寿首推费率市场化产品

近日，中国平安人寿保险股份有限公司（简称平安人寿）在北京召开新闻发布会，推出首款寿险费率市场化产品——平安福健康保障计划（简称平安福）。与过去的传统寿险产品相比，相同保费，平安福保额更高，将为消费者带来更多保障和实惠。发布会现场诞生的保单，揭开了国内寿险业发展市场定价的新篇章。

平安人寿董事长丁当在发布会致辞中表示，平安福上市，意味着保险机构今后在与其他金融类机构的竞争中，将获得更多产品定价优势；在覆盖客户多元化的保障与理财需求方面，保险企业将拥有更富弹性的定价策略，从而开发出更丰富多样、有针对性的保险产品，对消费者是一个利好与福音。

平安福是一款普通型人身保险组合，专为中高收入人士设计，由平安福终身寿险、平安附加平安福提前给付重大疾病保险等产品组成，涵盖身故、30 种重大疾病、普通意外、公共交通意外、自驾车驾乘意外、281 项残疾、保费豁免等多项责任的综合保障。

对于首款费率市场化产品平安福的亮点，平安人寿总经理柳志坚表示，平安福基于为消费者提供更多保障的理念，在保险责任类似的情况下，消费者购买平安福与过去的传统寿险产品相比，相同保费可以购买更高的保额，从而不论是青年人还是年过半百者都能在投保之初就获得更高的保障。

值得一提的是，平安福针对中产人士经常出行的特点，提供自驾车驾乘、公共交通意外伤害的双倍赔付；同时将意外保障延长至 70 岁，避免了一般意外险保障期限短的问题。

此外，平安福还为投保人、被保人提供保险费豁免责任：如果等待期后被保险人发生合同约定的重大疾病，或投保人身故、等待期后发生合同约定的残疾、重疾，可以免交豁免险保险期间剩余的各期保费，合同继续有效。

资料来源：节选自网易财经网于 2013 年 10 月 15 日转载人民网（北京）的新闻"平安人寿首推费率市场化产品"，http://money.163.com/13/1015/17/9B8B1JI200254TI5.html。

阅读上述案例，思考下列问题：
1. 保险费率的市场化是否将预示着消费者购买保险更便宜呢？
2. 平安人寿推出的费率市场化产品将会对平安公司的产品销售产生哪些影响？
3. 保险费率的市场化是否有利于我国保险行业的发展？

任务 6.1　认知保险产品的定价

价格是人们日常生活中最熟悉的字眼，也是消费者决定是否购买商品的最重要因素之一。因此，如何通过制定合理的价格来吸引客户，也成为各大商家关注的重点。在保险中，保险产品的定价又称费率厘定，是指保险人在保险产品开发过程中，依据保险标的所面临风险的规律性（财产保险主要指损失概率，人身保险主要指死亡率等）、保险公司经营费用及经营状况、保险市场供求状况等因素而确定单位保险金额所应收取的保险费的行为。保险费率是保险产品的价格，是用于计算投保人向保险人转嫁风险取得保险保障所应付出的代价（保险费的依据），也是形成保险人用于承担赔偿或给付责任的物质基础（保险基金的依据），保险费率的厘定是否科学、公平、合理直接影响保险供求双方的切身利益。

在本章中不详细讨论精算部门厘定保险费率的过程，仅从市场营销者的角度讨论影响保险产品定价的主要因素、保险产品的定价策略以及保险产品定价的基本方法。

6.1.1　认知与保险产品定价相关的几个概念

保险产品是一种用来交换的保障服务产品。作为一种特殊形态的商品，同有形的商品一样，保险产品也具有使用价值和价值。保险产品的定价就是确定保险产品价格的过程。为了确定保险产品价格，我们先来了解几个基本概念。

1. 保险费

保险费是指投保人为取得保险保障，按合同约定向保险人支付的费用。投保人按约定方式缴纳保险费是保险合同生效的条件。当保险财产遭受灾害和意外事故造成全部或部分损失，或者人身保险中人身发生意外时，保险人均要付给保险金。保险费由保险金额、保险费率和保险期限构成。保险费的数额同保险金额的大小、保险费率的高低和保险期限的长短成正比，即保险金额越大，保险费率越高，保险期限越长，则保险费也就越多。缴纳保险费是被保险人的义务。如被保险人不按期缴纳保险费，在自愿保险中，则保险合同失效；在强制保险中，就要附加一定数额的滞纳金。

2. 保险金额

保险金额是指一个保险合同项下保险公司承担赔偿或给付保险金责任的最高限额，即投保人对保险标的的实际投保金额，同时是保险公司收取保险费的计算基础。财产保险合同中，对保险价值的估价和确定直接影响保险金额的大小。保险价值等于保险金额是足额保险；保险金额低于保险价值是不足额保险，保险标的发生部分损失时，除合同另有约定外，保险公司按保险金额与保险价值的比例赔偿；保险金额超过保险价值是超额保险，超过保险价值的保险金额无效，恶意超额保险是欺诈行为，可能使保险合同无效。

3. 保险费率

保险费率是应缴纳保险费与保险金额的比率。保险费率是保险人按单位保险金额向投保人收取保险费的标准。计算保险费的影响因素有保险金额、保险费率及保险期限，以上三个因素均与保险费成正比关系，即保险金额越大，保险费率越高，或保险期限越长，则应缴纳的保险费就越多。其中任何一个因素的变化，都会引起保险费的增减变动。保险金额单位一般为1 000元或100元，所以保险费率通常用千分率或百分率来表示。

保险费率一般由纯费率和附加费率两部分组成。习惯上，将由纯费率和附加费率两部分组成的费率称为毛费率。纯费率，又称净费率，是保险费率的主要部分，是根据损失概率确定的。按纯费率收取的保险费叫纯保费，用于保险事故发生后对被保险人进行赔偿和给付。附加费率是保险费率的次要部分，按照附加费率收取的保险费叫附加保费。它是以保险人的营业费用为基础计算的，用于保险人的业务费用支出、手续费支出以及提供部分保险利润等。

4. 生命表

生命表，又称死亡表或寿命表，是根据一定的调查时期所获得的有关国家或地区的人口普查资料（或有关部门的统计资料），经过分析整理，折算成以10万或100万同年龄人为基数的逐年生存与死亡的数字编制而成的。生命表以年岁为纲，全面、完整地反映了某个国家或地区一定人群从诞生直至全部死亡的生死规律。生命表的编制为经营人寿保险业务奠定了科学的数理基础，是计算人身保险的保险费、责任准备金、退保金的主要依据。

世界上第一张生命表是英国天文学家哈雷于1693年编制而成。20世纪90年代中国人民保险（集团）公司组织了大量专家，成功地编制出《中国人寿保险业经验生命表》，并于1997年4月1日起正式运用于人寿保险业务的经营核算中。

近年来，人民生活水平、医疗水平有了较大的提高，保险公司核保制度逐步建立，未来保险消费者群体的寿命呈延长趋势，原生命表已经不能适应行业发展的要求。基于各方面的考虑，在中国保监会的领导和组织下，2003年8月，正式启动了新生命表编制项目。新生命表编制完成后，于2005年11月12日通过了专家评审会的评审。

此次项目统计显示，非养老金业务表男性平均寿命为76.7岁，较原生命表提高了3.1岁，女性平均寿命为80.9岁，较原生命表提高了3.1岁。养老金业务表男性平均寿命为79.7岁，较原生命表提高了4.8岁，女性平均寿命为83.7岁，较原生命表提高了4.7岁。

5．预定利率

预定利率是指保险公司在产品定价时，根据公司对未来资金运用收益率的预测而为保单假设的每年收益率，通俗地说就是保险公司提供给消费者的回报率，主要是参照银行存款利率和预期投资收益率来设置的。国内的寿险预定利率上限为2.5%，是1999年6月制定的。2013年8月15日开始，普通型人身保险（放心保）实行新费率政策，其预定利率不再有2.5%的上限，而是由保险公司根据审慎原则自行决定的。

预定利率是寿险产品在计算保险费及责任准备金时所采用的利率，其实质是寿险经营者因占用了客户的资金，而承诺以年复利的方式赋予客户的回报。预定利率的高低和保险产品的价格直接相关。

传统型寿险产品的增长速度远远低于万能险、投连险等投资型保险产品的增长速度。业内人士表示，对于一个还处于成长中的保险市场来说，这种情况并不正常。传统型保险增长过慢，意味着百姓的保障需求并没有得到满足。其原因之一，就是寿险产品预定利率过低，使得保险产品价格过高，这使得寿险产品预定利率过低的劣势更加明显。预定利率的市场化虽然存在一定风险，但就行业长远发展而言，是必需的。

6.1.2 了解保险费率厘定的原则

1．公平合理原则

公平合理原则是指保险费率在保险人与投保人之间及各投保人之间要体现其公平合理性。所谓公平性，一方面表现为保险费收入能保证预期的赔付及相关的费用支出，另一方面表现为投保人所负担的保险费应与被保险人所获得的保险保障相一致。

合理性原则强调保险费率不能过高，保险费率的高低应该和被保险人的风险水平和保险人的经营情况相适应。保险费率过高，势必会增加投保人的经济负担，损害投保人的利益。因此，纯费率的制定必须以损失概率为依据，在制定附加费率时对于各项费用和利润的估算要合适，保险人不能为了追求超额利润而制定过高的费率。

2．充分性原则

充分性原则是指保险费率的厘定必须保证保险人有足够的资金和偿付能力。保险人收取的保险费要高到能足够补偿因保险事故发生而导致的赔偿或给付，同时能应付各种营业费用、税金及预期合理的利润，并应能在此基础上积累一定的保险准备金，应付异常的巨灾。若保险费率过低，会导致保险赔款或给付没有足够的资金，保险公司缺乏偿付能力，从而使投保人的利益受到损害。因此，费率的厘定要保证保险人有足够的偿付能力，否则会危及保险公司的正常经营，最终导致公司倒闭或破产。

3．灵活稳定原则

灵活稳定原则是指保险费率在一定时期内应保持相对稳定，但同时要随着经济环境、风险、保险责任和市场供求等因素的变化而适时调整。保险费率厘定应有一定弹性，以确保保险费率厘定的公平合理性。当财产保险标的的风险因素有了变化，其赔偿成本增长时，保险人就要相应地提高该业务的期望损失，从而调高保险费率；而人寿保险的费率随着人均寿命的延长及保险投资收益率等因素的变化要做出及时调整。

4．促进防灾防损原则

促进防灾防损原则是指保险费率的厘定应有利于促进加强防灾防损，有利于社会安定。在此原则下，对防灾防损工作做得好的投保人按较低的费率收取保险费；对无损失记录或损失少的投保人实行优惠费率；对忽视或放弃防灾防损工作的投保人则应实行高费率。保险公司在实际经营中，已经越来越重视在费率的厘定中利益诱导和鼓励投保人从事防灾、防损活动。例如，对配置了防火、救火设备火灾保险的投保人可降低费率。另外，保险公司也应积极从事防灾防损活动，所需要的经费应在费率厘定时予以考虑。

> **课堂讨论**　解析平安车险保费上涨
>
> 在新年车险费率的一片叫涨声中，近日，平安财产保险公司率先宣布，该公司2004年的新版车险费率经过保监会审批，将正式于今天推向市场。值得注意的是，由于驾驶者多为新手，出险率高，像宝来、POLO等一些近期走俏的车型，在平安的新费率表中车损险系数被大幅调高。这意味着，新手要为新车多掏些保费。
>
> 记者了解到，与2003年版的平安车险条款相比，北京地区平安新版车险条款有几个明显变化：
>
> （1）对高风险的营运车可以承保，但提高了该种车辆的保险费率。
>
> （2）针对即将实行的道路交通管理法中强制实行第三者责任险的规定，设计了车主在投保法定三者险后还可以根据需要选补充商业第三者责任险。其中，补充商业三者险分为保障人、车、物风险责任的第三者综合责任险和只保障人身伤亡责任的第三者人身伤亡责任险，而后者的费率将非常便宜。
>
> （3）新版条款的最大变化，就是增加了车型系数的变化，一些人气很旺的车型，如桑塔纳、奥迪、帕萨特以及近来走俏的新款车如宝来、POLO等纷纷被提高了车损险的系数，使得很多车型的保费将比去年有所上涨。
>
> 此外，新版条款中调高了一些车型的盗抢险系数。北京地区桑塔纳车型盗抢险系数由原来的1.5提高到2.0，而广本系列仍然维持1.5的系数。
>
> 出乎意料的是，平安此次新版车险并没有按照上年出险次数的多少设定费率系数，而

是根据其与专业公司合作开发的车型风险数据库，按照不同地区不同车型的出险数据，制定了各种车型的系数变化。

在北京地区平安新款车险费率表中，各车型的车损险系数大不相同，如桑塔纳轿车由去年的 0.9 上升到了 1.0，即去年该车型车损险能享受 10% 的优惠，而今年只能按照费率的 100% 投保。捷达车也由 0.9 上升到 0.98。一些比较走俏的车型，也由于出险记录多，或者维修成本高，而被调高了车损险系数，如宝来、奥迪、POLO、帕萨特等均被提高了 20% 的系数。而一些赔付记录较好的车型则被降低了系数，如原来的奔驰、宝马系数是 1.1，现在是 1.05；切诺基由 1.0 降到了 0.8，富康车由 1.1 降到了 0.98。

尽管有升有降，但由于被提高系数的车型近来的拥有量很高，所以整体上感觉费率略有提高。

资料来源：节选自中民保险网于 2013 年 9 月 15 日刊载的文章"解析平安车险保费上涨"，http://www.zhongmin.cn/StudyNews/NewsInfor10526.html，节选时有删改。

阅读上述案例，讨论下列问题：
1. 有哪些类型的车险保费进行了上调？平安保险车险保费上涨的原因有哪些？
2. 请结合自己的理解，你认为车险市场保费发展的趋势是什么。

任务 6.2　分析保险产品定价的影响因素

作为一个保险经营者，如何制定出合理的保险产品价格，还应考虑很多方面的因素。图 6-1 是保险营销中的一般定价思路。

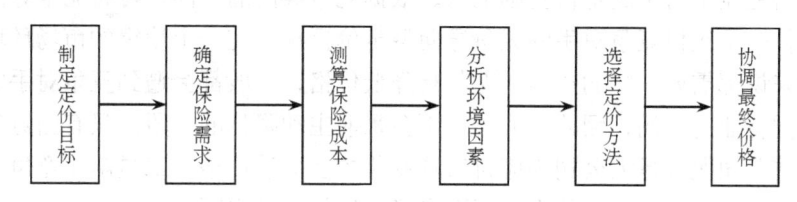

制定定价目标 → 确定保险需求 → 测算保险成本 → 分析环境因素 → 选择定价方法 → 协调最终价格

图 6-1　保险营销中的一般定价思路

6.2.1　认知定价目标

定价目标是保险产品定价的首要因素。所谓定价目标，是保险公司希望通过定价策略达到的目标。定价目标根据企业的经营目标不同，可分为三种定价目标：利润导向型定价目标、销售导向型定价目标和竞争导向型定价目标。

1. 利润导向型定价目标

利润导向型定价目标是指在制定产品价格的过程中，定价的目的是能够给企业带来利润或收益。

从营销学的角度来看，利润导向型定价目标可分为两种类型。一是短期利润最大化目标，即通过制定比较高的价格来尽快实现投资收益或利润。短期利润最大化目标一般适合替代性产品比较少的保险公司，或者在垄断性的保险市场上，可选择的余地比较小的情况。二是长期收益定价目标，即公司的预期收益为总销售额减去总成本。长期收益目标比较适合保险行业的现状，因为保险公司费率的制定是以现有的市场数据为基础。公司根据保险产品销售的成本支出，并结合预期的投资收益，制定适合各自预期收益目标的费率。

2. 销售导向型定价目标

销售导向型定价目标指产品价格制定的主要目的是取得更好的销售量，即将价格目标建立在销售量而非利润的基础上。

制定销售导向型定价目标的企业一般出于对市场份额的考虑。扩大市场份额是很多企业制定销售导向型定价目标所考虑的重要因素，尤其对于新加入的保险公司，需要寻求市场突破口，快速有效地取得市场份额。那么，如何才能快速占领市场呢？最直接的方法是低价策略。采取低价策略可以在同等条件下吸引更多的消费者购买保险公司的商品，取得市场份额。不过，低价策略的不利方面是容易积累企业的经营风险。如果保险公司制定的产品价格过低，而承诺的回报过高，一旦市场经营情况不符合预期，就容易引发大规模亏损。日本、中国等出现的利差损就和当时的保险公司销售导向型定价目标不无关联，很多公司为了取得更高的市场份额而不惜代价，结果背上了沉重的利率包袱。

3. 竞争导向型定价目标

竞争导向型定价目标是指企业的定价目标主要根据市场竞争的需要来制定，是建立在竞争对手或潜在竞争对手的定价基础上的。依据竞争导向的不同，可将竞争导向型定价目标分为三种。一是应付竞争对手的竞争导向型定价目标。在一个稳定的市场环境中，变动价格对商家来说都需要一定的成本，尤其是降低价格，一般都会遭到竞争对手的报复，同时也会引起同行业的不满，因此一般公司不会采取主动降价的手段。只有当竞争对手变动价格时，有些公司尤其是大公司为应付市场变化才会变动价格。二是阻止竞争对手的竞争导向型定价目标。这种情况一般在垄断型市场中比较容易出现。处于垄断地位的公司为阻止新的保险公司进入市场，可能会采取低价销售商品的手段，而新进入的公司如果采用同样的价格，就毫无利润可言，从而被拒之门外。三是打击竞争对手的竞争导向型定价目标。在竞争型市场中，要想打击竞争对手，就可以采取这种定价目标。尤其对于新的市场进入者而言，要想在市场中迅速取得市场份额，比较有效的方法就是采用低价格占领市场，提高知名度。

6.2.2 理解保险需求

需求是决定保险产品定价的另一个重要因素。分析需求的目的是确定产品价格的变动对产品需求量的影响程度，因此这里引入一个经济学常用的概念，即需求弹性。*需求弹性*

是用来衡量产品需求数量变化的比例与产品价格变化的比例的相对关系。需求弹性也可分为两种，当产品价格的变化导致产品需求量的变化比例大于产品价格变化的比例时，该商品为富有弹性需求；而当需求量的变化比例小于产品价格变化的比例时，该商品为缺乏弹性需求。可见，一个商品如果是缺乏弹性需求的，那么调整价格对商品的销量影响就比较小。产品需求的价格弹性除了和产品本身有关以外，还和以下因素有关。

1．可替代品的数量

可替代品是指可以用来替代另一个相似产品的产品。当一个产品的可替代品的数量较多时，价格变动就会对销售产生较大影响，更多的消费者就会去购买替代品而非原产品，可见，可替代性强的产品一般属于富有弹性的产品。

2．与产品相关的需求

一般来说，生活必需品的需求是无弹性商品，而非必需品的需求则是有弹性商品。

3．购买产品的投入占消费者收入的比例

一般来说，购买产品的投入占消费者收入比例较高的产品弹性较大，而投入占收入比例较小的产品弹性相对较小。

在保险产品中，几乎每个企业或家庭对财产保险都有需求，而且财产保险产品的可替代产品很少，因此，通常认为财产保险是无弹性需求的商品。当市场价格发生变动时，财产保险的需求一般不会发生太大的变化，但这并不意味着保险公司可以任意调整自己的财产保险产品的价格。这里的需求量变化小是相对于整体财产保险市场而言的，一旦市场中有公司抬高价格，就会有客户流向价格低的保险公司。个人寿险产品和健康保险产品相对于财产保险行业，人们对它的需求并不是很强烈，而且寿险产品的替代性产品数量较多，尤其随着金融创新的发展，可替代寿险的产品也越来越多。新的金融产品层出不穷，寿险产品的价格一旦发生变化，寿险产品的销量就会发生比较大的变化。

客户在购买保险产品的过程中，是注重产品本身的保障能力，还是注重产品的投资能力，或者对两者都比较注重，不同的目标客户有不同的需求。通常对某项产品功能比较关注的客户对该种产品的需求弹性相对较小，因此价格变化对其影响不大。保险公司在定价时应该针对不同的消费者制定不同的价格。

6.2.3　理解保险成本

成本是决定保险产品定价的重要因素。因为保险产品一旦设计出来，它的成本基本上是不变的，而保险公司不可能以低于成本的价格销售商品。

影响保险产品成本的首要因素是产品设计的经验数据假设。对于保险公司来说，由于保险产品设计的基础是各种经验数据（死亡率、发病率等），而这些数据一旦在实际市场中发生变化，就应结合以前的数据做出调整，保险公司也能从更加科学有效的数据中获益。

根据成本是否可变,可将成本分为固定成本和可变成本。固定成本是在一个时间段内、在一定数量范围内不随产品的销售量变化而变化的成本。固定成本和间接成本有时是相同的,如公司管理人员的工资、固定资产折旧和租金等。可变成本是随着产品销售数量的变化而变化的成本。随着销量的增加,可变成本也会增加。在保险行业中,可变成本的增加有四种情况:一是随销售量的增加而增加的成本,主要包括签单成本和缴费成本;二是随着保险费数量的增加而增加的成本,如代理人的佣金;三是随着保险金额的增加而增加的成本,如医疗检查费用;四是有些保险产品的初年成本高于续年成本,如支付给代理人的期交产品的佣金,一般都是初年高于续年。

6.2.4 了解市场竞争状况

市场竞争状况也是决定保险产品价格的重要因素。在一个竞争的市场环境中,同一类型的保险产品,如果保险公司制定的价格不合适,就很容易失去客户。尤其是在充分竞争的市场上,一旦价格不具备竞争性,就容易在市场中处于被动地位。

从营销学的角度来看,保险产品的定价应该考虑以下因素:竞争对手和竞争产品的数量;与产品有关的成本因素和面对的每个竞争对手的成本水平;每个竞争对手可获得的财务支持;每个竞争对手对该产品的投入;每个竞争对手的定价行为的历史;每个竞争对手对价格变化的预期反应;每个竞争对手的整体优势和劣势。掌握这些信息对于保险公司制定比较合适的价格,无疑具有重要意义。

6.2.5 了解国家监管的要求

保险产品的定价必须符合国家监管规定的要求。在我国,为了加强对保险市场的监管,成立了中国保险监督管理委员会,并颁布了《中华人民共和国保险法》(简称《保险法》)。保险价格的制定要符合国家监管部门和保险法规的要求,《保险法》明确规定,关系社会公众利益的险种应当获得保险监督管理委员会的批准,任何保险公司都不允许随意变动保险费率或者变相提高保险费率。

> **课堂讨论** 汽车商业险保费最高将上涨20%?
>
> 不少车主近日接到保险公司的提醒,称在今年10月15日前,汽车商业险下浮幅度将回收,车主应该提前续保。据了解,广东保险行业协会日前已经给各大保险公司下发《关于严格执行机动车辆保险条款确定新车购置价的通知》,规范保险公司对新车购置价的计算规则,并从10月15日起实施。按照新规,新车购置价计算最高下浮幅度不能超过25%,以此规范车险市场中存在的恶性竞争,以及对车主造成的"低价陷阱"。
>
> 汽车保险市场竞争激烈,每个车主在保险到期前都会接到多家保险公司的推销电话,并承诺各种优惠和折扣,其中有些商业险最高可以下浮30%。新规正是针对这一情况而发。

据了解，此次通知明确，根据机动车辆保险条款，按投保时被保险机动车辆的新车购置价确定车损险保额的，应当区分新车与旧车业务，防止不足额投保导致理赔纠纷，损害被保险人合法权益。车辆初始登记日期与起保日期按月比较，相差小于等于 9 个月的为新车，否则为旧车。

新规明确，对于新车业务，其车损险的保险金额就是新车购置价，也可以根据数据库的新车购置价 90%来确定。对于旧车，则需要根据其年限来确定其下浮比例，最高下浮比例为新车购置价的 25%。新规定规范保险公司对新车购置价的计算规则。其中旧车在确定新车购置价时限定了下浮最高比例，分 9 个月~2 年（含）、2~5 年（含）、5~10 年（含）、10 年以上四个等级，分别最高只能下浮 10%、15%、20%、25%。

由于确定了购置价计算时的下浮幅度，不允许保险公司为争夺客户随意下浮，这就相当于上调保险价格。例如，一辆两年的车原来可能达到 30%的下浮幅度，但现在只能下浮 10%，相当于涨价超过 20%。据了解，新规实施后一般商业险费用会有几百元左右的上涨幅度，如一辆 15 万元、两年车龄的车辆，保费将上涨 300 元左右。但年限越长的车受到的价格影响也会越小。

保险专家提醒，因为车损险仅占车险保费的一部分，因此即使小幅上涨对车主的影响也不大，一般车型只是两三百元的保费上涨。但由此将能增加对车辆的保险，因此对车主来说是保障了更大的利益。因此，车主在办理汽车保险时，也要警惕"低价陷阱"，不能一味选择报价低的公司。

资料来源：节选自网易新闻网于 2013 年 10 月 17 日转载自《南方日报》（广州）的新闻"商业保费最高将上涨 20%？"，http://auto.163.com/13/1017/08/9BCH4GBI00084IJS.html，节选时有删改。

阅读上述案例，讨论下列问题：
1. 现阶段导致保险定价偏高的因素有哪些？
2. 采用哪些措施能够有效降低保险价格？

任务 6.3　运用保险产品的定价策略

保险定价策略是保险公司进行费率决策，实现定价目标的总体方针。它能够帮助保险公司把价格作为营销组合中的重要组成部分加以运用。

通常可以把定价策略分成三类：成本驱动定价策略、竞争对手驱动定价策略和客户驱动定价策略。

6.3.1　掌握成本驱动定价策略

成本驱动定价策略是指公司制定的产品价格中所包含生产、销售及服务环节发生的所有成本，以成本为基础制定价格。

1. 成本加成定价策略

成本加成定价策略是在单位产品成本的基础上，加上预期利润作为销售价格的一种策略。例如，一家保险公司的利润目标是保持某一特定产品的利润率为4%，那么该保险公司可以在确定产品开发、销售及服务等相关环节成本的基础上加上4%的利润率以确定保费，达到以保费弥补成本并获得4%利润的目标。

2. 投资回收定价策略

保险公司为了确保投资于保单开发、销售和服务中的资金按期收回并获得利润，根据投资的成本费用以及预期的保单销售数量，确定能够实现利润的费率，这种定价策略就是投资回收定价策略。这个价格在投资回收期不仅包括单个保单应分摊的投资额，也包括单个保单新发生的或经常性的成本支出。

6.3.2 掌握竞争对手驱动定价策略

竞争对手驱动定价策略是以主要竞争对手的价格为基础，以定价来确保自己在市场体系中的地位。保险公司可以根据自己的整体营销策略、企业目标和定价目标，以通行价格、高于市场价格和低于市场价格三种层次来制定自己的产品价格。

1. 通行价格策略

通行价格策略是指保险公司以通行价格来设定自己的费率，将自己的价格定在保险市场的平均价格水平上，属于"迎接竞争"的策略。此策略通常以市场上主要的大保险公司定价作为参考基准。由于这种追随类型的定价策略在竞争对手突然降价时可能会陷入困境，因此通行价格策略比较适合在完全竞争或寡头垄断的保险市场上实施，因为在这两种市场环境下降价的空间比较小，一般不会出现突然降价的情况。

2. 竞争价格策略

竞争价格策略的主要目的是打击竞争对手，一般只有那些实力雄厚或者具有独特细分市场的公司才会采用。适用这种策略的保险产品的价格通常以主要的保险公司的最低价格为基准，独有的单个保险产品也要以较低价格出售。采用低价策略，保险公司首先要确定自己的目标市场和市场地位，同时在定价中要确保保险产品的相关变量可以被控制在一定范围，因此在低价策略中关键是设计或改进产品以适应一个选定的价格区域。

3. 渗透价格策略

渗透价格策略是指保险企业可以利用相对较低的费率获得市场份额并使销售量迅速上升的定价策略。这种策略的主要目的是以合适的价格取得最大客户群。渗透价格策略主要在以下情况下比较有效：新产品进入市场时，需要取得市场份额；市场竞争激烈，降低费率能够延缓竞争对手进入市场；市场潜力大，对价格敏感，降低费率可以扩大企业的市场份额。

4. 弹性价格策略

弹性价格策略是指保险产品的费率可以在与客户协商后确定。弹性价格策略主要在团体保险产品的销售时采用，大多数销售团体保险产品的公司采用的是弹性价格策略，这主要是由于团体保险产品的销售一般采取竞标的方式，竞争非常激烈，单纯地根据竞争对手的历史情况确定报价很难中标。采取弹性策略，根据客户的需求来确定价格是比较有效的竞争方式。

6.3.3 掌握客户驱动定价策略

客户驱动定价策略是指保险产品的价格能够让分销商和客户都愿意接受的策略。对于分销商而言，客户驱动定价策略意味着产品设计中可能考虑更多的补偿因素，即销售该公司的产品以获得更高的佣金。对于客户而言，则意味着较低的保费。对看重保单现金价值的客户，可能意味着早期的高现金价值；对看重公司偿付能力的客户，则意味着公司的财务实力强大，信誉优良。

采用客户驱动定价策略的关键是保险公司要明确客户看重的价值取向，并且制定出合适的产品价格，让客户感觉自己希望实现的价值可以在这家保险公司的产品上得以实现。客户驱动定价策略一般有以下三种方式。

1. 心理定价策略

心理定价策略是以消费者为驱动的定价策略，即消费者认为这家保险公司制定的价格会比其他公司的价格更具有吸引力。这种策略的主要方法是让消费者在心理上产生价格差异。例如，一份其他公司卖100元的意外保险产品，如果某家保险公司以99元的价格出售，肯定会在消费者心理上产生差异，一般消费者也更愿意购买99元的产品，而实际上两者之间并没有太大的差别。心理定价一般比较适用于对价格比较敏感的客户，也比较容易产生效果。尤其是短期意外保险或健康保险产品，采用这种定价策略也更为有效。

2. 早期获利价格策略

早期获利价格策略是指保险公司在销售产品时向最希望购买该产品的客户收取最可能高的价格。这种策略比较适用于保险新产品销售的初期。由于新开发产品的消费者认知度较小，市场上也没有同类产品可比较，消费者这时看重的就不会是价格，而主要看重产品能带来的效用或者产品能带来的身份地位。但是一旦市场上出现类似的新产品时，早期获利价格策略就很难继续采用。

3. 促销定价策略

促销定价策略是指通过以低于正常价格的价格销售某些产品以达到销售某种产品的目的。促销定价策略的常用手法是通过价格先导来吸引消费者购买公司产品，形成一定的客户基础，进而带动其他相关产品的销售。保险行业的新市场进入者也可以采取类似的手段，一般长期寿险产品不适合以低价出售，因此更适合以比较低的价格出售短期意外险产品，进而带动其他相关险种的销售。

6.3.4 掌握新产品定价策略

新产品定价策略因其销售目标的市场情况和企业利润目标的不同而有所不同。常用的集中定价策略有如下几种。

1．高费率策略

如果目标市场没有类似保险产品，且潜在客户对这种新产品有强烈的需求，保险企业就可以采取高费率策略，即以较高的价格投放市场。这个策略可以实现保险企业迅速收回成本，并获得早期较高利润的目标，而且给企业很大的费率调整空间。但是这种高费率的策略使得新产品的市场推广变得比较困难，而且很容易吸引竞争者的进入，可能会造成激烈的市场竞争，从而缩短产品的生命周期。

2．低费率策略

如果目标市场的潜力比较大，且潜在的客户对产品价格的敏感度很高，企业就可以采用低费率策略，即以较低的价格投放市场。这一策略能实现企业最大销售数量和迅速扩大市场份额的目标，而且低价可以有效阻止一些竞争者的进入。但是这种低价策略使企业处于微利经营，很长时间才能收回开发新产品的成本，实现利润目标，容易使企业陷入"入不敷出"的窘境。

3．满意费率策略

满意费率策略是一种折中的价格策略。依据这种策略制定的价格兼顾了"企业"和"保险潜在客户"双方利益，可以达成长期的稳定销售，既避免了高价可能带来的激烈竞争，又避免了低价可能造成的企业财务危机。当企业希望在目标市场中长久获利，又希望能尽快收回开发成本的时候，就可以采用这种双方都满意的定价策略。

6.3.5 掌握产品组合定价策略

前面讨论了特定产品的定价问题，然而保险公司不仅仅销售一种产品，所以定价时不能只孤立地考虑一种产品，必须与产品组合联系起来。

1．产品线定价

产品线定价需要考虑舍弃产品线中不同项目的细小差别，将不同产品项目的档次突出出来。首先，在产品线中确定一个基本的产品项目作为定价的基准，其他的产品项目与该项目进行比较定价，只要以相等的定价差异表明不同的产品项目差异就好了。这种定价方法可以弥补产品线中的成本，达到企业总体赢利的目的。

2．产品组合定价

保险公司确保所有产品组合费率的充足性，即费率足以提取准备金和成本费用。如果公司对于风险的估计和对利润的预期是恰当的，产品的保费就是充足的。然而，当某些风险因素发生变化时，或者由于某些原因需要调整费率时，那么价格制定者就需要开发一项模拟运作，即用一系列假设前提，构造一个数学模型，用以预测公司所有产品整体预计销售量、特定分支机构的销售量以及特定产品线和特定产品项目的销售量，以确保一个特定的保单或保单组以及多个保单组费率的充足性，以期弥补所有的成本，这就是*产品组合定价策略*。

任务 6.4　掌握保险产品的定价方法

保险产品的定价方法是指在符合定价策略的基础上的保险产品在实际销售过程中采用的定价方法。

6.4.1　掌握折扣定价法

折扣定价法是保险行业常用的定价方法之一，即保险公司在收取保险费时，根据客户的不同情况给予一定比例的折扣。折扣定价法主要在以下情况采用。

1．优质客户

优质客户一般面临的风险比较小，而且优质客户会采取各种措施减小发生危险的概率。因此，保险公司对这类客户一般都会给予一定的费率折扣，这种折扣方式在人身保险和财产保险中都比较常见。

2．数量折扣

数量折扣是指在收取保险费过程中，根据客户的不同级别收取不同费率。一般来说，保险公司都会根据客户的不同层次决定所缴保险费的多少，保额越高的保单，所收的费率也相对较低。数量折扣的另一个做法是设置最低费率，即在客户购买某种保险产品时，若低于某个设定的保额，则费率是固定的；若高于设定的最低保额，则采取根据保额的大小加收一定比例保险费的做法。结果是保额越高，客户实际支付的保险费就越少。这种做法的主要目的也是鼓励客户购买更多数量的保险产品。

6.4.2　掌握认知价值定价法

认知价值定价法是把产品的价格建立在客户对产品的认知价值的基础上，即定价的关键不是卖方的成本，而是买方对价值的认知。认知价值定价法是利用营销组合中的非价格变量在购买者心目中建立起认知价值。认知价值定价法一般挖掘的是独特的保险细分市场。这种方法的特点是抓住客户希望以比较适中的价格购买高价值产品的心理。因此，要求保险商家在产品推出后要对目标客户群体进行有力的宣导，让客户了解自己产品的特点。

6.4.3 掌握价值定价法

价值定价法是指保险公司在定价时以低费率出售高价值的产品。价值定价法的核心在于通过降低成本来降低价格，但降价的前提是保证产品的质量。

在保险行业中，由于保险费率是预先设定的，一般变动的可能性不大，因此较少采用价值定价法。但是，可以吸取价值定价法的经验并将其运用到保险产品的营销中。例如，提高服务的质量以增加保险产品的附加值，让投保人觉得物有所值；同时加快核保、理赔工作的速度，为客户提供方便，节省时间等。

6.4.4 认知分类定价法

分类定价法是指根据客户的不同分类收取不同费率。定价法有两种：第一种是根据性别的不同收取不同的费率，由于男女患病及死亡的风险差别比较明显，一般人寿保险产品对男性和女性收取不同的保险费。第二种是根据被保险人的职业不同进行分类，因为不同职业的被保险人所面临的风险不同。保险公司一般都会根据不同职业编制专门的费率手册，对不同的职业群体进行费率细分。例如，登山运动员、机动车驾驶员和消防人员等就属于高风险职业，当这些职业的客户投保时保险公司都会相应提高保险费。

6.4.5 认知资产份额定价法

资产份额是某一保单组在某一给定时刻累积而成的资产数额，由保险费和投资收益构成。资产份额计算是依据对未来的利率、死亡率、发病率及其他因素的假定，模拟一组保单资产增长的过程。资产份额计算的目的是以一群保单的预期销售量来决定保险公司的利润、准备金提存及其他费用。资产份额定价法的基础是以前的经验和数据积累，再加上一定程度的调整。因此，资产份额定价法要求有丰富的经验和数据资料，否则就可能出现和现实出入比较大的情况。

6.4.6 认知不确定保险费定价法

不确定保险费定价法是指保险公司可以根据预期的利息率、死亡率和合同条款收取保险费，保险公司可以定期提高或降低保险费，但不能超过合同规定的最高限额。修正定价法和不确定保险费定价法有相似之处。修正定价法是向被保险人收取可以变动的费率，变动的基础是预期的损失或实际损失，也可以以两者为共同基础；在采用修正定价法的情况下，费率可能降低也可能提高。但这两种定价方法都会出现费率变动的情况，难以操作，而且如果增加费率容易引起被保险人的不满，可能会丧失客户，所以较少采用。

课堂讨论　各家保险公司费改新品对比　价格战成拉锯状态

自今年 8 月 5 日起寿险费率改革正式实施,"开闸放水"后,各家保险公司争相涌入,初期建信人寿、农银人寿等保险公司已抢先推出新产品。如今两个多月过去了,险企间的竞争正从中小险企的试水扩展到大型险企的集中发力,目前四大上市险企中,新华保险已率先动作,平安人寿则以 4% 的高利率后来居上,寿险市场已硝烟弥漫。

据了解,新华保险推出的新产品为"惠福宝两全保险",主打客户为企业主、外出务工人员、都市白领。"该产品是一款自主定价的固定收益保险产品,持有一年后收益可达 3.5%,如果五年满期的保险金至少比保险费高 17.8%。"新华人寿相关负责人介绍,该产品的特色在于其贷款特性,一般购买十天后即可向保险公司申请保单贷款,贷款额度为贷款时保单现金价值的 90%,且无须其他抵押,到账时间一般为材料齐备后的三个工作日。在保障方面,该产品则提供疾病、特定交通工具和一般意外伤害或身体全残保障。

同样以重大疾病保险产品为主打,中德安联人寿此次推出的安联安康逸生健康保障计划(B 款)以及安联安康福瑞健康保障计划(B 款),均以 3.5% 为预定利率。根据缴费期和投保年龄的不同,该计划保费降幅同样可达 40%。

与以上产品不同,近期平安保险推出的产品直接将预定利率跳升至 4%,高于目前市场上已有的同类产品,该款普通型人身保险组合,主要面向中高端客户市场,起步保障金额为 20 万元,在所有产品中最高。该款产品由平安福终身寿险、平安附加平安福提前给付重大疾病保险等产品组成,涵盖身故、30 种重大疾病和普通意外等多项责任的综合保障。此外,平安福针对中产人士经常出行的特点,提供自驾车驾乘、公共交通意外伤害的双倍赔付,并将意外保障延长至 70 岁。

据相关资料显示,目前市场上多数险企的新产品预定利率为 3.5%,但高于 3.5% 的也不在少数。例如,泰康人寿和国华人寿的新品终身年金保险的预定利率定为 4.025%。而阳光人寿上报保监会的两款非分红型年金保险,一款预定利率定为 4%,另一款则暂定为 5%~5.25%。

资料来源:节选自金投保险网于 2013 年 10 月 22 日转载自《南方日报》的新闻"各家保险费改新品对比,价格战成拉锯状态",http://insurance.cngold.org/c/2013-10-22/c2203349.html,节选时有删改。

阅读上述案例,讨论下列问题:
1. 什么是预定利率?预定利率的高低会对保险公司和客户产生怎样的影响?
2. 你认为各家保险公司推出费改新产品,保险消费者会因此而受益吗?
3. 根据自己的理解,请谈谈各保险公司可以采用哪些定价策略来有效促进保险产品的销售。

营销工具

商品定价的步骤

1. 数据收集

好的定价决策需要成本、消费者和竞争者三方面的信息,这是定价成功与否的决定信息。因此,任何定价分析要从下面开始:

(1) 成本核算。与特定的定价决策相关的增量成本和可避免成本是什么?

(2) 确认消费者。哪些是潜在的消费者?他们为什么购买这个产品?

(3) 确认竞争对手。目前或潜在的能够影响该市场赢利能力的竞争对手是谁?

数据收集阶段的三个步骤要分别独立完成。否则,如果负责收集客户信息的人员相信增量成本相对于价值来讲比较低,就会倾向于保守地估计经济价值。如果计算成本的人员相信消费者价值很高,就会倾向于将产品的成本定得较高。如果收集竞争信息的人员知道消费者目前偏爱的产品是什么,就会忽略那些尚未被广泛接受的高新技术带来的威胁。

2. 战略分析

战略分析阶段也包括成本、消费者和竞争三方面,不过此时各种信息开始相互关联起来。财务分析通过价格、产品和目标市场的选择来更好地满足客户需要或者创造竞争优势。公司选择目标市场要考虑为市场细分服务的增量成本以及公司比竞争者更有效地或成本更低地服务于该市场的能力。竞争者分析一定程度上是为了预测竞争者对某个以深入到客户细分为目的的价格变动的反映。将这些信息综合起来需要三个步骤:

(1) 财务分析。对于潜在的价格、产品或促销变动,销售量需要变化多少才能增加利润?对于新产品或新市场,销量应至少达到多少才能回收增量成本?

(2) 市场细分。不同细分市场的客户的价格敏感度不同,购买动机不同,为他们服务的增量成本也不同,如何给不同的细分市场定价?如何能够最有效地向不同细分市场的客户传达产品的价值信息?

(3) 竞争分析。竞争者对公司将要采取的价格变动会做出什么反应?他们最可能采取什么行动?竞争者的行动和反应将如何影响公司的赢利和长期生存能力?

3. 制定战略

财务分析阶段的最终结果是得到一个价格-价值战略,一个指导未来业务的规划。正像前面讲过的一样,没有在任何期情况下都"正确"的策略。一些战略错误正是由于将一个行业的策略强加于成本、消费者或竞争条件完全不同的另一个行业造成的。

资料来源:节选自管理资源吧于2011年11月2日刊载的文章"定价的步骤及新产品定价策略",后半部分的新产品定价策略已经删除。http://www.glzy8.com/show/75551.html。

营销实战

寿险产品定价存在的主要问题及原因分析

在短期利益驱动下,寿险产品同质化现象较严重,同业之间模仿、复制现象频繁,竞争方式更多的是低端的价格竞争。表面来看,产品同质化是技术层面的问题,但深层次的原因是创新动力不足。

根据主流险种类别,寿险产品可分为传统寿险产品和新型寿险产品(包含分红保险、投资连接保险和万能寿险),在内外环境影响下两类产品竞争力相对不足。

预定利率低位管制削弱传统寿险产品竞争力。传统寿险产品定价时主要考虑三大因素:预定死亡率(俗称"死差")、预定费用率(俗称"费差")和预定利率(俗称"利差"),其中死差因素和费差因素相对可控,对寿险产品价格影响最大的是预定利率。20世纪90年代中后期,因同业竞争激烈,寿险公司出现了比较普遍和严重的利差损,监管机构出台了针对寿险产品费率进行严格管理的规章制度,其中一项至今仍延续不变的就是预定利率不得高于2.5%的限制。预定利率低位管制对产品竞争力的影响主要以市场利率为传导。

市场利率上升时,通过定价假设直接影响定价。当市场利率大于预定利率且持续上升时,由于寿险公司不能根据市场利率的提高调升预定利率,寿险产品价格将相对过高,对潜在保险需求会产生抑制作用。特别地,当市场利率上升到一定水平,即选择退保产生的损失小于选择银行同期存款可获得的收益时,理性的消费者将会选择退保或进行保单质押贷款,公司流动性风险随之增加,进而倒逼寿险公司提高寿险产品价格。

市场利率下降时,通过资产负债匹配间接影响定价。一方面,由于寿险合同的长期性,以寿险责任准备金为主的寿险公司负债多属于长期负债;另一方面,由于资金运用的限制,寿险公司资产以短期资产居多,总体来看,资产负债利率敏感性缺口为正。当市场利率下降时,资产在价值上的上升要小于负债价值的上升,可能产生利差损,影响公司对产品预定收益率的确定,进而影响产品定价。

资料来源:节选自金融界网于2013年8月2日转载《中国金融》2013年第15期文章"寿险产品定价存在的主要问题及原因分析",http://insurance.jrj.com.cn/2013/08/02114115624445.shtml,节选时有删改。

实战要求:

1. 请分析寿险产品在定价方面存在的问题,以及造成这些问题的原因。
2. 请根据本章的营销工具及本章学习的内容综合分析,有哪些方法可以解决以上问题。

重要概念

保险费　保险金额　保险费率　预定利率　生命表　利润导向型定价目标
销售导向型定价目标　竞争导向型定价目标　成本驱动定价策略　客户驱动定价策略
竞争驱动定价策略　新产品定价策略　产品组合定价策略　折扣定价法　优质客户
数量折扣　认知价值定价法　价值定价法　分类定价法　资产份额定价法
不确定保险费定价法

能力拓展

1. 请你为中国人寿保险公司近期推出的"福满一生"两全保险（分红型）产品设计一个科学合理的定价方案。在方案中需要体现：

（1）定价的目标；

（2）影响本公司产品定价的影响因素；

（3）明确该产品的定价策略；

（4）确定具体的定价方法。

产品名称：国寿"福满一生"两全保险（分红型）

产品简介：国寿福满一生两全保险（分红型）一年一返还，即交即领，多重领取，满期给付基本保险金额，享受红利分配，享有高额保障。

保险期间：合同生效之日起至被保险人年满75周岁的年生效对应日止。

2. 请以中国人寿新版康宁终身保险产品为对象，分析在该产品的不同生命周期应如何制定价格策略。

产品名称：国寿康宁终身重大疾病保险（2012版）

产品简介：更幸福的生活来自更全面的健康保障；行业领先40+10种疾病保障；保障范围广，特定疾病提前给付。

保险期间：合同生效之日起至合同终止日止。

项目 7　选择保险分销渠道策略

学习目标

- 了解保险分销渠道的概念；
- 了解保险分销渠道的类型；
- 理解各保险分销渠道的利弊；
- 掌握保险分销渠道的管理策略；
- 了解保险分销渠道的控制形式。

案例导入

发达国家保险营销渠道各具特点

保险产品和服务，只有通过一定的市场营销渠道，通过营销渠道成员的分销努力，才能在适当的时间、地点，以适当的价格供应给广大消费者，满足市场需要，实现企业的市场营销目标。本文通过介绍一些发达国家的保险营销渠道的特点及分析，给我国保险营销渠道一些启示，以期能对我国的保险业有所借鉴。

1. 美国

美国保险市场上保险公司众多，达到 5 000 多家，中介人制度健全，保险市场发育相当成熟，消费者的保险意识也比较高。美国的保险营销体系比较完备，保险公司可以利用多种渠道达到目标市场，包括保险代理人、保险经纪人、保险公司职员以及直接反应营销渠道等，客户投保十分方便。其中，保险代理人是美国保险市场的中心角色。美国保险公司在不同险种领域会有各种类型的代理人，他们的代理制度是美国保险营销渠道的一大特色，同时，与其他各种营销渠道相配合，形成了比较完备的保险营销渠道系统。

在人寿保险方面，美国主要以专用代理人为中心，即代理人只能为一家保险公司或某一保险集团代理业务。但是近几年来，个人独立代理人即与两家或两家以上保险公司签订代理契约、销售保险商品的非专用途径也展开来，业绩很有进展。独立代理人多和专用代理人竞争，佣金通常比专用代理人低。

在财产保险方面，美国以保险代理人和保险经纪人为中心。保险代理人同样存在独立代理人和专用代理人两种。在纽约州，没有代理人必须专属某一保险公司的规定，而且，一旦取得该州法的许可，即同一代理人可同时代理人寿保险产品与财产保险产品。该州同时规定，保险经纪人不得办理人寿保险与年金保险业务。

另外，美国还通过直接反应渠道和定点营销渠道来销售保险商品。直接反应营销渠道即保险公司通过邮寄、报刊、广播电视、电话和网络等渠道来销售内容较单纯的保险商品，直接沟通客户，引起客户的直接购买行为。虽然所占比重不大，但却有一定的效益。而定点营销渠道是指保险公司在超级市场、连锁店、宾馆、银行等机构、市场内设立固定的销售点，可以是公司职员直接销售，也可以是代理销售，主要为客户提供方便，客户可以随时咨询和购买保险。

2. 英国

英国保险市场历史悠久，影响力大，按其组织与经营形式的不同可分为两大市场，即劳合社保险市场和公司保险市场。英国的保险经纪人控制了大部分市场，现有 3 000 多家独立的保险经纪公司，近 8 万名保险经纪人。

在英国，人寿保险营销必须服从于金融服务法。凡从事人寿保险销售的人员，必须在能受理所有保险公司商品的经纪人与专属单一公司的代理人中任选其一，不能兼任，这也是英国的两极化原则。近期，英国的许多保险经纪人由于必须履行提供最佳咨询义务而增加了成本以及其佣金必须公开等原因，其数目尤其是经营规模较小的经纪人数目前已有所减少。英国的人寿保险业务营销渠道除此以外，还有利用邮寄广告、报刊、电话等直接销售的方式。

英国的财产保险营销途径以保险经纪人为中心。英国保险市场上 2/3 以上的财产保险是通过经纪人介绍的，尤其是劳合社承保的每笔业务都是以保险经纪人为媒介实现的。保险经纪人在寿险领域则涉足较少。按照英国《保险经纪人法》的规定，凡使用保险经纪人名称者，必须向保险经纪人注册登记评议会办理注册，并服从该评议会的各项规定。财产保险的代理人则没有必须办理注册登记和申请许可的规定，其管理主要是依据英国保险协会的各项规则。而且，财产保险的代理人不必专属单一公司，最多甚至可跨 6 家保险公司。此外，英国财产保险营销的其他途径也有通过新闻、电视及电话等直接销售办法来促销，这些业务主要是针对个人或家庭的汽车保险、住宅保险等方面，颇具成效，也相当普遍。

英国保险法对于人寿保险公司的代理人从事销售财产保险商品业务活动并无特别限制，而财产保险代理人若要从事销售人寿保险业务，则必须以公司代理人身份依金融服务法办理注册登记。

资料来源：节选自和讯保险网 2011 年 3 月 2 日转载《中国保险报》的文章"发达国家保险营销渠道各具特点"，http://insurance.hexun.com/2011-03-02/127659418.html，节选时有删改。

阅读上述案例，思考下列问题：
1. 英美等国的保险分销渠道对我国各保险公司分销渠道的选择有哪些借鉴作用？
2. 保险分销渠道对保险营销有什么作用？
3. 如何进行保险分销渠道的选择？

任务 7.1　了解保险分销渠道

7.1.1　了解保险分销渠道的含义

保险分销渠道是指保险产品从保险公司向客户转移过程中所经过的途径。保险分销渠道是保险公司和客户之间的桥梁，更是保险商品顺利流通、交换的关键。保险公司营销目标的最终实现离不开保险分销渠道。对于保险公司来说，如果不能使保险消费者在想买的时间和地点买到自己需要的保险产品，就不能达成最终的营销目标。因此，保险分销渠道的选择直接制约和影响着其他营销策略的制定和执行效果。选择适当的分销渠道，不仅会减少保险公司经营费用的支出，而且还会促进保险产品的销售。理解保险分销渠道应把握以下几点：

（1）保险分销渠道的起点是保险公司，其终点是保险消费者，即投保人。

（2）在保险分销渠道中，保险产品从保险公司向投保人的转移是以保险产品所有权的转移为前提的。在特殊情况下，保险公司可能将险种直接销售给投保人。但在大多数情况下，保险产品从保险公司转移给投保人要经过保险中介进行多次转移。

（3）保险分销渠道的环节是那些参与或帮助保险产品转移的组织和个人的集合，包括所有保险中介，如保险代理人和保险经纪人。

7.1.2　认知保险分销渠道的结构

1. 保险分销渠道的长度结构类型

在现代保险营销活动中，保险产品分销渠道的类型一般按分销渠道中是否有中间环节而划分为直接分销渠道和间接分销渠道。

（1）直接分销渠道是指保险公司通过其员工直接上门把保险产品推销给投保人，并无任何中介机构的介入，是直接实现保险产品销售活动的一种方式，又称保险直销。

（2）间接分销渠道是指保险公司通过保险代理人或保险经纪人等中介机构把保险产品推销给投保人，是间接实现保险产品销售活动的一种方式，又称保险中介。

间接分销渠道也可分为不同的层次和级数，如一级保险代理、二级保险代理、三级保险代理，甚至更多，但较少见。代理的级数表示了分销渠道的长度，级数越高，中介机构越多，营销渠道越长。

2．保险分销渠道的宽度结构类型

现代保险分销渠道除了长度问题以外，还有宽度问题，即根据保险公司在同一代理层次上并列使用中介机构的多少，企业的分销渠道可分为宽渠道和窄渠道。

宽渠道是指保险公司使用同类的保险中介机构很多，营销面较广。一般人寿保险公司多采用宽渠道销售，同时启动代理机构进行营销。因为与投保人能广泛接触，这种分销渠道能大量地销售保险产品。窄渠道是指保险公司使用同类的保险中介机构很少，营销面较窄。一般财产保险公司在成立之初都采用窄渠道销售，主要使用本单位员工进行业务销售。

对于保险公司来说，中介机构的级数越多，横向环节越多，控制越困难，而且费用增加，所以要尽量减少不必要的环节。选择合理的分销渠道，既要考虑分销渠道的长度，也要考虑分销渠道的宽度。

7.1.3 了解保险分销渠道的功能

保险分销渠道的基本功能是把保险产品从保险公司转移到投保人手中。建立分销渠道的目的主要在于消除保险产品及其相关服务与保险消费者之间存在的差距。这种差距主要表现在投保人对保险产品的特性、功能与作用、保险公司的信誉状况及服务质量等具体事宜缺乏了解；保险公司对投保人的资信、资金、负债、购买力及保险标的的风险状况等投保人信息缺乏了解。为了弥补这些差距，需要分销渠道各成员的共同努力。具体而言，保险分销渠道的主要功能有以下几点：

（1）保险调研和信息采集功能。保险公司利用宽广、细化的分销渠道获得各种信息。

（2）营业推广和形象传播功能。随着市场经济的发展，保险公司营销意识的逐渐增强，保险分销渠道也被赋予了营业推广的重要功能。在加强广告促销攻势的同时，保险公司还需不断提升自己的公司形象和知名度。

（3）吸纳人才。庞大的分销渠道就像庞大的根须，它的触角伸到哪里，就会在哪里树立保险公司的形象，吸纳当地的人才。这是"人才本土化"管理原则的要求，也是分销渠道得以在当地扎根、不断发展和繁荣的根本所在。

（4）提供全方位的保险服务。在激烈的保险市场竞争中，为投保人提供热情、周到、细致而又快捷的各种保险服务，已成为国内越来越多保险公司的共识。保险服务主要包括业务咨询服务、承保服务、理赔服务、变更保全服务和附加值服务等。

保险分销渠道的这些重要功能，必须由渠道成员予以执行，但问题是每个功能具体由谁执行。如果保险公司执行这些功能，其成本就会增加，从而使得保险产品的价格上升。如果把一些功能转移给保险中介，保险公司的费用和保险产品的价格下降，但保险中介的费用支出必然增加。因此，由谁来执行分销渠道的功能是保险营销决策中的一个重要问题。在制定具体的策略时，保险公司要优先考虑效率和效益的原则，使保险公司能够获得较高的效率和效益。

课堂实作 跨界合作：保险销售渠道谋变

在十一黄金周期间，人们除了关注堵成长龙的高速公路和人满为患的旅游景点之外，由中国平安、阿里巴巴、腾讯等对外宣布联合成立的"众安在线"也成为人们关注的焦点。近日，媒体纷纷披露了这家注册资本金10亿元、注册地上海、经营范围定位于财产保险产品的网络平台，其主要股东结构中，阿里巴巴控股19.9%，中国平安控股15%，腾讯控股15%，携程控股5%。业内普遍认为，在近年来保险业销售业绩整体受挫的形势下，借力新兴互联网市场寻找新的渠道突破点，拉动保险市场销售份额，不失为保险销售渠道积极谋变的创新思路。

前不久，光大永明人寿与中国电信天翼电子商务签署战略合作协议，计划实现在线完成投保流程、在线付费、在线保单生成等功能，为客户提供手机终端一站式的保险消费体验；9月26日，安邦保险与中国联通签署战略合作协议，致力联手打造一个专属的信息化综合服务平台；同日，太平电子商务有限公司宣布在深圳正式开业，将把目前太平集团和所属四家子公司的网站整合为统一的"中国太平官网"，以官网在线商城模式与电商渠道合作模式协同发展为基础，预计将于明年初开始提供一站式网络保险服务。

在8月24日中国平安的中报业绩发布会现场，中国平安集团董事长马明哲就曾表示，将与腾讯、阿里巴巴及另一名股东谋划在上海成立一家合资公司，探索互联网新兴金融渠道。

可见，险企的此番努力皆是为抢占互联网市场的先机，力争实现新的业务增长点。

"平安与阿里巴巴、腾讯、携程合作，可以发挥各自优势，势必会对保险的网销市场产生占比上的倾斜，这将为险企带来更多的客户资源和业务增长契机。"保险业专家如是说。

"互联网与金融企业的集合能够为金融创新提供更多的机会。"艾瑞咨询分析认为，首先，互联网的应用可以极大拓展金融产品的营销渠道，节约产品开发和技术开发的成本；其次，电子商务带来了新的贸易形式，为保险业的渠道创新带来了新的发展机遇。互联网贸易产生的电子票据、交易合约、客户资料以及企业信用，都可以成为保险业未来产品创新的切入点。

资料来源：节选自和讯保险网2012年10月10日转载《金融时报》的文章"跨界合作：保险销售渠道谋变"，http://finance.qingdaonews.com/content/2013-11/04/content_10076773.htm，节选时有删改。

课堂实作训练：

仔细阅读上述案例并组织学生分组讨论下列问题。讨论完毕后要求每组派出一名代表对本组评论结果进行评述，时间不超过5分钟。各组评述后由教师进行总结点评。

根据以上案例，谈谈保险营销渠道的作用和发展趋势。

任务7.2 认知保险分销渠道的类型

根据产品从生产向目标客户转移过程中所经过的层次或环节来对分销渠道分类，保险分销渠道可以分为直接分销渠道和间接分销渠道。保险分销渠道体系如图 7-1 所示。

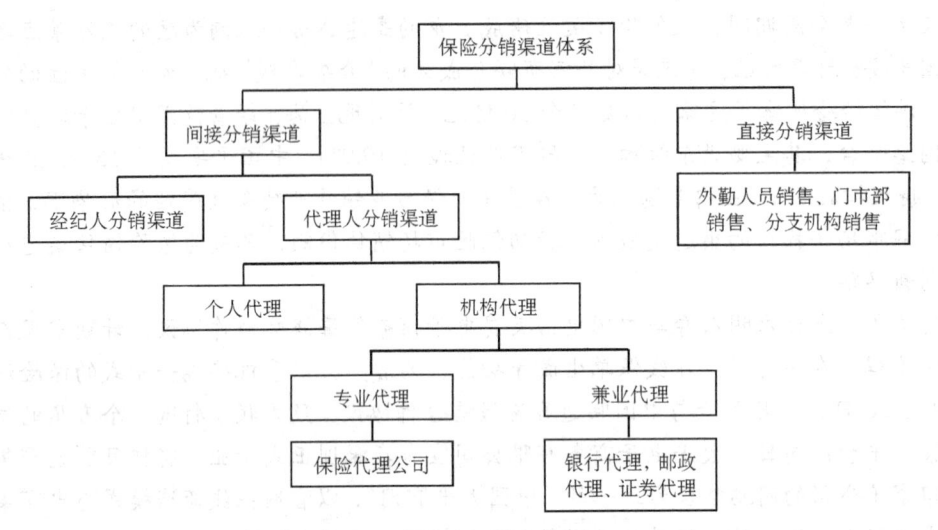

图 7-1 保险分销渠道体系

7.2.1 认知直接分销渠道

采用直接分销渠道时保险公司直接与投保人建立关系。保险直销往往要依托于现代科技的应用，同时将现代科技运用于保险业务的直销活动，势必会极大地提高保险营销服务的现代化水平。直接分销渠道能够迅速带来销售增长，尤其是邮政及电信系统的日益发展，使直接分销渠道的成本日益降低。直接分销渠道主要包括保险公司外勤人员销售、保险门市部销售和保险公司分支机构销售。

1. 保险公司外勤人员销售

保险公司外勤人员销售即由采取直销制的保险公司配备的专门从事保险推销的由企业支付薪金的外勤人员销售产品。这些外勤人员是保险公司的员工，代表保险公司与保险客户接洽，并与客户洽谈投保与承保事宜，负责向客户招揽业务、推销产品、核保、收取保险费及提供其他服务等。外勤人员的行为必须受与保险公司签订的推销合同的约束。

2. 保险门市部销售

保险门市部销售即由保险公司在公司本部或特定场所设立的直接招揽保险业务的部门向客户直接销售保险产品。在公司本部设立的门市部面向本地区的全体保险客户或潜在的保险客户；在特定场所设立的保险门市部则面向特定的保险客户，如在车站、机场、码头等场所设置的保险业务专柜，目的是承揽这些公共场所的流动人口投保的意外伤害保险、运输保险等。

3. 保险公司分支机构销售

保险公司分支机构销售即由保险公司设立分支机构向客户直接销售保险产品。由于分支机构更接近保险客户，直接招揽与承保业务便成为保险公司分支机构的重要任务。不过，保险公司分支机构除继续延伸保险办事处承保业务外，仍主要依靠外勤人员和保险门市部直接推销保险产品。

7.2.2 理解直接分销渠道的利弊

1. 直接分销渠道的优势

在这种营销方式下，保险公司可有效控制承保风险，保持业务量的稳定。其主要优势有以下几个方面：

(1) 保险公司的业务人员由于工作的稳定性强又比较熟悉保险业务，因此有利于控制保险欺诈行为的发生，不容易发生因不熟悉保险业务而欺骗投保人的道德风险，给保险消费者增加了安全感。

(2) 保险公司的业务人员直接代表保险公司开展业务，具有较强的公司特征，从而在投保人中树立公司良好的外部形象。

(3) 如果保险公司业务人员在完成或超额完成预期任务的情况下，则维持营销系统的成本较低。因为公司员工享有固定的工资和福利，其收入不会因其业务超额完成时大量增长，同时员工的培训、费用少于代理人员的同类费用。

2. 直接分销渠道的弊端

由于保险服务需要与大量的目标客户进行长时间的接触，而保险公司所雇用的直销人员总是有限的，因此，从保险市场发展的需要来看，保险直销的弊端是显而易见的。

(1) 不利于保险公司争取更多的客户。因为有限的业务人员只能提供有限的服务，同时他们预定任务较重，无法与所有客户建立较为密切的关系。因此，许多客户的潜在保险需求无法转化为现实的购买能力，使保险公司失去了很多潜在的客户。

(2) 不利于扩大保险业务的经营范围。由于直销人员有限，他们只能侧重于进行某些大型险种的营销活动，如企业财产保险、团体人身保险的业务，而对于某些极有潜力的业务领域都无暇顾及，如个人寿险、家庭财产保险等业务，导致保险公司对市场需求的变化不能做出充分合理的预测而错失发展良机。

(3) 不利于发挥业务人员的工作积极性。由于在保险直销方式下业务人员的收入与其业务量不发生必然的联系，当其超额完成预定工作任务后，没有业务提成或提成太少，因此业务人员的积极性得不到充分发挥。

7.2.3 认知间接分销渠道

保险间接分销渠道主要包括保险代理人、保险经纪人。个人保险代理人、保险代理机构的代理从业人员、保险经纪人的经纪从业人员，应当具备国务院保险监督管理机构规定的资格条件，取得保险监督管理机构颁发的资格证书。

1．保险代理人

保险代理人是根据保险人的委托，向保险人收取佣金，并在保险人授权的范围内代为办理保险业务的机构或者个人。我国对保险代理人采用复合分类法，先按保险代理主体的性质将保险代理人分为机构代理人和个人代理人，然后将机构代理人按行业性质不同分为专业代理人和兼业代理人，从而形成了专业代理人、兼业代理人和个人代理人。专业代理人是专门从事保险代理业务的保险代理公司，其组织形式为有限责任公司；兼业代理人是受保险人的委托，在从事自身业务的同时，指定专人为保险人代办保险业务的单位；个人代理人是根据保险人的委托，向保险人收取代理手续费，并在保险人授权的范围内代为办理保险业务的个人。

2．保险经纪人

保险经纪人是基于投保人的利益，为投保人与保险人订立保险合同提供中介服务，并依法收取佣金的机构。保险经纪人按险种可分为人寿保险经纪人、非人寿保险经纪人和再保险经纪人三种。人寿保险经纪人是指在人寿保险市场上代理保险客户选择保险人，代为办理投保手续，并从保险人处收取佣金的中介人。非人寿保险经纪人主要为保险人介绍财产保险、责任保险和信用保证保险等非寿险业务。他们比人寿保险市场上的经纪人更活跃，如在海上保险中，保险经纪人的作用十分突出，他们既深谙航海风险，又通晓保险知识，能为保险人寻求最佳保险保障。再保险经纪人是指专门从事再保险业务的特殊保险经纪人。再保险经纪人不仅介绍再保险业务，提供保险信息，而且在再保险合同有效期间继续为再保险公司服务。由于再保险业务具有较强的国际性，事实上，每个国家的许多再保险业务都是通过再保险经纪人促成的，因此，充分利用再保险经纪人就显得十分重要。

7.2.4 理解间接分销渠道的利弊

1．保险代理人制度的利弊

（1）保险代理制度的优势。自保险问世以来，保险代理人便随着保险业的发展而发展。例如，日本保险公司的保险代理人达107万人，约占日本全国人口的1%，是保险公司从业人员的10倍，保险代理人的保险费收入占全部保险费收入的84%。由此可见，保险代理人对推动整个保险业的发展起到了十分重要的作用。保险代理制度的优势具体表现在以下几个方面：

① 有利于保险公司降低保险成本，提高经济效益。建立保险代理制度，由于保险代理人是按劳取酬，保险公司只须向代理人支付代理手续费，这样就节约了在保险直销下必须支付的各项费用，如员工管理费、宣传费、防灾费和员工福利等，从而大大降低了保险成本。

② 有利于提高保险公司的供给能力，促进保险产品销售。保险代理人拓展了保险人在保险市场上的业务空间，弥补了保险公司营业网点少、营销人员不足的状况，从而也就在客观上提高了保险公司的供给能力，方便了保险消费者购买保险。

③ 有利于提高保险公司的服务质量，增强其在市场竞争中的实力。保险公司利用保险代理人分布广泛、人员众多、服务优良等优势，可以弥补自身在保险服务方面的欠缺，全面提高保险公司的服务质量。

④ 有利于保险公司迅速建立和健全更为有效的保险信息网络，提高保险公司的经营水平。保险代理人在营销过程中，由于接触的客户多，信息灵通，这将在有助于保险公司全面、迅速地了解整个保险市场的发展趋势，从而使保险公司在激烈的市场竞争中站稳脚跟，求得发展。

(2) 保险代理制度的弊端。

① 保险公司与保险代理人之间始终存在核保与推销之间的冲突难以解决。保险代理人的任务是力求推销更多的保险单，以获取更多的代理手续费，而保险人的任务则在扩展业务的同时更要注意提高承保质量，显然两者的冲突是难免的。保险人是从保险公司的整体情况来决定个别风险的承保与否，而这正是保险代理人无法做到的。因此，保险代理人认为是良好的业务，也有可能被保险公司拒绝承保。

② 保险代理人单纯为代理手续费而开展业务的做法，导致保险公司承保质量下降。由于保险代理人的个人收入与保险费挂钩，个别保险代理人为了赚得更多的代理手续费，往往频繁地利用默示代理权限，有时甚至超越代理权限去推销保险单。

③ 保险代理人滥用代理权，从而有损于保险人的利益。例如，保险代理人擅自变更保险条款，提高或降低保险费率，或者挪用侵占保险费等，都是有损于保险人利益的行为。尤其是保险代理出于恶意，与投保人或投保人以外的第三人做虚假申报，骗取高额保险金，结果不仅造成保险公司自身的经济损失，而且极大地损坏了保险公司的信誉。

④ 保险人的行为缺乏规范化管理，从而造成保险代理市场的混乱。例如，对保险代理人缺乏严格的业务培训和资格要求，造成保险代理人业务素质的低下；某些兼职代理的主管部门利用其对下属客户的制约关系，强迫客户在指定的保险公司投保；个人代理人队伍庞大，业务素质良莠不齐，管理难度大等。

此外，一些代理人还采用"撕单"、"埋单"、"鸳鸯单"等手法进行保险欺诈。所谓撕单，是指撕毁保险单，保险费不入账。所谓埋单，是指保单不按规定统一留存，保险费进入小金库。所谓鸳鸯单（阴阳单），是指保单正本与副本的内容、金额不一致。

2．保险经纪人制度的利弊

(1) 保险经纪人制度的优势。

① 保险经纪人提供服务的专业性强。保险经纪人一般都具有较高水平的业务素质和保险知识，是识别风险和选择保险方面的专家。因此，投保人或被保险人借助保险经纪人能

获得最佳的保险服务,即支付的保险费较低而获得的保障较高。

② 保险经纪人作为被保险人的代表,独立承担法律责任。在保险市场上,保险经纪人代表投保人或被保险人的利益,为其与保险人协商保险事宜,办理投保手续,充当了保险顾问的角色。因此,根据法律规定,保险经纪人应对投保人或被保险人负责,有义务利用自己的知识和技能为其委托人安排最佳的保险。如果因为保险经纪人的疏忽致使被保险人利益受到损害,经纪人要承担法律责任。

③ 保险经纪人的服务不增加投保人或被保险人的经济负担。保险经纪人虽然是投保人或被保险人的代理人,但其佣金却是向保险人提取的。一般来说,保险人从被保险人所缴纳的保险费中按一定比例支付佣金给保险经纪人,作为其推销保险业务的报酬。因此,利用保险经纪人不会给投保人或被保险人增加额外开支。

(2) 保险经纪人制度的弊端。由于保险经纪人不依托某家保险公司进行中介活动,因此如果保险经纪人缺乏法律、法规的限制,就可能导致保险经纪人以中介为名,行欺诈之实。例如,提供虚假信息来牟取暴利,使交易者在经济上蒙受损失,扰乱保险市场的正常秩序。

总之,各类保险分销渠道均有其自身的优势与弊端,在面对不同的细分市场、不同的市场发展阶段和社会环境下都有其存在的必要。因而总体上,保险分销渠道发展的趋势是共存、整合和优化。从西方保险业发展的历史和现状来看,保险分销渠道仍将以"三驾马车"的架构向前推进,那就是中介人制、银行保险、直复式营销(邮寄和电话营销为主)。网上保险则将随着网络信息技术的进一步成熟和网上适销产品的深入开发,获得持续发展,有可能取代直销制而成为保险营销渠道新的第四极。

课堂实作　营销员体制改革创新渠道多元化

连日来,人们针对中国保监会发布《关于坚定不移推进保险营销员管理体制改革的意见》(简称《意见》)引发热议。业界普遍认为,这将使得近年来步履维艰的保险营销体制改革开始出现转机。而这项关系到300万保险营销大军命运的体系改革,或将为保险业形象重塑拉开崭新的序幕。

我国的个人保险营销制度于1992年引入,目前已是寿险公司首选的销售渠道和核心竞争力。而营销员制度仍然是被实践论证的、最有效的保险营销渠道和方式之一。数据显示,截至2011年年底,全国保险专业中介机构为2 554家,其中保险专业代理结构为1 823家,保险经纪机构为416家,保险公估机构为315家。2011年全年保险中介机构实现保费收入909亿元,占全部保费收入的6.3%,其中寿险保费收入仅为131亿元,仅占全部寿险保费收入的1.5%。

长期以来,由于传统保险营销人员大多采用代理制,他们的社会身份比较模糊。为鼓励增收创收,保险公司普遍采取以增员奖励和血缘保护为激励手段的多层级组织发展模式。

出于文化、地理等方面的相似性，我国现行的保险营销员营销体制主要借鉴于我国台湾地区，而后者又是来源于日本市场的经验。数据显示，中国用短短20年时间，单从营销员数量发展时间上讲几乎赶超了国外成熟市场几十年甚至上百年的时间，急速发展形成，这一突进式发展带来了行业发展"消化不良"的问题。当前，国内众多寿险公司已对现有营销员营销体制所遭遇的瓶颈加以重视，一些险企公司进行了改革试点，但是改革远未形成气候。

多年来，中国保险业的高速发展吸纳了大量良莠不齐的社会资源，形成了保险营销员"门槛低、培训脱节"的状况，进而在社会上造成了对于保险营销员的负面评价，演变成这一行业社会评价低、增员困难的恶性循环。保险营销员制度一直以来都面临着各种挑战，个人寿险营销员体制的引进，突破了传统营销体制下一家公司寿险营销人员只有几百人的局限性，营销队伍以几十倍的速度增长。

从保险的作用来看，保险本身是好的，通过大数法则进而分散风险。而从长远发展来看，现行的保险营销制度已不适应保险行业转变发展方式的需要，不适应经济社会协调发展的时代要求，同时也不适应消费者多样化的保险需求，营销员体制改革面临非改不可的地步。

资料来源：节选自中国金融新闻网2012年10月17日转载的《金融时报》的文章"营销员体制改革创新渠道多元化"，http://www.financialnews.com.cn/bx/ft_102/201210/t20121017_18139.html，节选时有删改。

课堂实作训练：

仔细阅读上述案例并组织学生分组讨论下列问题。讨论完毕后要求每组派出一名代表对本组讨论结果进行评述，时间不超过5分钟。各组评述后由教师进行总结点评。

1. 保险代理人分销是直接分销渠道还是间接分销渠道？它有哪些优势和弊端？
2. 我国寿险企业代理人营销的前景如何？

任务7.3 熟悉保险分销渠道的选择与管理

保险公司在选择分销渠道时需要考虑的重要问题就是能否以最小的代价最有效地将保险产品推销出去。因此，保险公司在评价保险分销渠道、做出决策之时，都要考虑保险险种、市场需求、企业自身条件等因素。保险险种将直接影响保险公司对分销渠道的选择。保险公司准备推销何种保险、保险费率是多少、面对什么样的目标客户等，都是选择保险分销渠道时首先要考虑的问题。因此，保险公司必须在客户的服务需求、符合需求的成本和可行性，以及客户对价格的偏好三者之间达到平衡。保险公司自身条件包括营销管理的技能和经验、资信实力及对分销渠道的控制能力等。

7.3.1 了解选择保险分销渠道的原则

保险分销渠道的选择是保险公司销售工作中最重要的决策之一。分销渠道的选择是否合理，中间环节的多少是否恰当，会直接影响到保险产品的销售成本，从而影响到保险产品的价格和在市场中的竞争力。任何保险公司都不能随心所欲地选择分销渠道，分销渠道的选择受到多方面因素的制约。选择合理的分销渠道，必须遵循以下原则：

（1）客户至上原则。保险公司要在激烈的市场竞争中生存与发展，必须将客户需求放在第一位，建立客户导向的经营思想。通过周密细致的市场调查研究，不仅要提供符合投保人需求的险种，同时必须使所选择的分销渠道为准投保人和投保人的购买提供方便，满足投保人在购买时间、购买地点及售后服务上的需求。

（2）效率优先原则。不同的分销渠道针对不同险种的营销过程的效率是有差异的。保险公司选择合理的分销渠道，能够提高营销的效率，不断降低营销成本和费用，使分销渠道的各个阶段、各个环节、各个流程的费用合理化，从而取得竞争优势并获得效益的最大化。

（3）发挥优势原则。保险公司在选择市场营销网络时，要发挥自己的特长，确保在市场竞争中的优势地位。现代保险市场营销的竞争已经不再是单纯的险种、价格、促销手段的竞争，而是整个规划的综合性分销渠道的竞争。

（4）利益分配原则。除保险直销制度外，其他的营销制度一般都涉及利益在独立的中介机构成员之间的分配问题，因此，合理分配利益是分销渠道的关键。利益分配不公常常是分销渠道中内部矛盾冲突的根源。因此，保险公司应该设置一整套利益分配制度，根据各成员负担的职能、投入的成本和取得的绩效，合理分配在保险营销中所取得的利益。

（5）协调合作原则。保险中介成员之间不可避免地存在竞争。保险公司在建立选择分销渠道时，要充分考虑竞争的强度，一方面鼓励保险中介人之间的有益竞争；另一方面要积极引导保险中介人之间的合作，协调其冲突，加强保险中介之间的沟通，使分销渠道畅通和有序。

7.3.2 熟悉选择保险分销渠道的程序

保险公司在认真分析影响销售渠道选择决策的主客观因素基础上，划分出若干分市场，然后决定服务于哪些分市场，并为之选择和使用最佳渠道。最佳渠道是对目标市场的覆盖能力最强、使目标市场的客户满意程度最高、对生产者能提供较多利润的渠道。最佳渠道是一个相对的概念，它受到产品、公司、市场、中介、竞争环境等因素的影响。选择保险分销渠道的具体程序如下：

（1）将保险公司的客户按照收入进行分类，如富裕客户、中等收入居民、普通大众。其次，按照不同层次客户的需求设计不同成本的产品。

（2）对产品进行分类，依据的标准可以是利润、附加价值或成本。例如，日常产品（如简易人寿保单）、核心业务（如保险公司销售的绝大多数险种）、定制产品（如为一个家庭制作的保险计划）、财产险公司统保业务等。

（3）将客户、产品、渠道联系起来。例如，按照上面的划分，日常产品就应该安排在银行柜台或网络这样的直接反应渠道销售；核心业务则可以安排一般的代理人或经纪人销售；定制产品面对的客户一般是社会的高收入阶层，因此可以安排资深代理人或经纪人销售；如此安排则既能满足客户需求又可保证渠道利润。

7.3.3　掌握保险分销渠道管理策略

随着保险市场的发展，渠道自身也在根据市场环境的变迁不断进行分化和组合，保险公司单一的渠道策略逐步向多元化渠道策略转化。与此同时，与渠道多元化相伴而生的渠道冲突问题也愈演愈烈，成为困扰保险公司的一个难题。保险公司渠道管理的目标并不是规避所有的冲突，而是要避免恶性冲突的发生，对良性冲突加以利用，化解矛盾，从而促进渠道业务协调发展。因此，保险分销渠道管理策略包括制定并实施渠道发展策略、实行差异化渠道管理策略、构建扁平化渠道结构策略、实施多元化激励机制策略、建立有效的沟通机制策略。

1．制定并实施渠道发展策略

渠道发展策略是在较长时间内指导保险公司渠道建设与发展的总的指导原则，包括未来渠道发展的走向、渠道结构模式、目标客户群体以及各类渠道预期达到的目标、实现的功能等主要内容。保险公司实施渠道发展策略，其目的并不在于完全消除渠道冲突，而是对可能出现的渠道冲突进行事前预判，提前采取防范措施，防止恶性渠道冲突的发生，从长远上保证渠道业务长治久安。

2．实行差异化渠道管理策略

保险公司应建立以客户为核心的渠道发展思路，通过细分消费群体划定不同渠道的业务领域，明确渠道的任务和分工。例如，价格敏感型客户可通过建立直销渠道与之适应，而服务敏感型客户可引导至能够提供高水平服务的渠道，这样就可以将渠道冲突限定于可控的范围之内。与此同时，可以通过对渠道在费用、资源分配、业务政策的差异化管理，设计渠道间的良性冲突，引导渠道进行有效竞争，实现对渠道的主动调整。

3．构建扁平化渠道结构策略

保险公司对渠道的考核与其他行业有所不同，不只是单一的销售业绩，还要关注渠道业务的赔付成本。事实证明，多层级的渠道结构既不利于保险公司赔付率控制，同时助长了渠道间"窜货"现象的发生，加剧了渠道内部的冲突。适当地减少渠道层级，渠道结构趋于扁平化，可以使渠道之间的关系更加透明，让渠道之间的竞争趋于水平，从而对渠道冲突加以控制。

4. 实施多元化激励机制策略

建立由保险公司引导的多元化利益分配机制，减少渠道对相同利益目标的关注，引导渠道根据自身特点寻求组合利益最大化。保险公司应该在现有利益分配机制的基础上，综合考虑各方面因素对渠道进行评定，并以此为基础从承保条件、理赔资源分配、现金流等多方面对不同的渠道分别给予授权，由单一利益向多利益引导，这样既可提高保险公司在利益分配上的话语权，又可顾及渠道之间价值取向的差异。

5. 建立有效的沟通机制策略

渠道沟通机制包括两个层面的含义：一是保险公司与渠道间的沟通，保险公司应定期召开业务通气会将自己的发展策略、业务政策、可能发生的变化公开、明白无误地同渠道进行沟通，取得渠道的理解和认可，避免由于对同一信息在渠道间的不对称而产生误会引发渠道冲突。二是要打破常规建立渠道之间的沟通机制，让渠道在沟通中相互理解，增进信任，明确定位，为共同的目标而努力。

7.3.4 了解保险营销渠道的控制形式

保险公司建立合理的营销渠道，其正常有效的运转离不开保险公司对其实施有效的管理和控制。保险分销渠道控制形式包括激励、强制、改进和调整。

（1）激励。例如，对保险中介成员在代理某险种时给予较高的代理手续费和各种促销津贴等优惠措施以激励其销售活动。激励必须针对中介人的真正需要，这样效果才显著。

（2）强制。它包括制裁和处罚等手段，如减少保险中介成员销售某险种的代理手续费比例，取消其对某险种的代理销售权等。

（3）改进和调整。保险公司对营销渠道的改进和调整需要在三个层次上进行：增加或剔除个别中介机构；增加或剔除个别营销渠道；变更整个营销渠道。第一层次的调整是结构性调整，后两个层次的调整是功能性调整。

总之，保险公司无论选择哪种分销渠道，都必须根据自身条件、保险产品特性和保险市场需求情况，对可供选择的各种渠道的费用、风险和利润进行详细的分析、评价和比较，只有这样才能选择最有效的保险分销渠道。

课堂实作

假设你是一位保险公司险种开发部的负责人，现已开发了一款少儿保险产品。

课堂实作训练：

谈谈如何选择合适的保险分销渠道，并就选择的分销渠道制定合理策略。

营销工具

保险分销渠道选择与评价

1. 保险分销渠道选择表（见表 7-1）

表 7-1　保险分销渠道选择表

险种名称：

策划内容	具体内容要素描述	备注
销售渠道		
选择渠道依据		
渠道的类型		

2. 中介评价表（见表 7-2）

表 7-2　中介评价表

评价因素	权数	中介1 打分	中介1 加权分	中介2 打分	中介2 加权分
市场覆盖范围	0.10				
声誉	0.15				
产品组合情况	0.05				
区域优势	0.15				
……	……				
总　　计	1				

就中介销售的能力和条件打分评价。根据不同因素对分销渠道功能建设的重要性分别加权，然后计算总分，选择最高分者作为此区域代理中介。

营销实战

保险销售渠道迎变局　千亿互联网保险规模待释放

不容小觑的互联网力量，正在悄无声息地改变着看似固若金汤的保险销售格局。在上周末召开的 2013 中国互联网保险研讨会上，与会专家们纷纷预计，未来五年保险业在互联网的发展规模将达到 5 000 亿元以上。机遇与挑战并存，必将使互联网保险引爆一场销售渠道的革命。

个险增员留存难、银保手续费高企，在保险传统销售渠道乏力的无奈现实下，另辟新的销售渠道，成为保险公司尤其是中小保险公司的必然选择。而保险行业源源不断的现金流流入，也让互联网平台看到巨大的利益空间。

在共同的利益诉求下，互联网与保险行业加速融合。国华人寿成为互联网保险的投石问路者，去年年底"三天一个亿"的淘宝销售额，让这家中小型险企一夜成名。在国华人寿的示范效应下，今年以来，一批保险公司相继奔赴淘宝大本营杭州，登门造访寻求合作。

这些已经或正在与淘宝等第三方互联网平台展开合作的保险公司代表们，上周末齐聚中国互联网保险研讨会。而与会的另一支队伍是，不单纯依靠第三方互联网平台，同时在自建电子商务公司的大型保险公司。据悉，中国平安、中国太保等都建立了自己的电子商务平台，中国人寿、新华保险也都在积极筹备中。

与此同时，今年亦有不少门户网站纷纷加入互联网保险的市场中。今年6月，和讯网也推出了保险第三方电子商务平台"放心保"。根据其网站提供的数据，目前共收录81家保险公司、9大险种、212款产品。

不过，在中央财经大学保险学院院长郝演苏看来，无论是保险公司自建电子商务平台，还是第三方网上平台，如何在个性化需求方面打开一个突破口，这种创新将会带来很大的革命性动力。显然，要想抢占互联网保险这片蓝海市场，个性化定制是关键。

从未来发展看，互联网不仅销售简单的保险产品，也可以销售相对复杂的保险产品。国华人寿电子商务部总经理赵岩估计，"今年寿险电商规模要到将近100亿元，包括复杂的险种、期缴，现在这些产品也开始在淘宝或一些平台销售了"。

"互联网给我们带来了很多，但是对于整个保险产业而言，它可能是具有革命性的，可能过去我们是以公司的产品为主导的一个销售模式，会逐步转化为以客户或者更准确地说是真正以客户为核心的这样一个销售模式。"太平电子商务公司创新事业部总经理万俊勋称。

有数据显示，2012年中国保险电子商务市场在线保费收入规模达到39.6亿元，较2011年增长123.8%，占中国保险市场整体保费收入0.26%。而未来五年，保险业在互联网的发展规模将达到5 000亿元以上。

不过，互联网保险前景虽然诱人，但一直处于监管真空状态。如何在保护创新的基础上防范风险，是监管部门眼下亟须思考的问题。两年前，保监会就《互联网保险业务监管规定》在业内征求意见，目前保监会有一个专项小组推进此事，预计该规定有望于年内揭开面纱。

资料来源：节选自网易财经2013年7月23日转载《上海证券报》的文章"保险销售渠道迎变局 千亿互联网保险规模待释放"，http://money.163.com/13/0723/02/94EFKHMS00253B0H.html，节选时有删改。

实战要求：

假设公司决定使用网络营销渠道推广某分红险产品，请填写保险分销渠道选择表和中介评价表，并选择合适的渠道管理策略。

重要概念

保险分销渠道　直接分销渠道　间接分销渠道　保险公司外勤人员销售　保险门市部销售　保险公司分支机构销售　保险代理人　保险经纪人　保险分销渠道管理策略　保险分销渠道控制形式

能力拓展

调查分析中国人寿保险公司 2010 年推出的"福禄双喜"保险产品所用的分销渠道策略。分析如下内容：

1. 调查"福禄双喜"保险产品用了哪些分销渠道策略？
2. 中国人寿保险公司为什么要采用这种策略？
3. 这种分销策略给中国人寿保险公司带来了哪些好处？

项目 8 运用保险营销促销策略

学习目标

- 认知保险营销中促销的含义和作用；
- 认知广告、公共关系、营业推广和人员推销等促销手段的概念；
- 熟悉营销人员的素质要求；
- 掌握保险公关促销决策的方法；
- 掌握保险公关的主要手段；
- 掌握保险同业推广的方法；
- 应用保险营业推广的策略；
- 应用保险公关促销决策的方法。

案例导入

谁的广告语更吸引你

我们平时会经常看到保险公司的一些宣传广告，其中不乏让我们朗朗上口的广告语。下面就让我们一起来看看这些熟悉的广告语。

(1)"财务稳健，信守一生"（美国友邦）。强调"稳"、"信"二字，重点突出。前者说明公司实力雄厚，后者强调公司服务质量优越。文字凝练，短短八个字，集精华于一身，概括了保险公司取信于客户的两个最重要因素。

(2)"95519，服务到永久"（中国人寿客户服务热线）。采用通俗的语言及谐音的表现手法，读起来朗朗上口，容易为普通百姓所接受和记忆。

(3)"95518，人保服务送到家"（中国人保客户服务热线）。这句广告词朴实自然，人情味浓，富有亲和力和感染力，给人温馨的感觉。

(4)"人生无价，泰康有情"（泰康人寿）。这句广告词着重从感性的角度对目标客户进行诉求。首先提出一个被大众普遍认可的论点，即"人生无价"，一方面起到迎合受众心理、给客户造成亲切感的效用，另一方面暗示受众珍惜生命，最后顺理成章地买泰康的保险吧！

（5）"平时注入一滴水，难时拥有太平洋"（太平洋保险）。这句广告词以比喻与双关的双重手法，形象地道出了客户投保与获得保障之间的关系，告诉人们现在只要付出微小的投入，将来就会有巨大的保障，既宣传了保险公司的形象，又揭示了保险的重要意义，从侧面激发受众，顷刻间便获得客户的心，富有深意，耐人寻味。

资料来源：节选自搜狐理财网于2011年9月13日转载自《当代金融家》的文章"谁的广告语更吸引你，保险公司常见广告语解析"，http://money.sohu.com/20110913/n319196780.shtml。

阅读上述案例，思考下列问题：
1. 哪家保险公司的广告语最吸引你？你最看重保险广告语中所突出的哪些内容？
2. 请谈谈你对保险广告的看法。给你留下深刻印象的保险广告有哪些？
3. 除了保险广告之外，你还了解哪些保险公司的促销活动？

任务8.1　认知保险促销与保险组合促销策略

8.1.1　认知保险促销

1．保险促销的概念

保险促销是保险公司或保险中介机构以人员或非人员的方法，及时、准确地向客户（投保人）或潜在的客户传递有关信息，让他们认识到保险产品及服务所能带来的好处和利益，以激发他们的购买欲望并最终购买保险产品的过程。

2．保险促销的作用

（1）传递保险信息。促销工作的核心是沟通信息。保险公司通过促销活动可以向更多的客户和准客户传递保险公司及其保险产品等各种信息，提高知名度。例如，保险公司在新险种推出之前，一般都会采取广告宣传、媒体推介等促销手段，将有关信息传递给潜在的客户。

（2）突出险种特色。在同类险种的激烈竞争中，投保人往往不易发现险种间的细微差别。保险公司可以通过促销活动使其险种与众不同的特色得到凸显，帮助潜在的投保人认识本企业保险产品的性能、特色及带来的利益，以利于加强本企业在竞争中的优势。在我国现阶段大多数公民保险意识淡薄、保险知识匮乏的情况下，突出险种特色的促销手段尤为必要。

（3）刺激保险需求。保险促销活动能够消除人们对保险的陌生感，引起人们对保险的兴趣，取得人们对保险公司的信任，从而唤起人们对保险的潜在需求，刺激这种需求并最终转化为现实需求。有时甚至还能够创造保险需求。当某一险种的销售量下降时，企业通过适当的促销活动，可以使需求得到某种程度的恢复和提高，从而延缓该险种的市场寿命。

（4）提高声誉，巩固市场。企业形象和声誉的好坏，直接影响保险产品的销售及企业的市场地位。保险公司应通过促销及反复宣传，树立良好的社会形象，使潜在的投保人对本企业及其保险产品从熟悉到亲切直至信赖，从而巩固本企业的市场地位。

（5）扩大销售。保险促销最直接的表现反映在保险费收入总量的增长和市场占有率的提高上。

3．保险促销的手段

（1）人员推销。人员推销是一种通过保险营销人员与准客户之间的面对面的接触方式进行保险信息交流的促销方法。这里的保险营销人员是指保险公司的业务员和保险代理人、经纪人等中介人。人员推销是保险公司促销保险产品最主要的方法。

在保险营销中，为了达到保险展业推广的目的，保险公司一般从三个方面刺激投保的成功：一是通过赠送纪念品、安全返还、保险费折扣等方式刺激投保人投保；二是通过提高代理手续费的比例、增加广告费用、协助开展各种促销活动等形式来鼓励中介人多与保险公司合作；三是通过提高佣金比例、开展业务竞赛等形式激励营销人员多做业务。

（2）广告。广告是指有具体广告主出资，由广告媒体面向公众进行关于产品及其企业信息的传播，以达到促销目的的活动。

（3）营业推广。营业推广，又称销售促进，是指企业采取各种特殊手段来刺激、鼓励和推动分销渠道销售产品或公众购买某种产品的促销活动。营业推广的唯一目的就是要刺激销售。营业推广被保险公司广泛运用，因为它的促销效果明显。但是营业推广的促销效果通常是短期的，如果不分对象、条件和环境滥用这种促销手段，会给企业造成不利的影响。

（4）公共关系。公共关系是指社会组织（如保险公司）为了给自己创造良好的生存发展环境，而与公众（如客户、准客户、政府部门、社会团体、新闻机构和保险中介商等）之间建立和保持沟通、谅解、支持与合作的良好关系的管理活动。在现代营销中，公共关系也能发挥重要的促销作用。因为保险公司通过开展积极有效的公共关系活动，能够在客户心目中树立良好的企业形象，建立良好的企业信誉，从而有利于广大的客户或准客户购买或重复购买公司产品。

在保险公共关系促销活动中，新闻宣传是使用最多的一种手段。宣传是由大众媒体以新闻方式传播、提供有关产品和组织信息的任何非个人信息交流的形式。宣传与广告相比有自己的优势：一是宣传无须为媒体支付费用；二是新闻宣传的社会可信度比较高。因此新闻宣传成为保险公司向保险消费者和保险中介商传播信息最有效、最经济的方式。

8.1.2 认知保险组合促销策略

保险公司的促销目标，可能是向市场推出一个新险种，可能是扩大一个已上市险种的销售规模，也可能是为了提升某一时段的销售业绩。针对不同的促销目标，保险公司应该采取不同的促销组合。保险组合促销策略是指根据保险营销计划的要求，将各种促销手段进行选择与搭配，以形成一套针对选定目标市场的促销策略。保险组合促销策略可分为推动策略和拉动策略两种。

1. 推动策略

推动策略是保险公司通过自己的营销人员把产品推入市场的一种策略。在保险营销中，推动策略的运用主要以分销渠道的成员为推销主体，以使更多的保险分销渠道成员采取积极的措施推销保险产品，从而使投保人接受保险产品。推动策略的实施对象是分销渠道的各成员，为推动各成员积极开展业务而采取的措施即推动策略。

2. 拉动策略

拉动策略是运用大量广告和其他宣传措施来激发消费者对保险公司产品产生兴趣，从而产生购买行为。在保险营销中，拉动策略的运用主要是通过各种有效的促销手段，如广告、展业推广、公共关系等将潜在投保人的兴趣和欲望调动起来，使其主动地向分销渠道成员询问、打听，以推动分销渠道成员更广泛、更细致地掌握需求信息并推销更多的险种。由此可见，拉动策略的实施对象是潜在的投保人。

课堂讨论

组织学生分组讨论下列问题。讨论完毕后要求每组派出一名代表对本组讨论结果进行评述，时间不超过5分钟。各组评述后由教师进行总结点评。

1. 谈谈第一次接触到保险产品或保险公司时的情景及自己的感受。
2. 回顾自己接触保险以来，你认为哪种促销方式能够让客户对保险留下深刻的印象。

任务8.2　运用保险广告策略

从保险营销角度来看，广告是保险公司支付费用通过大众媒介向目标客户传递公司保险产品和服务信息并说服其购买的活动。由于保险产品的特性，决定了其不能像有形产品那样可以陈列，让客户通过比较来辨别产品的优劣。保险产品的销售更加需要广告这种促销手段来帮助客户获得多种信息，从而使其做出购买决策。

8.2.1　了解保险广告策略的作用

1. 传递信息，沟通供求

传递信息、沟通供求，是广告的基本功能，也是保险广告策略所发挥的重要作用之一。在保险市场上，保险供给者主要是保险公司，保险需求者是指那些需要购买保险的公众。保险公司通过广告及时地介绍、报道险种信息，使公众知道产品的特点、性能及可能带来的经济利益等，引起他们的注意，使公众根据所收到的信息购买所需要的产品或服务。

2. 激发需求，增加销售

保险公司通过具有真实、新颖、生动、形象的广告宣传，可以吸引人们的注意力，使其对某险种产生浓厚的兴趣，进而激发其需求欲望，诱发其购买行动。在这个世界上，人人都面临着人身和财产方面的风险，从理论上讲，每个人都有对保险的需求。为使人们潜在的保险需求转化为现实的保险需求，从初级保险需求过渡到高级保险需求，保险广告发挥着极大的作用。

3. 树立声誉，利于竞争

保险公司通过广告宣传，尤其是有特色的险种宣传，可以大大提高保险公司和险种在市场上的知名度和美誉度，有利于创立保险公司的美好形象和特色险种的品牌形象，从而增强保险公司的竞争力。

8.2.2 认知主要的保险广告媒体

1. 报纸

报纸是保险广告的重要媒体。其优势是：① 发行量大，传播面广；② 阅读阶层广泛并且比较稳定，广告渗透力强；③ 报纸每天出版，信息传播及时；④ 报纸的可信度比较高；⑤ 广告制作相对比较简单、灵活；⑥ 大多数报纸都在一定的区域发行，选择媒体更有针对性，实效性较强；⑦ 报纸广告及附加的优惠信息可以被读者保存等。

报纸作为广告媒体的不足是：① 形象表达手段欠佳，不如杂志广告印刷精美、引人注目；② 相比而言，报纸保存期短，通常只是个人或家庭阅读，一般不向他人传阅，接触频率不高；③ 报纸广告版面"竞争激烈"，所做广告常被其他广告湮没，效果因此大打折扣等。

2. 杂志

杂志也是保险广告的重要媒体之一。杂志广告的优势是：① 大多数杂志都有自己较稳定的读者群，便于保险公司选择某个专业杂志，使该杂志读者与广告信息的目标市场相吻合；② 杂志广告往往占据引人注目的版面，如封面、封底、插页，而且印刷精美，因此可以提高产品的视觉形象，读者的注视率比较高；③ 除读者自己阅读之外，杂志可以广泛传阅，接触率较高。

杂志作为广告媒体的不足是：① 由于杂志广告的创意表现、彩色摄影及设计费用较高，因此成本比较高；② 杂志出版和广告制作的周期都比较长，信息的传播速度慢，如果用于某一保险产品促销活动，很难跟上促销活动的节奏。

杂志广告适用于宣传企业形象，或对相关保险产品进行长线宣传。

3. 电视

电视是一种形声兼备的现代化广告媒体。随着居民家庭电视机的普及，电视广告已成为一个重要的广告媒体。电视作为广告媒体的优势是：① 收视率高，传播面广，一则电视广告传播的信息甚至能够影响到千百万观众；② 能够集图像、声音、动作于一体，表现手法灵活多样，感染力强，便于创造出利于观众记忆的广告信息，对潜在消费者产生很大影响；③ 广告信息传播迅速，不受时空限制。电视广告的这些优势使其成为许多企业首选的广告媒体。很多有实力的保险公司定期发布企业形象电视广告，取得了良好的效果。此外，电视广告在宣传传播保险消费理念方面的作用也很大。

电视作为广告媒体的主要不足是：① 费用昂贵，地方电视台的一则电视广告动辄几十万元，中央电视台的广告费用可能需要几百万元，黄金时段则要几千万元，一些实力较弱的保险公司对电视广告往往是"心有余而力不足"；② 电视广告如果用于促销某种保险产品，虽然其传播面很广，但覆盖的许多观众不一定是产品的目标客户，因此可能浪费较大；③ 生命周期短，需要不断制作新颖的广告取代老广告，否则观众会抵制收看。

4．广播

广播广告的优势是：① 信息传播及时、迅速，广告的时间、频率安排灵活；② 制作简单，费用低廉，制作周期短，并且可以及时更改信息；③ 有特定的听众市场，如退休人员、出租车司机和乘客等，可以有针对性地发布广告。例如，我国已进入老年化社会，一些保险公司竞相开发"银发"保险产品，以满足老年人的保险需求，而一些老年人有边晨练、边听广播的习惯，对这一部分的保险产品，可以选择广播发布促销广告。

广播作为广告媒体的不足是：① 缺少视觉要素，传递复杂或抽象信息的效果较差，因此只能承担一些告知性广告的任务；② 听众往往在收听广播时从事其他活动，如驾车、干家务等，很少全神贯注，因此必须频繁播放，才能使听众记住广告信息并产生印象；③ 生命周期短，听众随时都可能调换电台，广告信息不能保存。

5．直邮广告

直邮广告有一些优于其他广告媒体的特点：① 可以传递比较复杂的广告信息，适用于保险这类复杂性产品的信息传播；② 任意性较强，可以较准确地向目标客户传递信息；③ 适合与人员推销组合使用，取得较好的促销效果。

直邮广告的主要不足是：① 反馈率不高，据美国的有关统计数据，直邮的反馈率一般为 0.3%～0.5%，因此为了保证一定的反馈量，需要投放大量的直邮广告；② 为了增强吸引力，就得提高直邮广告的设计和印制水平，而使费用变得昂贵；③ 为了提高反馈率，需要有效地收集目标市场客户的相关资料和通讯录，这对保险机构及其营销人员的相关工作提出了比较高的要求。

6．户外广告

保险公司经常制作发布户外广告，如灯箱、路牌、建筑物和车身广告等。户外广告可以有效地抓住人们的视线，传递简单信息，所以户外广告更多地被保险公司用于传播企业形象和简单的保险产品信息。

> **课堂实作** 平安代言中国平安 成为中国平安服务大使

今天中国平安在北京万豪酒店召开"心服务，快体验"快易免服务升级发布会。会上，首先进行了活动大会的主要内容讲话，随后邀请出一位神秘嘉宾，这位神秘嘉宾就是中国好声音的平安。平安以一首《我爱你，中国》登场，让全场的气氛到达高潮。早前平安曾透露过有机会接下中国平安公司的代言，而这次平安亮相中国平安发布会，也证实了这个传闻。

据传，平安公司经过和平安的交流之后，决定聘请平安为中国平安优质服务的代言人，并授予他为"平安产险保险服务社会监督员"，担当维护保险消费者权益的使命。而在当天的发布会上，平安从集团总经理盛瑞生手中接过"中国平安服务大使"的授牌，正式完成了代言仪式。

13日，中国平安代言人平安在微博上也发表过一条很长的微博，主要讲自己没成为会计而成为好歌手的过程，并透露自己在中国平安公司实习过，跟这家公司有缘，并在最后卖了个关子，提及这两天会有个大消息要跟大家宣布，是跟自己提及的公司有关。如今结果出来，原来平安是要代言中国平安。

平安代言中国平安，网友们有怎样的看法呢？有网友评论到："平安代言平安！！谁与争锋！""平安是为自己代言吧。""我是平安客户，光头快上门服务吧。"各种搞笑的评论，总而言之，平安代言中国平安，是再适合不过了。

资料来源：节选自哈秀时尚网于2013年4月15日刊载的新闻"平安代言中国平安，成为中国平安服务大使"，http://star.haxiu.com/20130415153824.html。

课堂实作训练：

仔细阅读上述案例并组织学生分组讨论下列问题。讨论完毕后要求每组派出一名代表对本组讨论结果进行评述，时间不超过5分钟。各组评述后由教师进行总结点评。

1. 中国平安为什么邀请歌手平安来代言服务大使？他有哪些特质适合该形象大使？
2. 这种促销方式能够给人留下深刻印象吗？它有哪些创新之处？
3. 通过此次代言，保险公司能够达到怎样的营销目的？

任务8.3 运用保险人员推销策略

8.3.1 熟悉人员推销的特点与作用

人员推销是指采用个人之间面对面接触的形式，通过与客户或潜在客户之间的产品信息沟通交流，以达到说服客户购买产品为目的的一种促销手段。

1. 了解保险人员推销的特点

（1）信息获得的直接性。营销人员可以直接面对面地向准投保人介绍条款内容、险种的特性和功能及保险公司的经营状况等准投保人想知道的任何信息，并通过当面解答准投保人的疑问而打消他们的种种疑虑，从而激发他们的购买欲望。同时，可通过与投保人的接触直接取得有关投保人的各种信息，以便为核保及承保工作提供第一手资料。因此，从某种意义上讲，营销人员肩负着第一次风险选择的任务。

（2）交易及时和信息反馈快。人员推销会使客户感到难以拒绝，在营销人员与潜在客户交流时，一旦客户被激发起兴趣而产生购买动机，便可及时交易。此外，保险营销人员通过与投保人建立良好的沟通，使得交流信息反馈的通道畅通。投保人对保险公司营销策略、险种的评价、服务质量的优劣等，都可以通过保险营销人员迅速、及时地反馈到保险公司，以利于保险公司及时根据投保人反馈的信息调整公司的营销策略。

（3）针对性强。人员推销可通过事先对潜在客户进行了解，做好洽谈准备，在推销时有的放矢，为专门的需求寻找解决之道，增强促销的效果。

（4）亲和力好。保险营销人员可以以自己真诚的微笑、亲切的话语、优雅的举止，表现出对投保人的关心与关怀，从而减少广告或其他促销方式给人们造成的距离感。

（5）保险服务的人性化。保险这种特殊的服务性商品决定了保险公司的竞争最终体现在服务的竞争上。保险营销人员通过提供咨询、送达保单、代办理赔、代送赔款等人性化的服务帮助投保人排疑解难，传递保险信息，被誉为保险公司的"形象大使"。

（6）成本较高对营销人员素质要求高。人员推销是以保险营销人员作为传递信息的载体，因此，企业信息的传播成本大；同时营销人员要有较高的素质才能胜任这项工作。因此，对营销人员的招聘培训、管理的费用较高。

2. 了解人员推销保险产品的优势

保险公司主要采用人员推销它的产品，这是由保险产品的自身特性、营销策略和售后服务的具体要求决定的。人员销售方式在推销保险产品方面的优势如下。

（1）能够双向沟通，提供个性化服务。促销的实质是有关促销产品的信息交流，而一个良好而有效的信息交流过程应当是双向交流的过程。例如，在人员销售活动中，保险营销人员与客户进行面对面的信息交流，保险营销人员能够根据客户的需求和经济实力推荐合适的保险产品或保险产品组合，设计个性化的保险计划书；如果客户拒绝购买则记下拒绝购买的理由。这种双向沟通、个性化的服务优势是其他促销手段所不具有的。

（2）有效激发购买欲望。保险产品是复杂的金融产品，一般较少有客户会主动花时间去了解、比较保险产品。同时，现有的保险产品的条款太过专业，一般客户难以读懂和理解。保险营销人员要花费一定的时间弄清楚消费者的需求，向其推荐最适合其需求的产品。随着双方的接触与交流，营销人员逐步获得客户的信任，并且根据客户的具体情况做出促销动作。在经过这样的过程之后，客户会较容易地做出购买保险产品的决定。所以，人员销售在唤起购买欲望和激发购买行动上往往比其他促销工具更为有效。

（3）建立公司与客户之间的联系通道。保险公司的业务外勤和人员代理人都是代表公司销售保险产品的。他们长期频繁地与客户交往，为客户提供服务，与客户建立了深厚的感情，这样就为公司建立了与客户之间的联络通道。

（4）提高公众保险意识。通过大量营销人员长年累月地与客户面对面地宣传保险和保险产品，并提供售后服务工作，公众的保险意识和对保险产品的了解会逐步提高。人员销售在普及、提高公众保险知识方面的优势作用也是其他促销手段所不能替代的。

8.3.2 掌握营销人员的素质要求

素质是营销人员内在品格与外在能力的综合体现。促销是一种思想性强、技术难度大的工作，所以对营销人员的要求是很高的。一般来说，一个称职的营销人员应该具备以下素质。

1. 品德修养

（1）有强烈的事业心和责任感。事业心和责任感是营销人员必备的首要条件，是做好营销工作的基础。作为一名保险营销人员，应该坚信自己工作的高尚和伟大，要想到保险推销是为千家万户送去平安和幸福，要有献身于推销事业的精神，取得事业成功的坚定信念。只有这样，才能满怀信心地去说服客户购买保险，使推销获得成功。

保险营销人员应忠实于本企业，忠实于自己的客户。保险营销人员的一言一行都代表着保险公司的形象，所以必须对保险公司负责，不做损害企业利益的事。同时，更要为客户的利益着想，为他们排忧解难。这就是保险营销人员应具备的责任感。

（2）遵守职业道德。保险营销人员代表保险公司与客户进行沟通，其品行的优劣不但会影响保险公司的整体形象，还关系到客户的利益，因此遵守职业道德非常重要。保险营销人员应该笃实、诚挚，这是保险营销人员应具备的最基本品质。笃实、诚挚就是讲信用、尊重人，表里如一，言行一致。这就要求保险营销人员必须遵守自己的承诺，尊重每位客户，诚心诚意地为他们服务。展业时一定要如实传递保险信息，切忌为达成交易，不惜采用欺骗和利诱的手段进行推销，如夸大保险的保障作用、隐瞒除外责任的重要事项、对条款做虚假的说明、片面强调有利于自己推销的保险条款中的某几条等。这样做会阻断保险营销人员与客户的交往，使推销之路越走越窄，最终走入绝境。保险营销是一项经济活动，它受到法律的约束和保护，每一名营销人员在营销活动中都应该懂法、守法、知法，考虑自己的行为是否符合国家有关法律的要求。

（3）树立现代营销观念。营销观念是相对于推销观念而言的，推销观念是以企业现有产品为中心，并且以促销刺激需求，从而达到扩大销售、取得利润的目的。营销观念是以企业的目标客户及其需求为中心，从而达到满足目标客户需要、扩大销售、实现利润的目的。树立营销观念，就是把推销观念的逻辑倒过来，善于发现和了解目标客户的保险需求，并千方百计地满足这些需求，将需求的满足程度视为检验营销活动好坏的标准。具体表现为关爱客户，如在为其设计投保方案时，一定要设身处地地为客户着想，尤其要以客户的经济承受能力为前提。

2．仪表修养

（1）保持良好的仪容。在快节奏的现代生活中，人们的生活方式及生活习惯都在不断地改变着，但是衣着、仪容方面的某些标准却有一定的稳定性，保险营销人员在这方面应该"循规蹈矩"。例如，注意保护皮肤，选择合适的发型，要记住时刻保持服装的整洁，养成朴素而不浮华的穿着习惯，注意衣着搭配的技巧。

（2）保持优雅的风度。谈吐文雅，用词得体，语言生动活泼而富有幽默感。保险营销人员主要通过语言与客户进行沟通和交流，从某种意义上说，语言就是保险营销人员内在修养的外在表现。具备良好的表达能力就能准确地表达你的意图，得体的用词能表现出你良好的教育背景，清晰而生动活泼的语言能感染客户的情绪，再加一点幽默感在尴尬时打破难堪，就能拉近与客户的距离。

（3）注意基本礼仪。

① 务必守时。营销工作的特点之一是要经常拜访客户，要占用对方的宝贵时间。因此，一定要切记：遵守约定的时间，最好提前5分钟到达约见地点，以示对客户的尊重。见面前一定要预约，不要贸然前去打扰。

② 真诚问候。见面问候时应落落大方，亲切自然，面带真诚的微笑。讲话时音量、速度要适中。

③ 认真倾听。在对方讲话时，眼睛应平视对方，聚精会神地倾听。营销人员可以把大部分发言机会让给客户，但要按自己的需要控制住谈话内容，要善于引导客户始终不偏离保险这一主题。

④ 熟练应答。对于客户的疑问，保险营销人员应尽可能采用专业的语言回答，并且尽可能给予肯定的答复。当然，应答还应把握原则，违反原则的承诺不可做。

3．心理素质

（1）充满自信心。保险营销人员一定要充满自信，知难而进，热情诚恳，富于创新，具有积极的心态。自信可以帮助营销人员克服困难，消除恐惧，战胜自卑，最终取得进步和成功。

（2）坚强的意志力。保险营销人员所从事的是一项开拓性的工作，它的开展必然伴随着一系列困难。所以要想成功，没有百折不挠、勇往直前的韧劲儿和勇气是绝对办不到的。日本保险推销大王原一平，为了争取一个公司的总经理投保，费了三年零八个月的时间，走访了71次，终于使其家族及公司的全体成员投了保。作为一名保险营销人员，应该不怕失败、不怕拒绝，敢于迎接逆境的挑战。

（3）勤于思考，勇于创新。保险营销人员每天都面对新的环境、新的客户，迎接新的挑战。保险营销是一项需要创新精神的事业，保险营销人员一定要养成勤于思考的习惯。

（4）培养应变能力。应变能力是指保险营销人员在遇到意想不到的突发事件导致自己的心理失调、情绪紧张的情况下，能够稳定情绪、随机应变的一种能力。在保险营销活动中，保险营销人员要与不同民族、不同家庭、不同需求、不同信仰的客户交往，矛盾、摩擦、失意总是在所难免的。例如，登门拜访时被拒之门外，给客户打电话也难以沟通等。因此，培养灵活的应变能力是十分必要的。要提高应变能力，应注意从三个方面来训练自己：一是注意情绪控制训练，有意识地在日常生活中寻找那些高兴的或失意的事来调节自己；二是进行思维训练，可以模拟不同性质的突发事件，进行"发散性"思维，尽快寻找出恰当的对策；三是预料事件的后果，根据事件性质和事态发展状况，尽可能多地预料可能的结果以便做好充分的心理准备。

4. 业务素质

（1）具有丰富的专业知识。优秀的保险营销人员除应具备包括企业知识、产品知识、客户知识、市场知识在内的专业知识外，还应了解与专业知识相关的法律方面的知识、财务方面的知识及人际关系、经济地理等方面的知识。只有知识丰富、广博，才能出色地完成促销工作。

① 保险公司知识。要了解保险公司的历史、发展及现状，保险公司在保险市场中的影响与地位，保险公司的经营策略、营销策略、服务策略、营销网络、组织结构等。

② 保险知识。要精通保险基础知识，熟悉公司所有险种的保障范围、保险责任、除外责任、保险费率、保险金额等，掌握各条款内容。

③ 客户知识。掌握保险消费者的购买动机、购买目的、购买习惯、购买时间与方式、购买决策等情况。

④ 保险市场知识。了解保险市场动态、险种的竞争状况、费率行情及其他保险公司的险种特色等。

⑤ 公共关系知识。从某种意义上说，保险营销人员就是保险公司的公关人员。因此，为了密切保险公司与社会公众的关系、提高保险公司的知名度、树立良好的保险公司形象，保险营销人员必须掌握公共关系的基本知识。

⑥ 保险相关知识。为了推销，营销人员还应尽可能掌握生理学、医学、数学、心理学、社会学、广告学、法律学、经济学等方面的知识。琴棋书画、风土人情有时也会成为重要的沟通内容。

（2）熟练掌握推销技巧。保险营销人员要善于选择适当的时机与客户进行洽谈，并善于接近和说服客户，取得客户的信任，能有效地克服客户购买时的心理障碍，处理客户在面谈中提出的各种异议，善于把握成交的合适时机，最终使客户投保。

（3）具有高超的业务技能。一是具有敏捷的思维能力，能够在瞬息万变的市场中把握时机并做出积极的反应。二是具有吸引客户的能力，能够揣摩不同客户的购买心理，投其所好，激发其购买欲望。三是有较强的创造能力，能够在广泛调查的基础上识别未被满足的市场需求，寻找有利的市场机会，在激烈的市场竞争中出奇制胜。

5．社交能力

社交能力包括与人交往使人感到愉快的能力、处理异议的能力及控制交往氛围的能力等。客户各不同，优秀的营销人员能充分掌握客户，凭丰富的经验能快速判断客户的类型，并及时调整销售策略，始终让客户在自己设定的轨道上运行，最终帮助客户解决问题。

8.3.3　掌握保险营销人员的管理

由于保险行业是关系公众利益的行业，保险营销人员和保险组织一样都受到严格的监管。我国《保险法》、中国保监会颁布的《保险代理机构管理规定》与《保险经纪机构管理规定》等法律法规都包含了对保险营销人员（保险代理人、经纪人）的监管内容。

1．从业资格管理

从业资格管理是指对保险代理人、保险经纪人从业的基本资格管理。为了获得从业资格，符合保监会规定报考条件的保险代理人、保险经纪人必须参加中国保监会统一组织的保险从业人员资格考试。考试合格后方可申请领取由中国保监会统一印制的"保险从业人员资格证书"。该证书是中国保监会对保险代理、经纪从业人员基本资格的认定，但不具有执业证明的效力。

2．执业资格管理

执业资格管理是指对已取得"保险从业人员资格证书"的代理人、经纪人加入保险组织并接受委托开展保险销售及服务的资格的管理。按照中国保监会的规定，保险公司和保险代理公司对从业的保险代理人，保险经纪公司对从业的保险经纪人实行执业资格管理。

上述保险从业人员如果符合保监会规定：年满18周岁且具有完全民事行为能力；品行良好，正直诚实，具有良好的职业道德；在申请前五年未受过刑事处罚或严重的行政处罚。由所在单位或户口所在地街道办事处以上的政府机关开具的以往行为证明材料，由所在公司负责核发由中国保监会统一监制的"执业证书"。"执业证书"是保险代理、经纪从业人员从事保险代理、经纪活动的证明文件。

3．从业行为管理

我国保险法律法规还对保险营销人员的行为规范做了明确规定。例如，保险代理人、经纪人不得欺骗保险人、投保人、被保险人或者受益人；不得隐瞒与保险合同有关的重要情况；不得阻碍投保人履行法律规定的如实告知义务，或者诱导其不履行法律规定的如实告知义务；不得与非法从事保险业务或保险中介业务的机构或个人发生保险代理业务往来；不得超越授权范围，损害被代理保险公司的合法权益；不得挪用、侵占保险费；不得向客户做不实宣传、误导客户投保等。保险营销人员如果违反了法律规定，将受到处罚，甚至被吊销执业资格。

对这些法律、法规和管理规定，保险营销人员要认真学习，严格遵守。

4. 执业合同管理

执业合同管理是指保险组织遵照《保险法》和保监会的有关规定，就有关保险营销人员在组织服务期间双方权利义务给以明确规范的管理活动。执业合同管理通过两种方式进行：一是对保险组织与保险代理人（经纪人）双方的权利、义务通过签订合同的方式给以明确；二是保险组织制定管理制度，对佣金收入、业务考核、福利保障、办公环境与办公条件及代理人组织利益等事项进行管理。

> **课堂实作 优秀保险营销员 诚信比业绩重要**
>
> 记者从市保险行业协会（简称"市保协"）获悉，本月初开始启动的2012年十佳诚信保险营销员暨优秀保险营销员评选活动，已经有了初步评选结果，开始进入公示阶段。初评出的10名诚信保险营销员和78名优秀保险营销员，已经在重庆市保险行业协会网站上向社会公示，接受市民监督。
>
> "评优活动办公室由市内各大保险公司分管个险、服务的负责人以及保协的专业人士组成。"市保协向记者表示，由各家保险公司共同参与进行行业评选，确保了评选的公平、公正、公开。
>
> 据介绍，今年的评选，13家保险公司共推荐符合申报条件的十佳诚信保险营销员参选人员24名；20家保险公司在6.9万名营销员中，推荐了符合申报条件的优秀保险营销员参选人员78名。经过重庆市保险行业协会评优活动办公室初审，有10名十佳诚信保险营销员和78名优秀保险营销员进入公示阶段。市保协表示，名单公示后，欢迎市民随时给予监督。
>
> "诚信、优质的服务，在服务市民时从未出现销售误导等，都是我们本次考量的重点。"市保协相关人士表示，"最终获选的营销员，不一定是保险销售业绩最好的，但一定是诚信最好的。"此外，除了不能有不良从业行为记录及有效投诉，坚持诚信为本、一诺千金的服务理念，"本人有见义勇为行为，或获得过区县级以上道德模范，获得过感动人物等荣誉称号，都会对其评选加分不少"。
>
> 市保协表示，重庆保险业希望把该评选表彰活动作为行业诚信建设的重要平台，弘扬行业"守信用、担风险、重服务、合规范"的行业核心价值理念。
>
> 资料来源：节选自重庆晨报网于2013年4月9日刊载的新闻"优秀保险营销员，诚信比业绩重要"。
> http://cqcbepaper.cqnews.net/cqcb/html/2013-04/09/content_1627397.htm。

课堂实作训练：

仔细阅读上述案例并组织学生分组讨论下列问题。讨论完毕后要求每组派出一名代表对本组讨论结果进行评述，时间不超过 5 分钟。各组评述后由教师进行总结点评。

1. 根据以上材料分析优秀的保险营销人员所具备的素质。

2. 角色扮演：

假如你是一名保险营销人员，在小区的路上看到一位推着婴儿车的年轻妈妈。你打算如何取得客户的信任，并使他们最终成为你的客户。

任务 8.4　运用保险公关策略

保险公共关系是保险公司一项十分重要的管理职能，它有助于树立保险公司的良好形象，赢得内外部公众的理解和支持，帮助实现市场营销目标。

8.4.1　认知保险公关

1. 公共关系的概念

所谓公共关系，是指某个社会组织以公众利益为出发点，通过有效的管理和双向信息沟通，在公众中树立良好的形象和信誉，以赢得组织内外相关公众的理解、信任、支持与合作，为自身事业的发展创造最佳的社会环境，实现组织的最终目标。

2. 保险公关的主要对象

（1）客户和准客户。客户和准客户无疑是保险公司的重要公关对象。对他们的公关，一是要提供高质量的产品服务。这是保险公司建立良好客户关系的基础。保险公司要设计出有整体概念的产品，即包括产品的核心、产品的形式和产品的附加利益来满足各个层次客户的需求。二是要提供完美的售后服务。客户购买了保险意味着保险服务的开始，公司要组织业务员定期进行客户回访活动；无论是购买保险还是保险咨询、退保、保全，还是申请理赔，公司都应该提供诚信、热情、周到、细致的接待服务。三是提供一些免费体检、健康讲座、儿童教育讲座等附加服务。四是组织一些客户联谊活动，以增进客户与公司的联络和感情。五是一些客户量较大的保险公司，可以建立保险消费者团体，如 VIP 客户俱乐部，不仅可以稳定高端客户，而且有利于提升公司的整体服务水平和美誉度。

（2）保险中介商。对保险公司来说，公司与客户之间最重要的中间环节是保险中介商。保险中介商是指处于保险公司与公众之间按照某些约定，进行保险信息沟通、保险产品销售和保险服务的机构或人员。保险中介商包括保险代理公司、保险经纪公司、保险公估公司、兼业保险代理机构和个人保险代理人等。

（3）新闻媒体。对保险公司来说，新闻媒体是一个能够影响其他公众，以实现公司公关目标的一个特殊公众，慎重地处理好与新闻媒体的关系非常重要。

（4）行政机关及金融机构。金融机构是保险公司的重要合作伙伴，保险业务的开展离不开银行的支持和配合，如保险缴费、保险金的领取和保险资金运用等。有很多银行本身就是保险公司的兼业代理机构，所以保险公司要把金融机构作为重要的公关对象。

8.4.2 掌握保险公关的主要手段

1．制造和利用新闻

在保险营销活动中，保险公司可以通过公共关系发现或创造有关公司、人物及险种的新闻，并通过媒介尽快公布于众。利用新闻媒介传播企业的信息往往要比保险公司自己宣传效果更好，因为公众往往对新闻传播有较高的信任度，而且自己宣传总有"老王卖瓜"之嫌。因此，通过制造和利用新闻来达到保险公司对外宣传的目的是非常有效的一种手段。

2．适时演说

保险公司通过精心挑选出来的"对外发言人"，定期或不定期地在电视上、广播中接受采访，回答观众或听众的问题，对沟通保险公司与外界的联系、树立保险公司良好形象有着极其重要的作用。

3．利用特殊事件

保险公司可以安排一些特殊事件，引起人们对保险公司、对保险公司服务及险种的关心。保险公司可以利用新险种推介会、保险研讨会、保险知识竞赛、保险公司周年纪念，对外宣传保险公司的行为与形象。例如，对某次重大自然灾害进行及时理赔、募捐活动的宣传报道等。

4．发行出版物

保险公司可以通过编写各种书面与视听材料来宣传和普及保险知识，为提高全民的保险意识和保险素质做出不懈的努力。好的出版物能引起社会公众对保险公司的注意，帮助建立公司形象。

5．赞助和支持社会公益事业

保险公司通过对社会公益事业的赞助与支持，采用赠送保险、为希望工程捐款、为抗洪抢险捐资出力等活动来提高保险公司的知名度和在公众中的形象。保险公司还可以采取如为见义勇为者赠送意外伤害保险的事件来激发和鼓励人们的见义勇为行为，为社会、国家做贡献。例如，中国太平洋保险公司为"援疆干部"赠送意外伤害保险来支持国家对边疆的建设。

6．设计保险公司标识

保险公司为了能在当前日益加剧的市场竞争环境和日益增多的竞争主体中，突出保险公司形象，就必须创造和强化保险公司的标识，设计出新颖、醒目、富有内涵且便于记忆的保险公司标识，达到一种人们一见到它就会联想到某保险公司的效果，如公司徽标、形象代表、标志性建筑等。

8.4.3 运用保险公关促销决策的方法

1．确定保险公关的营销目标

（1）提高保险公司的知名度。保险公司充分利用媒体宣传本保险公司的特色和优势，吸引外界对保险公司的注意，从而扩大保险公司的影响力和知名度。

（2）树立良好的信誉。保险是一个讲求信用和信誉的行业，保险公司要积极参与社会公益事业和媒体的宣传，提高保险行业信誉度。尤其要防范保险公司的业务人员因其品行不端而有损保险公司形象的事件发生。保险行业只有具有良好的信誉度，才能加深投保人的信任，进而扩大销售。

（3）激励营销队伍和中介人。保险公关涉及两个方面：一方面是外部公关；另一方面是内部公关。内部公关的目的是要激励营销人员、保险代理人和保险经纪人的工作积极性和热情，使他们端正工作态度，积极为客户服务，使保险公司的形象内外一致。

（4）降低促销成本。公共关系活动的成本比直接邮寄和商业广告的花费都要低，且不像商业广告活动那样带有浓厚的商业味，易获得公众的理解和信任。

2．选择保险公关的信息与手段

保险公司在确定公关的营销目标后，还要筛选实现这一目标的有用信息和选择合适的公关手段。通常，保险公司要将有典型意义和代表性的事件、活动与保险的意义相结合，宣传保险的作用或本企业的信誉。

3．实施公关方案

实施公关方案时，首先，要取得新闻机构的支持，因为少了新闻媒体，保险公关的影响范围和力度都会大打折扣；其次，应获得保险公司内部员工的支持，因为一次大型的公关活动需要大量的人力、物力，有了内部员工的支持，就会使公关活动得以顺利开展。

4．评估公关效果

由于公共关系经常作为促销方式与其他促销方式混合使用，因此很难衡量公关的效果。当作为唯一的促销方式单独使用时，公关的效果是比较容易评估的。评估的方法一般有以下三种：

（1）展露次数，主要是统计公共关系宣传通过媒体展露的次数。一般来说，展露次数越多，宣传效果和促销效果越好。

（2）评估注意、理解、态度的变化，这是通过调查分析方法了解人们对某种保险产品或保险公司的注意、理解、态度的变化。

（3）保险费收入和利润的变化，主要统计实施公共关系后一定时期内，保险费收入和利润的变化情况，将它们与实施前的状况对比，从中推断公共关系的效果。

> **课堂实作**　中国人寿热心公益事业　践行企业社会责任

"撒播爱心、造福社会"是中国人寿永恒的价值理念,中国人寿秉承"以人为本、关爱生命、创造价值、服务社会"的企业使命,将积极承担社会责任作为核心价值观,追求企业与社会共生共荣,和谐发展,回馈社会,坚持不懈地参与助学扶贫、急难救助、环境保护等公益事业。

自 2003 年以来,中国人寿各项慈善捐赠总额已超过 2 亿元人民币。2006 年以来,捐建了 18 所"中国人寿长征小学",15 所地震灾区"中国人寿博爱学校"和 7 所"中国人寿小学"。

2008 年,在南方雨雪冰冻灾害、5·12 汶川特大地震发生后,中国人寿及员工、国寿慈善基金会累计捐款超过人民币 6 000 万元,中国人寿为参加抗震救灾的人民解放军、公安干警等 12 类人员捐赠人身意外伤害保险,并宣布由国寿慈善基金会助养地震孤儿。

2010 年 4 月,青海省玉树州发生了 7.1 级强烈地震,中国人寿以对客户、对社会高度负责的态度,立即成立抗震救灾应急小组。当日 14 时,抗震救灾先遣队已第一时间驱车赶赴玉树县结古镇,全力投入抗震救灾和出险客户的理赔工作。

2011 年 3 月,民政部与中国人寿慈善基金会在京签署了"中国人寿玉树地震孤儿助养项目"和"中国人寿舟曲泥石流孤儿助养项目"合作协议。根据协议,中国人寿慈善基金会将从灾害发生之日起,为 403 名玉树地震致孤儿童和 56 名舟曲泥石流致孤儿童每人每月资助 600 元爱心助养金,直至每名孤儿年满 18 周岁或被收养之日止。

资料来源:节选自人民网于 2012 年 4 月 26 日刊载的新闻"中国人寿热心公益事业,践行企业社会责任",http://www.022net.com/2012/4-26/522227362594372.html,节选时有删改。

课堂实作训练:

仔细阅读上述案例并组织学生分组讨论下列问题。讨论完毕后要求每组派出一名代表对本组讨论结果进行评述,时间不超过 5 分钟。各组评述后由教师进行总结点评。

1. 总结并分析中国人寿的慈善义举将会树立怎样的企业形象。
2. 除了慈善义举,你认为保险公司还有其他的哪些方式有助于树立良好的企业形象。

任务 8.5　运用保险营业推广策略

8.5.1　认识保险营业推广

1. 营业推广的概念

营业推广是指采取某种激励措施,用以鼓励分销商出售某种产品或诱使消费者购买某种产品的促销活动。在当今市场竞争日益激烈的情况下,营业推广是企业常用的促销手段,也是目前许多消费者热衷的购物选择因素之一。有许多营业推广的实例——小到购物时商店或生产厂家赠送的电水壶、咖啡杯、挂历、折叠伞等；大到汽车和房地产经销商提供的折扣优惠和按揭服务。这些五花八门的推广手段和促销物品，其目的无一不是刺激消费者能够选择购买他们公司的产品。在促销组合中，企业常将营业推广所采用的激励手段与广告宣传或与人员推销手段结合使用，以收到更好的促销效果。

2．保险产品营业推广的特点

（1）保险产品的无形性。因为保险产品是无形的，所以它不可能像一般的有形产品一样，可以向分销商和消费者开展现场表演或组织订货会等推广活动。

（2）保险产品的法律属性。保险产品的购买过程实际上是一个法律文书（保险合同）的签订过程。保险消费者实际得到的是在发生特定的保险事故（保单上列明）时，保险公司允诺按约定给付保险金的合同。很显然，保险产品的营业推广也不能采取试用、赊销、批发折扣等推广手段。

（3）保险产品定价的科学性和价格监管的严肃性。为了保证保险公司今后偿付能力，中国的保险监管部门对保险产品定价有着严格的监管制度，因此保险价格一经确定不允许采取降价销售、折扣等违反保险产品价格的监管做法，这也是保险产品营业推广和一般产品营业推广不同的地方。

8.5.2　掌握保险同业推广的方式

面向分销渠道成员举办的促销活动称为同业推广。作为营业推广促销策略的一部分，保险公司的大部分促销活动都是面向其分销商和人员代理人进行的。这是因为，无论是从国际还是国内保险市场的实践来看，绝大多数保单都是通过保险代理人销售出去的。所以，保险公司非常重视同业推广活动。下面，我们介绍主要的保险同业推广的方式。

1．提供销售辅助

提供销售辅助的目的是使销售变得更容易。保险代理人感到代理保险产品最困难的一项工作，就是向准客户解释保险产品如何满足其需求。首先是因为保险产品可以满足客户的基本需求集中体现在因自然灾害和意外事故造成的财产损失、残疾、疾病或死亡的保障上——但大多数老百姓忌讳谈论这些话题。其次是因为保险产品非常复杂，特别是人寿保险产品和投资理财类保险产品，口头讲述常常不能解释清楚。最后是对于客户来说，人员的口头说明可信度很差。因此，保险公司为了帮助营销人员完成这项工作，设计出多种促销辅助资料，如各险种（如家庭财产保险、机动车辆保险、分红险和重大疾病保险）的宣传单，宣传海报，展业话术资料，计算机编制的投保计划书，投保建议书和现金价值表等。

2．合作广告

常用的合作广告有两种：一种是在要求营销人员销售某个保险产品时，公司提供详细的产品宣传资料或公司形象宣传资料，帮助营销人员做好某一区域内的广告宣传；另一种是保险公司帮助业务人员在新闻媒体上做人员广告，以公司的名义推介、宣传营销人员的优秀事迹，这种推介可以让营销人员在客户中产生很好的信誉，从而可以争取到更多的客户。

3．达标奖励

达标奖励主要用于保险公司对分销商或代理人在某一时间段达到某一保险费指标后承诺给予额外费用奖励的推广手段。例如，某保险公司与某专业保险代理公司达成协议，规定机动车辆保险的佣金标准为保险费的8%，但在代理公司完成500万元的机动车辆保险费后，另外给予1%的费用奖励。保险公司使用达标奖励的目的是促进保单销售。有时，保险公司需要对某一产品进行推广，则把给予达标奖励的保险费收入限定为某一具体险种，以刺激该险种销售额的较快增长。

4．销售竞赛

销售竞赛是通过组织面向代理机构（代理公司、经纪公司和兼业代理机构）和人员代理人的业务竞赛，对竞赛的获胜方给予某种精神激励或物质奖励的推广活动。销售竞赛活动可以是刺激总销售额的增加，也可以是侧重某个险种销售额的增加。用来进行促销的险种往往是新推出的险种、需要尽快开发市场的险种、效益较好的险种或对公司经营有重大影响的险种。精神激励包括授予荣誉称号、奖杯奖状、获奖证书、总经理荣誉餐和参加公司精英会议的资格等。有时竞赛奖励还涉及获奖人员的家属。这些精神激励对公司业务员和保险代理人非常珍贵，因为这些激励不仅满足了他们的成就感，而且代表了他们的展业技能和业务素质。他们往往将荣誉称号印在自己的名片上，或者将奖品、奖状拍成照片随身携带，必要时拿出来给客户看，这会增加老客户对他的信任度，促使老客户今后继续向他购买保险，与新客户洽谈保险时也是一个有效的促成工具。竞赛的物质奖励包括颁发奖金、奖品和组织旅游等。

5．营销刊物

编辑出版营销刊物是保险同业推广的一个特色手段。营销刊物在营业推广中可以起到三个方面的促进作用：一是通过营销刊物对业务员的销售业绩进行追踪，业务员从营销刊物中可以了解自己及其他代理人的销售业绩。通过展示名列前茅的营销人员的业绩，可以调动营销人员你追我赶的展业热情。二是营销刊物还经常介绍那些获得公司或行业奖励和专业称号的业务员，这无疑给其他业务员，特别是刚刚进入公司的新人树立了一个成功的标杆，会激励更多的业务员努力销售保险。三是营销刊物上还经常刊登一些优秀业务员的展业经验、公司新险种介绍和业务管理方面的资讯、金融保险专家的文章及保险新闻等，可以起到教育培训和业务辅导的作用。

6．高峰会议

通俗地说，高峰会议是对保险营销高手进行表彰激励的会议。保险公司总部和下面的分支机构都有自己的高峰会议。一些实力强大的保险总公司的高峰会议甚至到国外召开，以使业务员获得成就感。参加高峰会议的业绩标准或名额通常在年初公布，业务员只有达到一定标准的销售额时或进入规定的业绩排名范围内，才有可能获得出席全国或当地高峰会议的资格。高峰会议还往往安排培训方面的内容，如邀请有关专家授课，安排一些优秀业务员交流分享等。

7．明星俱乐部

明星俱乐部的组织宗旨、入会条件和高峰会议基本相同，它也是保险同业推广的一个有效手段。明星俱乐部与高峰会议的区别是：明星俱乐部是以业务员（代理人或公司外勤）名义组织的会员制组织，明星俱乐部会员不仅享有荣誉，而且享有一定的福利待遇，如会员可以享受办理额外的养老保险、提供培训、赠阅保险专业报刊、组织旅游和外出观摩学习等。

8．提供业务培训

提供业务培训是同业推广的一个重要手段。对完成销售业绩的人员给予参加高层次培训的机会，提高他们的展业水平和专业素质，可以使他们今后有一个更大的发展空间。

8.5.3 掌握客户和准客户推广的策略

针对保险消费者和团体保险购买者举办的营业推广活动称为客户和准客户推广。客户和准客户推广是牵引式推广策略的例子，在保险行业中被广泛使用。客户和准客户推广的形式包括以下几种。

1．特制广告

特制广告在保险业内俗称保险宣传品，是指利用印有公司名称、标志、地址、电话号码或产品销售信息的日常生活用品来宣传公司或其产品的一种促销方式。与其他大多数促销方式不同的是，特制广告不一定是购买保险才赠送，而往往作为拜访客户时增进感情的一种手段。例如，保险代理人可能会首先通过电话向客户介绍一种养老保险并进行约访，然后在送有关保险宣传资料的同时，会附上一本印有公司名称的挂历，这样便可以很快拉近与客户之间的距离。因为保险公司是大批量制作特制广告物品，所以通常制作成本会很低。

2．赞助活动促销

赞助活动促销是指保险公司对一些社会影响力较大的团体或社会公益活动投入资金，除去获得活动冠名和现场广告发布等回报之外，往往还可以得到一些活动入场券，以此送给客户作为购买保险的一种奖励。例如，赞助一场著名歌星演唱会、芭蕾舞剧的演出、足球比赛等。赞助活动促销，重要的是要选择好赞助活动项目，该活动项目要能够对保险目标客户产生吸引力，这样促销的效果才好。

3．赠送保险

在一般产品的营业推广活动中，赠品是指免费或低价提供的物品，作为购买另一个商品的奖励。赠送的保险一般是保险期间较短、保险费不高的险种，如家财险、意外险和一些附加险种。赠送客户的保险虽然保险费不高，但最好是能够与客户自购的保险产品组合配套，使客户在某一方面的保障功能更加完善或者全面。例如，客户购买重大疾病保险以后，赠送附加住院医疗保险，就可以使客户无论是大病还是一般的住院治疗都能够得到保险公司的经济补偿。赠送保险是保险代理人常用的促销手段。

4．VIP 客户俱乐部

和其他行业一样，"二八"定律同样适用于保险产品的销售，即 20%高端客户产生出 80%的保险费收入。为了稳定和扩大公司的高端客户群体，一些保险公司组织公司的 VIP 客户俱乐部。客户入会采用保险费或保额折算积分办法，按事先制定的折算比例，将客户缴纳的各类保险费或保险金额折算成标准积分，达到入会最低积分标准时客户就可以申请入会。会员客户可以享受到公司特殊的、个性化的服务，如享受"绿色通道"快捷服务、遇到意外时的紧急救助服务、过生日时得到公司赠送的生日蛋糕、免费体检等。这些特色服务可以满足高端客户对"尊贵"、"身份"和"地位"的心理需求。

5．产品说明会

产品说明会是指通常由保险公司组织、由保险代理人发出邀请，把客户或准客户集中到一个场所（通常是会议室），由公司的专业人员就保险知识、公司情况和保险产品进行专业说明，并辅以其他促销手段，从而实现异议处理，乃至促成签单的一种推广活动。

（1）产品说明会的促销优势。产品说明会是近几年来被保险公司广泛采用并且取得良好促销效果的营业推广形式。产品说明会的促销优势有：

① 可以消除客户对业务员的不信任感，提高促销成功率。产品说明会可集合公司的力量，透过专业化的运作，展示公司的实力和专业化经营，增进公司和客户的相互信任。通过专业人员的专业讲解，弥补业务员专业知识的不足，宣传不能令人心服的不足，解答客户疑虑，提高促成率。

② 节省时间成本，提高销售效能。在这种销售形式下，业务员只负责寻找准客户和邀请准客户参加说明会及对说明会会后的跟进动作，而对于销售环节中难度最大的说明和促成，由公司在一个较短的时间内面对几十位甚至更多客户统一进行，效果更好，从而节省了业务员的时间。业务员可以将节省的时间用来拜访更多的客户，提高拜访量。

③ 产品说明会具有同业推广和客户推广组合运用的效用。在实际操作中，产品说明会往往是同业推广活动的一个配套措施。例如，在某个销售竞赛中，公司允诺在竞赛期内召开若干次产品说明会来帮助业务员提高销售业绩。而在说明会过程中，对应邀参会的客户一般都赠送特制广告物品，另外对现场签单的客户也往往有礼品赠送，因此推广效果明显。

（2）产品说明会运作要领。

① 做好内容规划。针对说明会的目的和客户的层次准备相关的内容，一般可分为理念宣导（如风险的理念、理财的理念）、产品说明（产品的独特优势）和公司介绍（加强客户对公司的信赖）等内容。

② 做好会场准备。会议场所的选择要考虑来宾交通是否方便和参会人数，做好会场布置，如张贴欢迎标语等。

③ 做好物品准备。除了准备教学设备、音响设备之外，还要准备宣传资料（公司介绍资料、产品资料）及鼓励签单用的小奖品等。

④ 做好对业务员的发动与组织工作。利用早会或组织特别早会进行专题发动工作，首先从主观上引起业务员的充分重视。要在营销团队中营造说明会的专业性与权威性，让业务员知道通过说明会可以帮助他解决哪些实际问题，让他们觉得能够请自己的客户参加说明会，无论对客户还是自己都是一种荣誉，值得自豪。

产品说明会对扩大销售虽然有一定的促销作用，但是过于频繁地组织产品说明会会造成代理人的依赖心理，降低自我展业能力，同时说明会过于集中，参会的客户往往不是目标客户，会造成促销效果不好，对代理人的心态也是一种打击。

6．整合营销

所谓整合营销，就是从客户的角度思考，通过研究他们的需求以及他们愿为此付出的成本，来进行多角度、全面的广告策略、媒体利用，主动引导客户消费，以达到企业与客户双方利益的最大化。

对于保险公司来说，客户在购买保险时会有一个主要需求。这个主要需求可以带动一些下游需求。保险公司的整合营销，就是将自身拥有的资源充分地"整理"、"结合"，将营销过程清晰化、系统化。保险公司一般从以下几个方面开展整合营销活动。

（1）客户群整合。保险公司对客户群定义越精准，了解得越多，就越能有效地接触到客户并向他们传递信息。例如，泰康人寿致力于为工薪白领人群提供寿险服务，因此整合这个群体，倡导青春、健康、时尚、幸福美满的工薪白领人群的现代生活观、现代消费观和家庭价值观。

（2）客户需求整合。保险公司要获得发展，首先要赢得客户信任；赢得客户信任，必须保障客户的切身利益；保障客户的切身利益，就必须深刻了解客户需求。只有深刻了解客户需求，才能做好整合营销。

例如，平安人寿保险公司则把 30～45 岁的客户划分为一个群体，他们大多拥有家庭和事业，需要面对偿还车贷、房贷、子女教育和自身养老的多重压力，所开发的产品可以有针对性地解决他们的困惑。明确整合方向，才能有的放矢。

（3）客户价值整合。在西方发达的保险市场上，核心业务日趋复杂，北美和欧洲寿险公司开始着手整合系统，建立统一业务平台。随着中国保险业务的持续高速增长，客户需求复杂程度加大，整合资源、简化系统成为大势所趋。

整合资源，简化系统，从客户角度出发，令客户体验最大化的价值。保险市场上，许多成功的产品可以复制，但却很难复制产品背后的根本力量。保险公司应该尽量发挥产业链相关的协同效应，对客户数据进行分类、挖掘和整合，发现最有价值的客户，综合评估客户的全部风险，并为其提供全面的金融解决方案和质量更高的服务。

8.5.4 运用保险营业推广的策略

保险公司制定营业推广方案，需要遵照保险产品的销售规律，考虑众多影响因素做出正确决策，以求推广活动能取得较好的效果和效益。

1．以同业推广为主、客户推广为辅的组合策略

根据保险产品自身的复杂性、保险监管的特殊性和保险产品以人员推销为主的销售方式的特点，保险营业推广应该采取以针对保险代理机构和保险代理人的同业推广为主、保险客户推广为辅的组合方式进行，这样的推广效果最好。因为按照保险产品的销售特点，即使开展保险客户推广活动，也需要广大的保险代理人去传播宣传和辅助落实。

2．推广力度适中的策略

营业推广的攻势过强，力度过大，物质奖励过高，容易引起公众反感。营业推广活动总是伴随着各种优惠条件和强大的宣传攻势，这虽然有利于保险公司尽快推销保险产品，短期内刺激保险费收入迅猛增长，但如果要求销售业务规模过大、过急，容易使代理人产生急躁情绪，也往往使客户产生逆反心理。此外，在对代理人的同业推广中，要遵循推广活动不能过于频繁、精神激励和物质奖励相结合、物质奖励的力度要适中的原则。否则，推广活动会成为一把"双刃剑"，造成没有推广活动，代理人就不做或少做业务，出现保险费收入大起大落的现象。

3．客户需求导向为主的推广策略

在营业推广中，是以产品导向还是以客户需求导向，主要取决于公司的营销计划。产品导向的营业推广通常是新产品促销策略的有效组成部分。但是，产品导向推广对已经上市多年的保险产品，促销的效果要略差一些。大多数保险公司鼓励代理人根据客户需求导向来进行销售，而不是为推销某一特定的险种去寻找、接近准客户。因为产品导向促销是根据某一特定险种业务的销售额来奖励代理人，过多的产品导向促销活动如果再加上过大的奖励力度，可能会诱使保险代理人不能准确地选择准客户，不能正确地宣传保险产品，留下客户今后撤单或退保的隐患，从而对保险公司的企业形象和客户资源的有效利用产生不利影响。

4．推广时限和时机策略

推广的时限要适中。推广时间过短，会使一部分潜在客户来不及购买；时间过长，则

会失去推广的刺激度,失去对保险客户的吸引力。在营业推广的时机上,并非任何时候都能采用。时机选择得好,能起到事半功倍的效果;时机选择不当,则效果适得其反。企业应综合考虑年度市场营销计划、保险产品寿命周期、准客户收入状况及购买心理、市场竞争状况等,不失时机地制定营业推广策略。一般来说,年末、年初、国庆、元旦至春节期间,公司重大庆典、新产品推出等,都是开展营业推广的有利时机。投资理财类保险产品一般放在年底和第二年年初组织营业推广的效果较好,因为此时正是人们年终奖金发放的时间。

5. 营业推广费用策略

推广费用一般包括管理费用(如印刷费、会议费和活动费等)和刺激费用(如奖品、奖金和旅游费用等)。组织策划营业推广活动,必须仔细测定营业推广的总预算,以确保公司能够受益。

8.5.5 运用保险营业推广效果评估的方法

保险公司营业推广活动总是围绕某一特定的保险费收入目标来组织进行的,而且公司为此投入了大量的人力、物力和财力。因此,保险公司应该对每次推广活动的效果进行测定,这对今后推广方案的不断完善及公司销售战略的决策尤其重要。营业推广的效果评估方法是:

(1)对推广活动开展之前、活动期间及活动之后的保险销售情况进行记录并进行数据分析比较,以测定某一营业推广活动对保险费收入所产生的影响。

(2)对包括保险代理人在内的推广对象进行调查访问,来确定他们是否喜欢某种推广活动,影响程度有多大。

课堂实作 保险产品说明会不断:口碑应大于签单

产品说明会本来是保险销售的一种好方式,可近一段时间来,这种方式却被有的人故意变了样,其结果直接导致误导增多、投诉增加,保险业整体形象受损。产品说明会本身无错,错的是那些利用产品说明会谋取不当利益的人和机构。无病要防,有病要治。最近,众多寿险公司、营销人员、监管机构和专家都从消费者权益角度出发,共同寻求治疗产品说明会误导病症的药方,推动产品说明会良性发展。

"我们小区几乎80%的居民都在信箱内拿到了保险公司产品说明会邀请,但事实上,我们并没有投保过该公司!这样的信息轰炸何时能歇一歇呢?"日前,某市民表达了对这类邀请的厌倦。

投诉颇多的产品说明会实质是部分寿险营销人员假借公司名义举办的。一般而言,营销人员会通过向市民信箱塞送邀请函,以"礼品回馈"、"金融讲座"、"保单服务"等名义请市民参加产说会,并"要求"市民携带身份证、银行卡等证件。产品说明会现场,则以

"领奖品"等名义要求市民在相关材料上签名。事后有的营销人员可能会利用这些材料编制投保材料，对签名进行描红、复制，市民面对极其相似的签名也无从辨别。

"客户是否会在我们这里投保，不光取决于我们人员，还受到公司知名度、品牌美誉度及客户保险意识等方面的影响，所以在举办产品说明会时我们应该将重点放在向客户宣传公司品牌、使客户了解保险功能和积累客户等方面，不能为一时的签单多少而盲目悲欢。"平安人寿上海分公司从业10年的营销人员黄女士如是表示。

某合资寿险理财顾问小张表示，产品说明会上，有丰富多彩的活动、讲师动情的演说，甚至有礼品赠送，有的客户一时兴起有了投保的打算，但实际上他或许并没有真正认识到保险的作用，也没有充分考虑自己到底需要什么样的产品。这种情况下我们不应该让客户立刻签单，而要帮助客户补充保险知识，让他清楚地了解自己的权和益，给他充分考虑的时间，这样才能赢得忠实的客户，并且获得好口碑。

资料来源：节选自网易新闻网于2011年3月17日转载自中国经济网新闻"保险产品说明会不断，平安、幸福人寿'轰炸'最猛"，http://news.163.com/10/0317/10/61VJ745M000146BD_2.html，节选时有删改。

课堂实作训练：

仔细阅读上述案例并组织学生分组讨论下列问题。讨论完毕后要求每组派出一名代表对本组讨论结果进行评述，时间不超过5分钟。各组评述后由教师进行总结点评。

1. 结合自己经历过的产品说明会，对比以上材料，你认为保险公司组织产品说明会的最终目的是什么。
2. 面对客户对产品说明会的误解，你将如何向客户解释产品说明会的功用？
3. 假如在一次产品说明会现场，一位客户为了拿到奖品而要求签单，你将如何处理？

营销工具

如何组织保险产品说明会

1. 产品说明会操作流程范例

（1）产品说明会活动前准备过程。建立产品说明会（简称说明会）活动组织架构。成立相关组织，主要有活动领导小组、宣导组、场地组、音像组、专业专家组、礼仪组、总务组、奖品发放组、应急小组组成，小组成员可以兼任，讲求科学和高效。

各活动小组主要工作内容：

1）领导小组。由个人业务部经理或营销服务部经理担任组长，各功能组组长为组员。

职责：

① 负责说明会的整体策划。

② 协调各组职责落实及合作事宜。

③ 制定工作行事历。

④ 按照行事历，及时追踪各组工作进展情况。

2）宣导组。

职责：负责举办说明会气氛的渲染，准备有关资料。

具体工作及要求如下：

① 拟订宣导主题及内容。

② 制作、张贴海报等宣传工具，做到人人皆知。

③ 研讨培训营销人员的金融知识、促成技巧和相关话术。

④ 活动前做好前培训工作。

3）场地组。

职责：负责场地选择和场地布置。

具体工作及要求如下。

① 场地选择注意以下方面：

- 地点以不同的规格选择在交通便利的星级宾馆会议厅或职场大会议室。
- 负责桌椅摆放。最好是圆桌或岛屿式，桌上摆放宣传资料（客户层次不同，内容稍有差异）、香茶，也可摆放瓜子、水果，务必精巧。
- 场内格局雅致、整齐。
- 音响效果、灯光效果、隔音效果俱佳。
- 会场环境祥和、安静。

② 场地布置注意以下内容：签到台、主持台、奖品领取台、会标、条幅、鲜花、桌椅、茶点、桌牌、投影设备、宣传台、宣传展牌、迎宾牌、指引牌、标识牌等的合理摆放。根据客观需求，以便业务员与客户交流，促进业务发展为目的，选择适当形式、适度规模安排餐饮。

4）音像组。

职责：负责音像资料的准备和播放。

具体工作及要求如下。

① 收集整理以下音像资料：

- 宣传公司的录像片。
- 暖场音乐——轻松愉快的乐曲。
- 开场音乐——壮观宏伟的序曲。
- 出场音乐——主题相关的曲目。
- 休息、洽谈音乐——抒情柔和的乐曲。
- 颁奖、结束音乐——节拍欢快的乐曲。

② 音像摄制：设计并摄制摄影及摄像镜头。

③ 音响设备指定专人操作。

5）专业专家组。

① 主持人、投资理财专家、产品分析师、特邀嘉宾、特邀客户代表等，提前设计解说词，设计合作形式，以求整场默契配合。

② 制作活动节目单，于活动结束前两天发到业务员手中。

6）礼仪组。

职责：负责客户及来宾的迎送。

具体工作及要求如下：

① 组织并训练礼仪队，规范语言、表情和动作。

② 定制统一服装，设计礼仪人员形象。

③ 按照迎宾、欢送、引导、签到、颁奖等活动项目分组分工，明确站位，职责落实到人。

7）总务组。

职责：负责说明会勤保障工作。

具体工作及要求如下：

① 门票的制作（按照客户层次分出门票档次）与发售。

② 礼品、奖品的购置，活动所需物品的准备。

③ 签到单、登记表、请柬、邀请函的制作与发放。

④ 车辆调用安排。

⑤ 其他后援支援。

8）奖品发放组。

职责：负责与奖品有关的各项工作。

具体工作及要求如下：

① 制定抽奖办法及奖品颁发方案。

② 与总务组协作，清点管理奖品。

③ 记录并整理获奖人员名单。

④ 与礼仪组协作，组织抽奖和发放奖品的秩序。

9）应急小组。

职责：负责紧急、突发事件的处理。

① 具体工作及要求如下：

• 预估临场可能出现的意外情况，制定应急措施。

• 将应急方案宣导至业务员，使其有个心理准备。

② 排练及演练。提前一天各组工作就绪，领导小组组织全体成员排练一两场，做到胸有成竹。

(2) 保险产品说明会的操作流程（以分红型为例）。

1）活动控制在两个半小时以内结束。

2）各功能小组提前两小时入场，按部就班，细致检查每个环节，确保各项工作落实到位。

3）礼仪组最先进入工作状态，做好迎宾和引导工作。

4）音像组于产品说明会召开前半小时播放预定音像。

① 产品说明会召开前10分钟，播放轻松愉快的音乐。

② 产品说明会召开前2分钟，播放进行曲，会议程序全面启动。

5）主持人入场。主持人伴随壮观宏伟的音乐出场，宣布产品说明会开始。说明会一定要准时召开，无论何种原因均不可提前或延时，否则客户会对公司产生不守时的印象。

6）领导入场。伴随庄严雄壮的乐曲，致热情洋溢的欢迎词。

7）投资理财专家入场。伴随稳重朴实的乐曲，投资理财专家出场，利用30~40分钟讲解投资理财观念与知识。

8）保险产品分析师入场。伴随欢快喜庆的乐曲，产品分析师出场，利用20分钟分析分红/万能保险重要内容。

9）其他活动开始。主持人以愉快的语调，宣布拍卖、抽奖、洽谈、签单等活动开始。活动控制在30分钟内。

10）各功能组成员注意观察会场情况，以备会后总结。

11）礼仪人员用迎接客户时一样的饱满热情，欢送客户离场并感谢客户的到来。

12）相关小组做好清场工作，力求给主办地留下良好印象。

（3）产品说明会活动后总结、反馈过程。

① 各功能小组总结经验教训，及时完善不尽如人意之处。

② 音像组整理照片，录像带建档，做展板，制成展业工具销售给业务员。

③ 领导小组举办业务员座谈会，认真听取他们的意见和建议，追踪反馈业务员的收获和体会。

④ 收集、整理客户资料（职业、年龄、性别、性格等），进行细致分析，找出规律，整理出客户资料统计表（参加人数、签单人数、成交人数），指导业务员使用。

⑤ 组织专人电话回访客户，虚心听取客户意见和建议，感谢客户参与。禁止提及其他内容。

⑥ 组织人员对每月的投保率进行追踪。

2．业绩指标目标设定表

关键业绩指标	上月实际达成率	与计划差距	造成差距的主要原因	本月目标	措　施
活动率					
人均产能					
客户投诉率					

3. 业务改善措施计划表

措　　施	具体工作内容	预期效果	成本估计	实施时间	负　责　人
业绩追踪					
新人衔接教育					
目标市场增员					

营销实战

美满婚姻之爱情保险

爱情保险婚前婚后都可以投保。婚前爱情保险以恋爱者是否结婚为给付条件；婚后爱情保险则以婚姻存续到一定年限为给付条件，达不到规定年限即终止婚姻的，则不给付保险金。但由于越来越多的新婚夫妇明白"爱情无法保险"之理，购买热情冷却，退保日趋增多，不少冠名甜蜜蜜的爱情保险已经退市，尚留在世的爱情保险以爱情为"卖点"的并不多，给人的感觉就是"有那么点意思"而已，让人一眼看出与夫妇俩都有关的保险是平安人寿的"世纪同祥终身寿险"，一句"珠联璧合比翼双飞"的介绍让人心头平添一分温暖。

据悉，类似的爱情保险还有泰康人寿的"爱家之约"等。泰康人寿的"爱家之约"主打"一张保单保全家"概念，以家庭经济支柱为投保人，家庭所有成员均可成为被保险人，并能随着家庭需求的变化不断升级。在"爱家之约"保单中，只要有一人购买主险，其他家庭成员可自由选择添加实惠的意外、医疗等附加险，突破以往客户不能单独购买附加险的限制，从而避免家庭成员保障的缺失，还大大地减轻了保费的负担。

专家介绍，国内的爱情险其实是"连生保险"，以一张保单承保夫妻双方的寿险，其保险范围包括意外或疾病身故金、意外伤残保障、同时身故保险金以及分红等，这与一般的分红终身寿险没有什么根本区别。

但爱情保险依然有其亮点和优势，最突出的就是相爱的人购买这样一份保单，共同支付保费，就可以双双成为被保险人，同时两人都有受益权。据了解，在保额、保险期限和缴费期限相同的条件下，夫妻合保的保费相比于两个投保人单独投保，费用可节约20%左右，以"爱家之约家庭保障计划"为例，平均为家庭节省10%~20%的保费。同时，从夫妻双方获利角度来看，婚姻越持久，分红险保单价值就会越大。

以一对夫妻投保为例，男主人30岁，女主人29岁，基本保险金额为20万元，分20年缴费，每年缴费8 280元，其身故保障为：任一被保险人一年内疾病身故，领取28 280元；任一被保险人意外身故或一年后疾病身故，领取20万元身故保险金。如果主险合同的两个被保险人在30天内先后身故，且身故均发生在各自70岁的保单周年日前，可领取20万元同时身故特别保险金。

需要提醒的是，爱情保险都设置了投保前提，要求被保险人是有法律关系的夫妻。虽然名曰"爱情保险"，但保险公司是不能保证爱情不变质不死亡的。

资料来源：节选自慧择网于2012年1月16日刊载的新闻"美满幸福之爱情保险"，http://www.hzins.com/study/detal-28931.html，节选时有删改。

实战要求：

仔细阅读上述案例并组织学生分组讨论下列问题。讨论完毕后要求每组派出一名代表对本组讨论结果进行评述，时间不超过5分钟。各组评述后由教师进行总结点评。

1．爱情保险推向市场的关键原因是什么？爱情保险有哪些优势？
2．结合本章的学习内容，请分析适合该险种的促销策略。

重要概念

保险促销　保险组合促销策略　保险广告策略　保险人员推销策略　保险公关策略　保险营业推广策略

能力拓展

1．产品促销策划。以某款国寿保险产品为目标，通过资料收集和公司走访，了解产品市场情况，站在公司的角度制定产品促销的策划方案。内容包括产品市场调查分析、促销策略的决策和费用预算三个方面。

2．角色扮演。学生以小组为单位（6~8人）组织模拟产品说明会。每个小组成员分别担任筹划、礼仪、讲师、主持和后勤等工作，工作范畴如下。

筹划：产品说明会会前、会中、会后的流程制定，督促本组成员按时完成相关任务并进行会后评估。

礼仪：迎宾、签到、颁奖等。

讲师：产品PPT制作和宣导。

主持：主持产品说明会。

后勤：会场布置、播放会场音乐、设备管理、礼品购买等。

教师可以指定某个具体产品，也可以由每个小组自由选择。针对产品说明会的整体气氛和各个成员完成任务的效果给出点评。

项目 9　维护保险客户关系

> **学习目标**
> - 了解保险售后服务的功能；
> - 熟悉保险售后服务的原则；
> - 认知保险客户关系管理的内容；
> - 掌握保险售后服务的方法；
> - 掌握保险客户沟通技巧。

> **案例导入**

用专业服务传递保险理念

葛咏萍，现任人保财险山东省潍坊市分公司营业二部销售部经理，2002年6月加入人保财险潍坊市分公司从事销售工作。十多年来，她以司为家，依法展业，把保险当事业，为公司业务的发展做出了贡献。曾先后被省市公司授予"展业能手""销售精英""保险明星"等称号。

1. 服务理念牢记心中

为了赢得客户，拓展业务，葛咏萍时刻不忘念好服务客户的"三字经"，即受理咨询电话，突出"优"字；受理报案电话，突出"快"字；受理异地承保本地出险报案，突出"协"字。同时努力做到"四个一样"，即承保理赔一样热情、新老客户一样接待、大小客户一样周到、分内分外一样服务，这些使得葛咏萍提高了客户服务水平，赢得了客户好评。

当前保险市场竞争达到白热化程度时，各家保险公司对营销员的待遇也有所差别，面对诱惑，葛咏萍不为所动，依然选择坚守公司岗位。在日常展业中，为了扩大业务规模，葛咏萍不是靠着面子硬拉客户，而是始终秉承"以客户为中心"的经营理念，以优质服务发展新老客户。在一次展业中，葛咏萍的一位客户开始对她不大信任，在她那里投保了3年，每年投保前这位客户都会去其他公司咨询，为缴纳保费的多少和葛咏萍争论。每每这时，葛咏萍都会通过精确的计算和耐心的解释，向客户——说明。特别是出险后，葛咏萍帮这位客户及时周到理赔，使这位客户深深信服。之后，客户在他的朋友圈里广泛宣传，为葛咏萍介绍了不少客户。

2. 协助理赔赢得信赖

葛咏萍认为，对保户的服务不仅体现在承保前，更体现在理赔上。这些年来，葛咏萍始终保持24小时电话畅通，当客户出险后，不管自己有多忙，都及时赶到。今年春节期间，一位湖北的客户凌晨2点在南京出险，客户的求救电话让她在酣睡中惊醒。得知客户事故消息后，葛咏萍耐心地帮客户报案、交代有关保险事宜，使客户感到出险时始终有知心人为他出主意、想办法，解除了客户当时紧张烦躁的心理。这件事之后，客户对她越加信赖。

当然，服务客户不仅需要耐心和智慧，更需要吃亏和奉献精神。去年盛夏的一天，葛咏萍一位从事物流生意的客户要提前续保，由于做物流时间紧，货车又需要上锁和照相，当时客户所在地离公司几十公里，还要经过闹市区，那天正恰逢葛咏萍身体不适，但她还是带病开车去见客户。为了展业废寝忘食的事例，在她身上不胜枚举。

资料来源：节选自中国保险网2013年8月28日刊载的赵礼忠文章"用专业服务传递保险理念"，http://yx.sinoins.com/2013-08/28/content_72068.htm，节选时有删改。

阅读上述案例，思考下列问题：
1. 售后服务质量的好坏对保险公司有哪些方面的影响？
2. 保险公司如何开展保险售后服务？

任务9.1　提供保险售后服务

保险售后服务是在保险商品销售后，保险公司为客户所提供的一系列服务，主要有协助客户降低风险的服务、保险理赔服务和处理投诉问题。

9.1.1　了解保险售后服务的功能

客户是保险销售人员的宝贵资产，但是这种资产对销售人员可能是"暂时的"，因为竞争对手会不断地进行抢夺，只有通过良好的售后服务才能将之永久化和增值。

1. 售后服务是实现保险产品合同承诺，维系与客户关系的纽带

许多人认为，合同签订后，销售就结束了。其实这种观念是错误的。恰恰相反，对保险产品而言，合同的签订才是销售工作的开始。保险产品是一种无形的产品，是一种服务，合同的签订意味着对客户的服务承诺的开始。保险是长期契约，在契约有效期内，客户的生活环境难免会发生变化。因此原先签订的保险合同，其保障程度与范围应做适当的调整。如果销售人员能够经常与客户保持密切的联系，对客户生活情况比较了解，那么在原有合同保险金额不足以满足客户的保障需要时，便能及时规劝客户增加保险金额或险种，更好地实现合同的承诺。因此，售后服务工作不仅是销售人员的义务，更是他们的职责，要通过优质的售后服务去实现合同的承诺，维系与客户的关系。

2．现有客户的深度挖掘

一般而言，客户认同了保险公司和业务员，而且可以享受到保险公司提供的优质服务，在其收入增加或者保险需求提高的情况下，就会顺理成章购买第二、第三张保单。

3．新的销售网络的开拓

持续地给现有客户提供良好的售后服务，可以将他们培养成"忠诚的客户"。"忠诚的客户"是指这样一些人：他们为选定了理想的保险公司而高兴，他们认为自己得到了高附加值的服务，他们会再次购买该公司的产品和服务，他们不可能转向别的保险公司，而且最重要的一点，他们会向别的客户介绍公司的服务以及为他们带来的好处。于是，新的一轮销售机会就会到来给公司带来更多的客户，也给客户带来更多的利益。

4．树立良好形象

保险业务员的产品推销不应该是简单的个人行为，应该是企业各种资源整合后达成的结果。一种产品中应该包含保险公司的经营理念、企业文化、团队精神等。优质的售后服务无论对公司或个人都是一种极为经济而且效果很好的宣传方式，同时能够塑造独具特色的营销品牌和企业形象。

9.1.2 熟悉保险售后服务的原则

保险产品的特殊性决定了保险公司必须加强客户服务。从根本上说，保险产品营销就是服务营销。这种服务的好坏直接影响投保人对保险产品的态度，对保险提供者的信赖及满意程度。为客户服务伴随着保险营销而长期存在。

1．了解客户的需求

原则上讲，所有的客户对售后服务都有需求，但是每个客户对售后服务的具体要求却是不同的。当保险公司为他们提供同样的售后服务以后，有的人反应很满意，但是有的人却反应不满意。因此，保险公司应先了解客户对售后服务的具体要求是什么，期望有多高，然后才能提供适当的售后服务。

在提供售后服务时，保险公司与保险业务员要量力而行。因为一旦提供了这些售后服务，就等于设定了客户的最低期望值水准。所以除非保险公司可以用更好的售后服务取而代之，否则，若再撤回或减少已提供的售后服务，势必降低客户的满意度。

2．公平服务和差异化服务

公平是要求保险公司在执行保险政策时要严格按照国家规定的标准，公平对待每个被保险人。对自由裁量权的运用不能随意，在规定允许的范围内，要为所有被保险人提供同样水平的服务，统一标准，平等对待。

差异化服务指的是保险公司应依据客户的不同特点适当地调整服务内容。例如，为上门咨询、投诉和办理业务的客户提供幽雅的座谈室，给客户提供一个良好的环境，防止客户受冷落，尽可能达到客户的满意。有的客户投保后不同意公司以信函的形式联系，那么公司可以派人上门服务。有些客户承保时需要空腹体检，体检完后就错过了就餐时间，公司可为其提供一份食品。对残疾人提供无障碍服务，建立残疾人通道，为残疾人提供更多的方便；对孤寡老人和病人客户实行应急救助等。

3. 高效服务

高效是要求保险公司的每项服务要做到快捷、方便、易行、高效，开展的各项服务要考虑为被保险人节约人力、时间、资金等成本，并通过各种现代化手段来提高保险服务的质量。

9.1.3 认知保险售后服务的内容

1. 提供咨询服务

客户在购买保险之前需要了解有关的保险信息，如保险行业的情况、保险市场的情况、保险公司的情况、现有保险产品、保单条款内容等。保险人可以通过各种渠道将有关的保险信息传递给消费者，而且要求信息的传递准确、到位。在咨询服务中，保险业务人员充当着非常重要的角色，当客户有购买保险的愿望时，一定要提醒客户阅读保险条款，同时要对保险合同的条款、术语等向其进行明确的说明。对责任免除、投保人、被保险人义务条款的含义、适用的情况及将会产生的法律后果，特别要进行明确的解释与说明。

2. 风险规划和管理服务

首先，帮助客户识别风险，包括家庭风险的识别和企业风险的识别。其次，在风险识别的基础上，帮助客户选择风险防范措施，既要帮助他们做好家庭或企业的财务规划，又要帮助他们进行风险的防范。特别是对于保险标的金额较大或承保风险较为特殊的大中型标的，应向投保人提供保险建议书。保险建议书要为客户提供超值的风险评估服务，并从客户利益出发，设计专业化的风险防范与化解方案，方案要充分考虑市场因素和投保人可以接受的限度。

3. 理赔服务

保险公司坚持"主动、迅速、准确、合理"的原则，严格按照岗位职责和业务操作实务流程的规定，做好接客户报案、派员查勘、定损、核赔等各项工作，全力协助客户尽快恢复正常的生产经营和生活秩序。在定损过程中，要坚持协商的原则，与客户进行充分的协商，尽量取得共识，达成一致意见。核赔人员要全力支持查勘定损人员的工作，在规定的时间内完成核赔。核赔岗位和人员要对核赔结果是否符合保险条款及国家法律法规的规定负责。核赔部门在与查勘定损部门意见有分歧时，应共同协商解决，赔款额度确定后要及时通知客户；如发生争议，应告知客户解决争议的方法和途径。对拒赔的案件，经批复后要向客户合理解释拒赔的原因，并发出正式的书面通知，同时要告知客户维护自身利益的方法和途径。

4．客户投诉处理服务

保险公司各级机构应高度重视客户的抱怨、投诉。通过对客户投诉的处理，应注意发现合同条款和配套服务上的不足，提出改进服务的方案和具体措施，并切实加以贯彻执行。

（1）建立简便的客户投诉处理程序，并确保让客户知道投诉渠道、投诉程序。

（2）加强培训，努力提高一线人员认真听取客户意见和与客户交流、化解客户不满的技巧，最大限度地减少客户投诉现象的发生。

（3）了解投诉客户的真实要求。对于上门投诉的客户，公司各级机构职能部门的负责人要亲自接待，能即时解决的即时解决，不能即时解决的应告知客户答复时限。对于通过信函、电话、网络等形式投诉的客户，承办部门要在承诺期限内答复。

（4）建立客户投诉回复制度，使客户的投诉能及时、迅速地得到反馈。

（5）在赔款及其他问题上，如果客户和公司有分歧，应本着平等、协商的原则解决，尽量争取不走或少走诉讼程序。

（6）在诉讼或仲裁中，应遵循当事人地位平等原则，尊重客户，礼遇客户。

9.1.4 掌握保险售后服务的方法

1．亲自拜访

为使保户真正感受到保险公司及营销人员的真诚，售后服务应该做得很自然，不要让客户觉得是为了某种目的才这么做的，也不一定要花费很大，不一定要占用很多时间。

2．电子邮件问候

保险营销人员如果售后服务都集中在逢年过节，营销人员可能真的会忙不过来，所以不妨利用电子邮件的方式与保户保持联系。信函不必长篇大论，简单的几句问候语，寄一些相关资料就可以了。只要你心中有保户，并时时让他感受到，他就会比较满意。

3．灵活运用电话或微信等其他新型通信工具

充分利用现代化通信设备，可使业务人员提高售后服务的效率。例如，每天抽出一点时间给客户打电话或发短信、微信，分期分批地进行联络，既不会冷淡保户，又不会让自己太被动。另外，传真机大部分都在办公场所，传真贺卡，让客户的同事看到你对他的祝福，强化了你在他心目中和他的同事眼中的印象，借此拓展你的名声，并可得到客户的转介绍。

4．馈赠礼品

为客户量身定做的礼品如公司的报纸杂志、理财手册、健康手册、新产品介绍彩页等都是很好的赠品，它会使客户越来越关注并理解公司的发展，并与业务人员一同成长。此外，还可以赠送鲜花、客户喜爱的活动项目的入场券、公司特制的钥匙扣或雨伞、助人成功的书籍以及享受折扣服务的优惠券等。馈赠礼品的真正目的是让客户了解到业务人员对他们的重视。

5. 成立客户俱乐部

通过成立客户俱乐部，定期组织客户聚餐、游戏，共同欢乐，搭建起客户之间的共享平台，帮助客户解决问题，同时可以借机宣传公司形象和新产品。

6. 其他增值服务

（1）定期刊物。客户一般都希望得到一些关于防病以及减肥、饮食等方面的信息。保险公司和业务员如果能向客户提供一些关于这方面的期刊，将收到意想不到的效果。

（2）语音服务系统的人性化。虽然现在各个保险公司都普遍设立了语音服务系统，但有些客户认为，应在单调的电子发音中加入一些人性化的东西，除了普通话之外还应该有其他方言。另外，保险公司应设法保证客户能及时与保险公司取得联系，尽量避免出现因线路繁忙而打不通电话的情况。

（3）回报社会。由于消费者保险意识增强，一般消费者对保险公司应尽的社会责任期望也越来越高。

（4）海外救援。近几年来，随着我国经济的发展和人民生活水平的提高，出国旅游和因公出国的人越来越多。但随着意外事故的频频发生，不少消费者增强了出国期间的危机意识。不少保险公司增加了旅行平安保险的销售，同时向客户提供出国期间的一般旅行咨询，以及医疗救援服务的海外救助卡。因此，海外救援成为某些保险公司所重视的售后服务项目之一。

课堂实作　真诚服务　从不"杀熟"

2010年6月进入保险业，今年47岁的李金英，用了两年的时间，从一个普通的乡村女性，到成为泰康人寿河北分公司明星俱乐部的高级会员，同时连续15个月达成"泰康之星"，成为泰康人寿的三星会员。卖保险之所以亲朋好友不理解、不支持，很多时候是因为"杀熟"造成的。刚入行，陌生拜访有难度，需要从亲朋好友那里获得信心并锻炼能力，这是大多数保险新人的首选开单渠道。李金英却反其道而行之，她的第一个客户是用真诚服务换来的。那是一个四口之家，一对年轻夫妇和两个孩子，夫妻俩花了200元在李金英那里购买了一张意外险卡单，没想到之后孩子住院竟然用到了。为了给客户提供最大便利，几乎所有的理赔资料和手续都是李金英帮着办理的，直到最后把理赔款送到客户家里。邻居知道了此事，就问客户："都说保险公司理赔麻烦，你们怎么这么顺顺当当就拿到钱了？"客户说："我买对保险了，并且遇到了好人，都是营销人员帮我办的。"通过这件事，夫妻俩在李金英那里又买了4 000多元的保险。从此，李金英的口碑便逐步建立起来了。

李金英和客户交流，喜欢直来直去。例如，面对陌生客户，李金英先问对方的基本情况，然后就说自己是保险营销人员，接着问对方有没有投保。如果对方已经买了保险，李金英就会用自己的专业知识给对方分析目前的保障情况，以取得对方的信赖；如果对方尚未投保，她则主动提出投保要求。李金英说，现在的客户其实都很聪明，保险观念较以前有了很大改变，如果他对保险认可，你就不用绕圈子；那些不认可的，即使说半天也没用。所以，直来直去节省时间，还不会讨人烦。

说起展业心得，就要谈到李金英的"超人"观点。"北京下大雨时，有个人在车里被淹死了，结果车赔了几十万元，人才赔了几万元。我就跟客户讲，是财产重要，还是生命重要？你们舍得给车、给房买几千元、上万元的保险，就不愿意给自己买份保险？如果人没了，钱再多有什么用？所以，我建议客户首选意外和疾病保险，那些确实有实力的客户，我才会推荐他们买一些分红型保险。"从李金英直白的话语中，你会发现她对保险实质的理解是如此透彻。保险最重要、最基本的功能是保障，投资理财只是它的次要功能，但很多人对保险的认知却恰恰相反。

"我不会让我的客户买一些高价而不实用的保险产品，那样对于客户来说是毫无意义的。"李金英说，"卖保险要讲诚信，我要对得起客户对我的信任，就要实实在在为客户考虑。所以，我的原则就是：第一不能误导客户，第二不能欺骗公司。我相信，一个有良心的营销员，只要坚持，一定能成功！"

资料来源：节选自中国保险网 2012 年 12 月 12 日刊载董成旺文章"真诚服务 从不'杀熟'"，http://www.sinoins.com/101680/76295.html，节选时有删改。

课堂实作训练：
1. 从本案例中可以看出保险售后服务的重要性，那么如何才能做好保险售后服务呢？
2. 本案例中可以看出李女士具备哪些保险业务员必备的优秀品质？
3. 如何评价李女士的售后服务？

任务 9.2　做好保险客户关系管理

9.2.1　了解客户关系管理的功能

客户关系管理（CRM）是现代管理科学与先进信息技术综合的产物，是公司重新树立"以客户为中心"的发展战略，在此基础上开展包括判断、选择、争取、发展和保持客户所实施的全部商业过程；是公司以客户关系为重点，展开系统的客户研究，通过优化组织结构和业务流程，提升客户的满意度和忠诚度，提高运营效率和利润收益的工作实践；也是公司为最终实现电子化、自动化运营目标，所创造和使用的技术、软硬件系统及集成的管理方法、解决方案的总和。保险客户关系管理是保险客户服务体系中一个不可或缺的部分。

1. 提供经营决策的水平和核心竞争力

运用客户关系管理将零散的客户资料集中管理，从中挖掘有价值的客户资源，进行市场细分、客户细分，及时、准确地了解和掌握新老客户的需求信息。保险公司能够有效地找到自己的客户，避免到处撒网寻找客户带来的资源浪费，为有效地吸引客户和留住客户提供高效全面的决策支持帮助。

2. 提高服务水平

保险公司实施客户关系管理后，工作人员只要输入与客户相关的唯一标识（如客户的车牌号、保单号），系统就能搜索到对应客户的全部相关信息和交往记录。这些信息可以帮助业务人员及时为客户发现问题、解决问题，效率的提高自然使客户满意度大为改观。

3. 减少运作成本，降低经营风险

传统的保险业务数据管理是各自为政，要进行业务综合分析，就要到处伸手要数据，而且由于数据源的不同常常存在数据的不准确，增加了经营决策的难度和风险。客户关系管理的实施，将柜台业务数据、呼叫中心业务数据、银行保险数据、网上保险数据、电话保险数据等都纳入统一的数据库集中管理，实现各类业务开展和数据共享的无缝链接，为承保、理赔、产品研发及内部管理提供便利，彻底破除了传统的数据管理方式，减少了数据提取的环节，提高了准确性，从而也减少了运作成本，降低了经营风险。

9.2.2 认知客户关系管理的基本内容

客户关系管理的基本内容主要包括客户信息管理、时间管理、中介人管理、潜在客户管理、销售管理、客户服务、呼叫中心、电子商务等。保险公司的客户关系管理主要围绕上述几个方面展开。

1. 客户信息管理

客户信息管理包括客户自然状况的基本信息、与此客户相关的基本活动和活动历史、联系人选择、投保意向资料的输入和跟踪、建议书和保险合同的形成、客户的分类、客户信用程度的分析和确定等。

2. 中介人管理

中介人管理包括中介人概况的记录、存储和检索，跟踪其与客户的联系，中介机构的内部设置情况等。

3. 潜在客户管理

潜在客户管理包括业务线索的记录、升级和分配，销售机会的升级和分配，潜在客户的跟踪等。

4. 销售管理

销售管理包括：组织和浏览销售信息，如客户、业务描述、中介人、时间、销售阶段、

业务额、可能结束时间等；产生各销售业务的阶段报告，并给出业务所处阶段、成功的可能性、历史销售状况评价等信息；对销售业务给出战术、策略上的支持；对地域（省市、邮编、地区、行业、相关客户、联系人等）进行维护；把销售员归入某一地域并授权；地域的重新设置；根据利润、领域、优先级、时间、状态等标准，用户可定制关于将要进行的活动、业务、客户、联系人、约见等方面的报告；销售费用管理；销售佣金管理；应收账款管理。

5．时间管理

时间管理包括：设计约见、活动计划；进行事件安排，如会议、电话、电子邮件、传真、备忘录；进行团队事件安排；查看团队中其他人的安排，以免发生冲突；把事件的安排通知相关人；任务表；预告统一提示；记事本；电子邮件等。

6．客户服务

客户服务包括：服务项目的安排、调度和重新分配；事件的升级；跟踪与某一业务相关的事件；事件报告；服务协议和合同；保单管理和跟踪；问题及其解决方法的数据库。

7．呼叫中心

呼叫中心包括：呼入呼出电话处理；互联网回呼；呼叫中心运行管理；电话转移；路由选择；报表统计分析；通过传真、电话、电子邮件、打印机等自动进行资料发送；呼入呼出调度管理；客户投诉管理。

8．电子商务

电子商务包括个性化界面、服务，网站内容管理，店面，订单和业务处理，销售空间拓展，客户自助服务，网站运行情况的分析和报告。

9.2.3 掌握客户关系管理策略

1．客户分类管理

（1）客户分类管理的依据。

① 哪些客户导致了保险公司成本的发生。

② 发现本年度最想与之建立关系的客户。

③ 寻找上年度有哪些大客户对公司的产品或服务多次提出了抱怨。

④ 查证上年度的投保最多的客户今年是否继续投保，找出这些客户。

⑤ 寻找那些从本公司只选择一两种保险产品，却从其他公司订购很多种保险产品的客户。

（2）客户分类管理的模型。

① 铂金层级。铂金层级客户代表那些赢利能力最强的客户，是典型的重要客户。他们对价格并不十分敏感，愿意花钱购买，愿意试用新产品，对企业比较忠诚。

② 黄金层级。黄金层级与铂金层级不同，这个层级的客户希望价格折扣，没有铂金层级客户那么忠诚，所以他们的赢利能力没有铂金层级客户那么高。他们也可能是重要用户，他们往往与多家企业而不是一家企业做生意，以降低他们自身的风险。

③ 钢铁层级。钢铁层级包含的客户数量很大，能消化企业的产能，但他们的消费支出水平、忠诚度、赢利能力不值得企业去特殊对待。

④ 重铅层级。重铅层级客户不能给企业带来赢利。他们的要求很多，超过了他们的消费支出水平和赢利能力对应的要求，有时他们是问题客户，向他人抱怨，消耗企业的资源。

2．客户忠诚管理

客户忠诚是指客户始终于一家保险公司购买其产品和服务，并帮助保险公司改进形象和经营。客户忠诚能够刺激保险公司的收益和业务增长，客户不仅会续签保单，而且会从保险公司购买额外的保险产品并可能将保险公司的产品介绍给其他消费者。企业通常用三个最基本的指标来反映客户的忠诚状态，分别是：

（1）再次购买意向。再次购买意向体现了客户重复惠顾的可能性。正如在客户忠诚框架中描述的那样，客户的重复惠顾是最直接的忠诚关系表现。

（2）愿意购买企业的其他产品和服务。对企业其他产品的购买意愿是实现可持续忠诚的关键。企业经常用客户是否愿意购买企业的其他产品或服务这一指标来衡量客户购买企业产品组合的潜力。通常来说，客户购买企业产品和服务类型越多，客户的忠诚度也越高。

（3）客户推荐意愿。客户推荐意愿是指客户愿意将企业或企业的产品和服务推荐给其他人的可能性。从客户推荐意愿中引申出的是客户口碑。在互联网信息时代，口碑营销已经成为非常重要的营销方法，口碑营销的影响力也越来越重要。

3．客户信息资料的管理

CRM 可以通过先进的信息与通信技术、数据仓库和数据挖掘技术，分析现有客户和潜在客户相关的需求、模式、机会、风险和成本，从而最大限度地使保险公司赢得整体经济效益。就保险公司来说，基于信息技术的 CRM 系统可以通过对积聚于保险公司的大量数据进行综合分析，识别在市场竞争中最有利可图的客户群，确定目标市场，将客户通过多种指标进行分类，针对不同的客户，实施不同的策略，为目标客户群提供一对一、符合客户心理的服务；同时，通过分析各种数据之间的关联，衡量客户的需求、忠诚度、满意度、赢利能力、潜在价值、信用度和风险度等指标，为保险公司管理层提供正确的决策支持，提升其竞争能力和赢利能力。

延伸阅读 生命人寿的睿智管理，部署 CRM 做助推器

2011 年年初，生命人寿保险股份有限公司与国内首家在线 CRM 厂商八百客签订信息化协议，这是继中国人寿之后，又一保险行业领军企业成功采用 800APP 系统，走上信息化管理之路。

纵观保险行业，占据企业半边天的销售人员是企业的主力军，但是销售人员的管理却是保险业的一大难题，主要表现在以下几个方面：

(1) 保险公司与传统销售过程不同，需要更加精细的销售过程管理。

(2) 销售人员需要长期对客户进行跟踪和维护，但人员的更替对客户维护造成了影响。

(3) 针对每个商机，管理层都能了解沟通情况、商务费用、报价、合同及回款的全面信息。

(4) 管理者需要对未来销售状况做出准确预测，评估人员能力，提高销售成功率。

保险行业是典型的以销售为主的行业，但是经过全球性金融风暴的洗礼后，保险行业也深刻意识到"客户"将是未来市场的主导。利用 CRM 加强企业销售管理、提高客户忠诚度成为销售型企业必备的法宝。经过慎重抉择，生命人寿决定部署国内首家 SaaS 厂商八百客的 800APP 系统，打通管理经脉。

作为一种新型管理机制，CRM 极大地改善了企业与客户之间的关系，实施于企业的市场营销、销售、服务与技术支持等与客户相关的领域。所以企业应该优选 CRM 软件，切实解决好销售管理、客户管理这两大难题。

八百客作为中国最大的在线企业管理软件供应商和全球领先的下一代企业管理系统供应商，致力于向客户提供以 PaaS（平台即服务）管理自动化平台为核心的服务和解决方案。现如今，已有超过 19 600 家的企业同时享受 800APP 所带来的云端管理乐趣。

生命人寿传统的管理方式，销售数据的整合、报送总有一个滞后的过程，特别是多地域管理难题，无法实时共享商机和了解项目跟进状况，异域部门之间无法实现良好协作。基于此，八百客为其制定了以销售管理、市场管理、客户管理为核心的 800APP—CRM 系统，解决方案如下：

(1) 量身定制了针对生命人寿销售管理流程的客户关系管理系统。

(2) 突出销售人员的联系过程和日程安排功能以及销售漏斗功能。

(3) 对客户终身跟踪服务和定期维护进行了科学化的安排，使销售随时可知道近期要维护的客户。

经过调查、分析、测试、调试、验收等一系列严密的实施过程，八百客为生命人寿部署的 800APP—CRM 系统成功上线应用。现在生命人寿已与八百客合作了半年多的时间，使用效果明显。"通过八百客的系统，加强了生命人寿销售人员与客户的联系紧密度，有效减少了人员流动造成的客户流失现象。特别是企业的销售漏斗清晰可见，让各级管理者可按任何角度追踪到最底层的数据，给我们提供了很好的决策依据。"生命人寿信息化负责人如是说。

据了解，生命人寿采用 800APP—CRM 系统后，日常管理、在线审批、客户与潜在商机管理、成交保单管理等得以轻松实现，节省了大量信息化成本的同时提高了销售业绩，并把员工从繁杂的报表收集、汇总工作中解放出来，把原有分散在各个业务手中的客户数据高效集成,并使之透明化,让管理人员、销售人员根据不同的权限把所需知道的信息尽收眼底。

资料来源:节选自比特网 2012 年 3 月 19 日刊载的文章《生命人寿的睿智管理:部署 CRM 做助推器》,http://smb.chinabyte.com/58/12293558.shtml,节选时有删改。

任务 9.3　开展有效的保险客户沟通

9.3.1　了解保险客户沟通

1. 保险客户沟通的含义

保险客户沟通是指保险营销者将有关保险公司及其保险产品的相关信息,通过一定的传播媒介,传递给消费者(保险客户),使其了解、信任、产生购买兴趣、导致购买行为,并将其对信息的反应反馈给保险公司的过程。

2. 保险客户沟通的三个基本要素

(1) 信息的发送者(信息源)也就是指营销者。
(2) 信息的接收者(接受源)即消费者(保险客户)。
(3) 所传递的信息内容——有关企业及产品的信息。

保险客户的沟通要注意双向沟通,如图 9-1 所示。

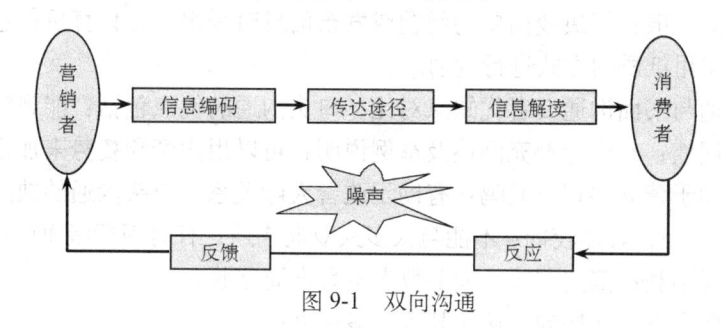

图 9-1　双向沟通

3. 保险客户有效沟通的目标

(1) 说明事物;
(2) 表达情感;
(3) 建立联系;
(4) 和谐的工作环境。

9.3.2　熟悉保险客户沟通的分类

1. 直接沟通与间接沟通

(1) 根据沟通是否需要第三者传递,可划分直接沟通和间接沟通。直接沟通是指发送信息与接收信息无须第三者传递，如面对面谈话、电话直接对话等。间接沟通是指人们通过中间人或借助中介技术手段（如书信、电话等个人媒介和电视、广播、报刊、网络等大众媒介）而进行的相互沟通。在人类社会之初，由于中介手段的局限，直接沟通占据人类沟通的全部，伴随社会的发展，间接沟通比重正逐步上升。

（2）直接沟通与间接沟通二者优缺点对比。直接沟通直观真切，表现形式是直接或者电话交谈，优点是便捷快速，不但能够听到语意，还能感知多方面体现出情感。缺点是有时受个人情绪影响较大，不太系统，沟通常常会受善谈与否的左右，难以体现信息的对等，比较适合于熟悉的人之间对分歧不大和比较简单问题的快速交流，同时对实际情况摸底调研沟通也很合适。

间接沟通为非面谈式沟通，常见的形式为书信类、文件报告式沟通。此种形式沟通的优点是一般比较冷静理智，沟通交流观点比较系统、相对比较委婉，不太容易受感情和氛围因素影响；缺点自然是缺少情感交流，适合于正式方案类、决策类的沟通。

2．口头沟通与书面沟通

（1）口头沟通是指借助于口头语言实现的信息交流，是日常生活中常用的沟通形式，主要包括口头汇报、会谈、讨论、演讲、电话联系等。书面沟通是以文字为媒体的信息传递，形式主要包括文件、报告、信件、书面合同等。书面沟通是一种比较经济的沟通方式，沟通的时间一般不长，沟通成本也比较低。这种沟通方式一般不受场地的限制，因此被广泛采用。这种方式一般在解决较简单的问题或发布信息时采用。在计算机信息系统普及应用的今天，很少采用纸质的方式进行沟通。

（2）口头沟通与书面沟通二者优缺点对比。口头沟通的优点包括：能观察接收者的反应；能立刻得到回馈；有机会补充阐述及举例说明；可以用声音和姿势来加强；能确定沟通是否成功；有助于建立共识与共鸣；有助于改善人际关系。口头沟通的缺点包括：通常口说无凭（除非录音）；效率较低；不能与太多人双向沟通；有时因情绪而说错话；言多必失；对拙于言辞者不利；偏向啰唆，大多数人不会言简意赅。

书面沟通本质上讲是间接的，这使其有许多优点：

① 可以正式的或非正式的，可长可短。
② 可以使写作人能够从容地表达自己的意思。
③ 词语可以经过仔细推敲，而且还可以不断修改，直到满意表达出个人风格。
④ 书面材料是准确而可信的证据。
⑤ 书面文本可以复制，同时发送给许多人，传达相同的信息。
⑥ 在群体内部经常受限于约定俗成的规则。
⑦ 书面材料传达信息的准确性高。

书面沟通的缺点：

① 间接性也给书面沟通造成了一些特殊障碍。

② 发文者的语气、强调重点、表达特色，以及发文的目的经常被忽略而使理解有误。

③ 信息及含义会随着信息内容所描述的情况，以及发文和收文时的部门而有所变更。这包括：个人观点——接收者很容易忽略与他自己的看法有冲突的信息；发文者的地位——接收者是利益对立双方、部属或同一阶层的人，会影响信息的意义；外界的影响——接收者能否专心阅读收到的信息、收文者的心情如何、发文者写这封函或备忘录的时候心情如何、这封函送达的时间是大清早或午餐的时候等。发送者选择的格式或时机不当，接收者很可能因为一开始采用的格式不当，而不太注意信息内容。

3．语言沟通与非语言沟通

（1）根据沟通所借用的媒介的不同，可划分为语言沟通与非语言沟通。**语言沟通**是指以语词符号为载体实现的沟通，主要包括口头沟通、书面沟通和电子沟通等。**非语言沟通**是相对于语言沟通而言的，是指通过身体动作、体态、语气语调、空间距离等方式交流信息、进行沟通的过程。在沟通中，信息的内容部分往往通过语言来表达，而非语言则作为提供解释内容的框架来表达信息的相关部分。因此，非语言沟通常被错误地认为辅助性或支持性角色。

非语言沟通的形式有目光接触、面部表情、手势、体态和肢体语言、身体接触、空间距离等。非语言沟通的方式：

① 标记语言。例如，聋哑人的手语、旗语，交通警察的指挥手势，裁判的手势，以及人们惯用的一些表意手势，如 OK 和胜利的 V 等。又如，基督教的十字、伊斯兰教的新月、美元的$符号及许多现代企业的标识。

② 动作语言。例如，饭桌上的吃相能反映一个人的修养；一位客户在排队，他不停地把口袋里的硬币弄得叮当响，这清楚地表明他很着急；在柜台前，拿起又放下，显示出他拿不定主意。

③ 物体语言。例如，总把办公物品摆放很整齐的人，能看出他是个干净利落、讲效率的人；穿衣追求质地、不跟时尚跑，这样的人一定有品位，有档次。

非言语沟通的作用就是传递信息、沟通思想、交流感情，归纳起来就是：

① 使用非言语沟通符号来重复言语所表达的意思或加深印象的作用。例如，人们使用自己的言语沟通时，附带有相应的表情和其他非言语符号。

② 替代语言，有时某一方即使没有说话，也可以从其非言语符号上，如面部表情上看出他的意思，这时，非言语符号起到代替言语符号表达意思的作用。

③ 非言语符号作为言语沟通的辅助工具，又作为"伴随语言"，使语言表达得更准确、有力、生动、具体。

④ 调整和控制语言，借助非言语符号来表示交流沟通中不同阶段的意向，传递自己的意向变化的信息。

（2）非语言沟通和语言沟通的区别。非语言沟通和语言沟通相互加强，但它们之间存在着明显的区别。

语言沟通在词语发出时开始，利用声音一个渠道传递信息，能对词语进行控制，是结构化的，并且是被正式教授的。非语言沟通是连续的，通过声音、视觉、嗅觉、触觉等多种渠道传递信息，绝大多数是习惯性的和无意识的，在很大程度上是无结构的，并且是通过模仿学到的。

9.3.3 认知保险客户沟通管理的方法

对于保险公司而言，有了好的产品，有了好的解决方案，如何成功实施，并不是一件简单的事情。因为在员工同客户沟通的过程中有太多的不可控因素，而这些因素都将影响到营销的效果，因此，保险公司对于其员工同客户沟通的管理在一定程度上也是保证营销效果、提升营销业绩的重要途径。有哪些管理方法可以保证保险客户沟通的顺利执行呢？

1．组建有效的实施团队

保险客户沟通的成功实施不仅需要保险公司的支持与热情，更需要保险公司组建一支业务精通且有管理经验的实施团队。团队负责人既要精通业务，又要有丰富的管理经验，使其在沟通推进过程中，积极交流，有效调动与协调内部资源，发挥团队作用。

2．实施严格的项目控制

在营销人员同客户进行沟通的过程中，如有重点客户或重点项目，则保险公司相应部门应制定合理可行的实施计划是该客户公关或项目实施的关键。保险公司的项目小组或监管部门或项目参与成员就实施步骤、实施进度、防范措施等可预见的环节要进行充分沟通。在达成共识的基础上制定详细、周密的沟通计划。在项目推进过程中，严格按计划步骤及时间安排执行。对于突发事件要及时讨论解决；对于因不确定因素而影响沟通计划的正常进行，要及时采用补救的方法进行调整，从而确保沟通的顺利进行。

3．进行充分的需求调研

成功的客户沟通首先必须进行充分的客户调研，得到客户的关键需求，即客户最关心什么。具体操作是：结合自身的产品特点，制定详细、严密的需求调研表，与不同角色的人员进行大量充分的调研和商讨，再经过内部的总结分析，准确定位，为沟通的顺利进行打好基础。

4．设置合理的实施预期

客户沟通是一个长期、分阶段的过程，不可能在短时间内实现全部效果。保险公司应结合保险营销人员在进行客户沟通过程中涌现的关键需求，确定合理的可在实施期限内实现的目标（集中管理客户，特别是高价值客户、管理保单与理赔、管理人员绩效三个方面），并对各管理业务角色所需要的视图与报表进行详细的定义，做到抢先预测，实施管理，及时疏导，提升成功率。

5. 构筑强大的后台技术支持

保险公司通过客户沟通的个性化指标设置，针对不同的客户类别对营销人员进行不同的沟通技术指导，从而使营销人员在与客户沟通过程中对遇到的问题能够及时解决，保证客户沟通的有效进行。

6. 实施效果监控

客户沟通管理体系运转起来之后，原先仅仅掌握在营销人员手中的客户情况就"透明"了，因此，管理层能够了解营销人员每天的日程安排并指导制定行动计划，及时了解重要销售项目的进展情况并可以加以必要的指导。其主要表现在：首先，通过量化的销售过程的跟踪和管理，将沟通管理落实到具体的行动上，使营销人员逐渐形成科学、规范的工作习惯，促进公司的沟通管理制度化、规范化。其次，对员工的绩效管理有据可依，考核的公平性增强了员工的工作积极性，从而提升了整个公司的销售能力和销售业绩，帮助公司准确了解高价值客户的销售、各部门签单保险费、实收保险费与赔款和新增客户等各类信息，对业务工作的开展与完善也有极大的帮助。

9.3.4 掌握保险客户沟通的技巧

著名成功学大师卡内基这样说："所谓沟通，就是同步。每个人都有他独特的地方，而与人交际则要求他与别人一致。"可见沟通是一种能力，不是一种本能。本能天生就会，能力却需要后天的学习和训练才会具备。沟通是双向的信息交流，既要主动发送信息，又要接收信息，还要有效反馈信息。只有掌握好保险客户沟通的技巧，才能够尽可能多地获取客户信息，获得客户信任，争取更多的促成机会。

1. 有效发送信息

（1）选择有效的信息发送方式（How）。生活中发送信息的方式有很多，常见的方式如电子邮件、电话、手机、面谈等。下面对比这几种发送信息方式的利弊。

① 电子邮件沟通的利弊。

利：可以传递大量的信息，动画片也可通过这种方式传递。

弊：不可能很好地传递思想和情感，淡化感情。流行的话是："你在网上聊天时，你不知道对方是人是鬼。"

② 电话沟通的利弊。

利：既能传递内容，也能传递思想和感情，是一种短小信息、简单思想情感传递的最有效的方式。

弊：信息传递量小，传递的信息可能会不准确。

③ 手机沟通的利弊。

利：非常方便。

弊：经常收到垃圾信息、错误电话及其他电话。

④ 当面（面谈）沟通的利弊。

利：是增进沟通者之间相互信任和情感交流的最好的沟通方式。

弊：时间占用较多。

⑤ 谈沟通是保险客户沟通中增进相互信任和情感交流最好的方式。曾经有一家著名公司为了增进员工之间的相互信任和情感交流，规定公司内部 200 米之内不允许用电话进行沟通，只允许面对面的沟通，结果产生了非常好的效果。

(2) 选择合适的信息发送时间（When）。根据选择的沟通方式，针对具体沟通方式特点，选择发送信息的合适时间。例如，电话沟通的信息发送时间经常是在上班半小时后。发送信息的地点最好是沟通对象上班时间。不适合在开会前、休假前、下班前发送信息。总之，要根据具体情况选择合适的时间发送信息，也就是具体情况具体处理，以达到更好的沟通效果。

(3) 确定恰当的信息发送内容（What）。在进行保险客户沟通之前，营销人员要确定此次沟通的信息内容，做到有备无患。充足的信息内容将使营销人员在沟通的过程里游刃有余地完成沟通的目标。通常沟通的内容分为语言内容和肢体语言内容两部分。语言内容是指在沟通中应该说什么话，必须说什么话。肢体语言内容是指根据说话内容，确定说话的语气、应采取的说话的具体动作等。

(4) 确定接受信息的合适对象（Who）及场合（Where）。保险营销人员在发送信息的时候，确定合适信息接收对象、信息发送场合对沟通的效果也有很大影响。确定合适的信息接收者，目的就在于：营销人员可以根据沟通对象（信息接收者）的观念、需要和情绪来选择沟通的方式、场合，以更好地引起沟通对象的注意，提高沟通效果。在实践中，沟通的环境对沟通的效果影响也非常大。

2．有效接收信息

保险营销人员同准保户沟通时要注意信息的有效接收。要有效接收信息，就必须学会有效倾听。那么，营销人员如何才能够有效主动地倾听？其技巧有真诚、专心、认真、不打断谈话、客观、做记录、询问、复述和停顿等。

(1) 真诚。有效倾听的第一个技巧是真诚。营销人员在倾听客户谈话时，要双眼注视客户，表现愿闻其详的样子。因此，营销人员不仅要用耳朵听，还要双眼注视对方，让客户了解自己受到尊重，知道营销人员在倾听。

(2) 专心。营销人员倾听时一定要专心。倾听客户讲话时，营销人员要集中精力排除外界所有的干扰。专心地听讲才能抓住客户言语中有意义的信息，从而为销售的进行做好充好准备。

(3) 认真。有时，营销人员双眼注视着客户，好像在认真倾听，实际上却呆若木鸡。认真地听是指营销人员要真正听取客户的讲话。当客户情绪有所变化时，营销人员也要有相应的表现，以便与客户进行更好的互动。

（4）不打断谈话。有的营销人员比较乐于纠正别人的错误，但是在进行销售工作时，营销人员切记不要打断客户的话。即便客户的观点不正确或客户的认知有错误，营销人员也要等客户全部讲完，否则，打断谈话会破坏彼此之间沟通的情绪和内容。所以，倾听还是一种情绪的管理。营销人员要控制好自己的情绪，这样才能在客户讲完话之后，再指出客户的错误所在。

（5）客观。营销人员倾听时一定要客观，不要主观判断客户是否正确。要做到客观的倾听，营销人员首先要抛弃成见，站在客观的立场上，听取客户的讲话，判断其是否合理。运用太多自己的观点进行判断，往往会产生误解，而不能够找出客户的真正需求。

（6）做记录。对客户的讲话进行记录，有效地帮助营销人员理解客户的言语，找出客户的真正需求。

营销人员用笔记录，不仅向客户表示自己在认真倾听，还会再次消化客户的观点，找到改变客户认知的关键。此外，营销人员要懂得记录的原则，并不是有话必录，而要摘取客户所讲的重点。

（7）询问。当客户讲的内容很模糊时，营销人员就要进行询问，重新澄清问题。向客户询问，真正确定客户心中的意思，营销人员才能正确找到客户的需求。

（8）复述。复述是指营销人员用自己的话重新整理客户所讲的话，实质是再次向客户确认的过程，同时也让客户感到他真正受到了尊重。只有完全接收客户的意思，营销人员才能真正了解客户的认知，并以此为依据来改变客户的认知。

（9）停顿。停顿技巧的内涵是，当客户讲完之后，营销人员要停顿两三秒钟，再回答客户。在这两三秒的时间里，营销人员要争取利用这短暂的时间思考怎样回答问题，这样才更展现出自身的专业优势。

课堂讨论　保险客户投诉案例分析

该客户于 2007 年 10 月购买美满一生年金保险，保费 12 000 元，交费期间 12 年。客户于收到保单 10 日内提出撤单申请，营销员也按时为客户办理了撤单手续，并交给部门秘书处理。基于想挽留客户和了解真正的撤单原因，该秘书想将保单交给个险部督察岗回访。当秘书将保单拿到督察办公室时，由于督察当天出差，故此，没有成功回访，秘书将此保单拿回自己办公室，后来一直忘记了此事。当营销员查询撤单情况时，才发现已过了 10 日的犹豫期，已不可以办理撤单。当时营销员及其经理介入劝说，客户也搁下了此事。

2008 年续保前，客户又向我司提出要求全额退保，而且态度很坚决。

经查：该保单试算的退保金为 2 760 元，退保手续费为 9 240 元。经两次上门拜访客户，了解到客户由 80 年代开始经营士多至今，平时生活比较勤俭，有一定的积蓄，因近年生意开始下滑，担心以后没有足够的交费能力，故此，当时经过了详细考虑后，才决定撤单。2008 年营销人员通知其交费时，客户又再担心以后没有交费能力，而且交费期间很长，坚决要求全额退保，要求我公司和犯错的员工承担9 240元的手续费。该秘书也承认自己工作疏忽，但确实没有能力承担9 240元的手续费，如要其承担此笔手续费，她会引咎辞职。

资料来源：节选自万一网的刊载的"保险客户投诉案例分析"，http://www.wanyiwang.com/view_13900.html，节选时有删改。

阅读上述案例，讨论下列问题：
1. 在本案例中客户的抱怨和投诉是怎样产生的？能不能在营销过程中尽可能避免？
2. 面对客户的抱怨，保险营销人员和保险公司应该如何处理？

营销工具

客户投诉处理步骤

客户投诉显示了企业的弱点所在，除了要随时解决问题外，更应不要让同样的错误再度发生。世界闻名的日本T牌汽车厂，将"客户投诉处理过程"分为六个阶段加以处理。

步骤一：听对方抱怨

不可以和客户争论，以诚心诚意的态度来倾听客户的抱怨。当然，不只是用耳朵听，为了处理上的方便，在听的时候别忘了一定要记录下来。依情况而定，变更"人、地、时"来听的方法可使抱怨者恢复冷静，也不会使抱怨更加扩大。这种方法称为"三变法"。首先是变更应对的人，必要时请出你的主管、经理或其他领导，无论如何要让对方看出你的诚意。其次就是变更场所。尤其对于感情用事的客户而言，变个场所较能让客户恢复冷静。最后应注意不要马上回答，要以"时间"换取冲突冷却的机会。你可告诉他："我回去后好好地把原因和内容调查清楚后，一定会以负责的态度处理的。"这种方法是要获得一定的冷却期。尤其客户所抱怨的是个难题时，应尽量利用这种方法。

步骤二：分析原因

聆听客户的抱怨后，必须冷静地分析事情发生的原因与重点。经验不丰富的销售人员往往似懂非懂地贸然断定，甚至说些不必要的话而使事情更加严重。销售过程中所发生的拒绝和反驳的原因，是千差万别的，而抱怨的原因也是同理的，必须加以分析。其原因可认为是以下三者：首先是销售人员的说明不够、没履行约定、态度不诚实等原因引起的，尤其是不履行约定和态度不诚实所引起的投诉，很容易扭曲公司形象，使公司也受到连累；其次是由客户本身的疏忽和误解引发的；最后是由商品本身的缺点造成的，这种情形虽然责任不在销售人员，但也不能因此避而不见。

步骤三：找出解决方案

你要先冷静地判断这件事自己可处理吗？或者必须由公司斡旋才能解决呢？如果是自己职权之外才能处理的，应马上转移到其他部门处理。此时，销售人员仍然必须负起责任，直到有关部门接手处理。

步骤四：把解决方案传达给客户

解决方案应马上让客户知道。当然在他理解前须费番工夫加以说明和说服。

步骤五：处理

客户同意解决方式后应尽快处理。处理得太慢时，不仅没效果，有时会使问题恶化。

步骤六：检讨结果

为了避免同样的事情再度发生，你必须分析原因，检讨处理结果，记取教训，使未来同性质的客户投诉减至最少。

资料来源：节选自百度文库中的文档资料"处理投诉步骤"，节选时有删改。

营销实战

投诉处理演练

将学生分为三人一组，分别扮演客户、保险公司工作人员和观察员，要求客户就如下保险产品或服务等某一细节进行抱怨和投诉：

1. 被保险人发生事故，但属免责事故；
2. 保户没能及时领取到赔款；
3. 代理人代保户签名，致合同无效；
4. 理财保险产品的回报率没有代理人承诺的高；
5. 客户在犹豫期撤单，但内勤人员工作失误错过时间，合同已生效。

扮演保险公司工作人员的学生按客户投诉处理步骤与客户进行沟通与解决，观察员进行记录点评。每组演练时间不超过5分钟，各组评述后由教师进行总结点评。

重要概念

保险售后服务　客户关系管理　铂金层级　黄金层级　钢铁层级　重铅层级　保险客户沟通　语言沟通　非语言沟通　口头沟通　书面沟通　直接沟通　间接沟通

能力拓展

1. 以小组为单位，开展针对某一个保险公司的客户服务满意度调查，并撰写调查报告。
2. 以小组为单位，分析中国平安保险公司是如何进行客户关系管理的。是否使用了客户关系管理系统，并分析该公司客户关系管理有何不足，提出对策。

项目 10 探索保险营销创新

学习目标

- 了解保险网络营销;
- 熟悉保险电话营销;
- 了解保险整合营销;
- 熟悉保险数据库营销;
- 了解保险手机营销;
- 了解保险电视营销;
- 了解基于 APP 的保险营销。

案例导入

探索保险营销创新

当多家保险公司在同一舞台上各施招数,展开角逐,加上急于摆脱经济滑坡的窘境,使得保险公司的竞争变得愈加激烈。而营销是决定市场份额的关键因素,在同业竞争中起着不可替代的作用。保险公司应立足营销创新,扩大品牌效应,赢得良性发展,争取久远市场。保险营销创新一般包括理念创新、手段创新、策略创新和渠道创新等内容。

1. 理念创新

理念创新,树立知识营销理念。当今社会已进入知识经济时代,知识经济的鲜明特点在于它不再以物质产品为第一商品,而是以新知识和新技术的传播、普及和应用作为主要商品,这与传统计划经济时代的营销模式和竞争策略有着本质的区别。

众所周知,建立一个科学发展与可持续发展的社会无疑是深化改革的主题,大家越来越关注人与自然和谐共处的辩证关系。其中,引人注目的是倡导低碳、消除污染、保护环境、惠及后代的产品及服务,绝大多数的消费者愿意接受绿色低碳环保理念。因而,健康营销理念是企业营销的一种必然选择。如今市场瞬息万变,产品更新换代的速度、科技应用推广的频率发生了日新月异的变化，那种单一模式传统方法的营销策略已成为制约企业提升核心竞争力的瓶颈，同业角逐从产品和价格的竞争迅速扩展到产品及附加利益的现代服务竞争，同类产品比价格，同等价格选服务，同等服务看品牌成为客户的共识，而这种趋势会随着时间的推移更加明显。企业只有推行服务营销理念，把"硬性"产品与"软性"服务有机结合，在服务上花气力、下工夫，才能真正做好文章。

2. 手段创新

手段创新，着力拓展品牌化营销。许多企业发现，市场竞争似乎在潜移默化中由产品、质量、价格和服务竞争逐步向品牌竞争过渡，从一定意义上说，后者占的比重似乎显得更大些。品牌是涵盖了企业、产品、技术、服务诸多因素的一种标识，也是反映企业实力和经营水平的无形资产，具有举足轻重的地位。只有精心打造品牌，潜心运用品牌，用心提升品牌，决心扩大品牌，才能占有份额，赢得市场，取悦客户，持续发展。

开展品牌营销要成为企业的长久战略，不能当做短期行为和权宜之计。以往企业在营销过程中多数采取千人一面、千品一招的办法，不能满足客户多层次、全方位、个性化的需求。开展个性化营销就是把对人的关注及不同个性需求摆到较高位置，在特殊性中寻找普遍性，在偶然性中发现必然性，将个性逐步发展为共性，使企业与市场建立起新型关系。要根据消费者的特殊需要进行产品研发，提供配套的个性化营销方式，为迎接国际市场竞争挑战打好基础。

伴随着计算机技术的高速发展和国际互联网的普及，网络营销快捷、高效地登上市场舞台，进而成为企业营销中活跃的因素，它对企业经营产生了重要影响。事实说明，网络营销具有跨时空、多媒体、高效率、低成本等特点，与传统营销相比有明显的竞争优势，有利于企业开拓发掘潜在市场，找到新的客户群体，了解产品走势，掌握供求动态，及时信息反馈，做出应变举措，谋求长远市场。

3. 策略创新

策略创新，同步推动产品创新。毋庸置疑，产品创新是营销创新的核心要素和关键所在。一个企业是否具有稳定的生存力和旺盛的生命力，其标志就是看其产品是否能在日趋激烈的竞争中立足创新。

目前，消费者需求多样化和个性化，既给企业带来了压力和挑战，也为企业提供了商机和课题，所以，产品创新要针对消费者需求做出快速反应，满足产品个性化需求。除此之外，要注意在产品创新中增加科技含量和附加值，加速产品升级换代。

4. 渠道创新

大家都知道，营销渠道如同人体的经络一样循环运行，拥有纵横畅通的营销渠道可以加快销售速度、缩短市场周期、降低运营成本、得到客户首肯，还能迅速获取市场信息，让企业根据市场变化做出反应，及时应变。

由于新的营销模式的出现，传统的营销渠道难免要经受考验，有些正在发生衰退性变化，如果不及时除旧布新，肯定不利于市场竞争。因此，企业在渠道方式上要进一步解放思想，更新理念，重新定位，探索尝试，一方面，对原有的老渠道进行一番去粗取精的梳理整合，充分发挥现有资源优势；另一方面，利用信息网络技术建立新型的销售渠道，大力推进营销信息化进程和电子商务的发展，构建高效广泛的营销网络体系，使市场的基础更加牢固，企业的长远发展得到支撑。

资料来源：节选自人民网 2011 年 9 月 7 日刊载的文章"尝试保险营销创新"，http://finance.people.com.cn/insurance/h/ 2011/0907/ c227929-1944452609. html，节选时有删改。

阅读上述案例，思考下列问题：
1. 保险营销创新应从哪些方面着手？
2. 提升保险营销效果的手段有哪些？
3. 对现在流行的基于 APP 应用下的各式保险营销手段谈谈你的看法。

任务 10.1　了解保险网络营销

10.1.1　了解保险网络营销及其特点

1. 了解保险网络营销

保险网络营销是以个人保险网站为主要营销工具，结合传统保险营销方式，积极有序地展开各类网上的、传统中的保险营销活动，以达到综合性地提升个人竞争优势、多样化客户来源渠道的目的。

在我国，网络营销虽然起步较晚，但近年来发展迅速。1997 年 11 月 28 日中国保险信息网的开通，标志着我国保险业已经迈进网络之门。而 1997 年 12 月，新华人寿保险股份有限公司完成了第一份网上保单的签订，更标志着我国的保险业已经搭上了网络快车。我国太平洋人寿与郎络电子商务公司合作开通的保险营销专业网站——"网险"试运营已初步获得成效。同时，平安保险公司投资设立的"PA18"新概念、泰康人寿保险公司开通的"泰康在线"以及其他国内保险公司相关网站的纷纷亮相，表明网络营销方式已经引起了国内保险公司的广泛重视。

2. 知晓保险网络营销的优点

作为一种全新的营销方式，保险网络营销具有的优越性是非常明显的。

(1) 降低经营成本，提高公司竞争力。据有关数据统计，通过互联网向客户出售保单或提供服务要比传统营销方式节省 58%～71%的费用。在营业费用上：运用网络营销后，保险公司只需将所有险种的信息输入计算机系统并上网，就可以让客户自己查询，无须再设立专人寄送材料，电子版本的险种目录、说明书等也不必再进行印刷和专人保管。在交易费用上：双方只需支付低廉的网络通信费用，免去了中介的佣金，降低了展业成本，而成本的降低使保险公司有了更大的利润空间，也就有了降低产品价格——费率的可能，而费率的降低将刺激客户对保险产品的需求，促进保险发展的良性循环。

（2）提高服务质量。通过网络，客户可以获得保险公司为他们提供的完备的信息，包括公司背景、险种介绍及费率的情况，客户可以通过网络对几家相似的险种条款定价进行比较，选择最为满意的险种和最适合自己的条款，并完成一系列投保工作。客户还能从公司网站上获得有关如何进行防灾防损指导的信息。如今消费者的需求多种多样，保险公司可以通过网络非常方便地与投保人就保单的细则进行交流，为其量身定制最适合的保险条款，满足其个性化需求，使过去的服务规范化转向服务个性化。

（3）增加新的销售机会。在网络营销中，保险公司可以有效地与各种人群接触，特别是代理人、经纪人等无法接触或不愿接触的客户，获得更多的业务，并且通过业务的大量化、多样化，在理论上更符合"大数法则"的要求，形成了在增加新的销售机会的同时分散自身风险、增加经营的稳定性的良好局面。

（4）减少市场壁垒，形成营销国际化。网络营销有助于所有保险公司进入国际市场，并在国际保险市场上占有一席之地。互联网遍及全球，保险公司运用网络进行营销，能够超越时间和空间的限制，随时随地为身为世界任何一个地方的客户提供保险服务，实现跨国界的保险营销，创造出一个地球"保险村"。

10.1.2 了解保险网络营销过程

1．网络直销形式的保单销售流程

保险客户浏览保险公司网站，选择适合自己的产品和服务项目，填写投保意向书，确定后提交，通过第三方支付（支付宝、财付通、快付通、网络银行转账系统或信用卡方式），保费自动转入保险公司，保单正式生效。经核保后，保险公司同意承保，并向客户确认，则合同订立；客户则可以利用网上售后服务系统，对整个签订合同、划交保费过程进行查询。网上保险营销示意图如图10-1所示。

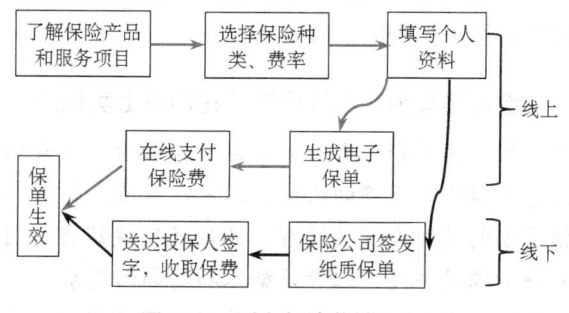

图10-1 网上保险营销示意图

网络保险是新兴的一种以计算机网络为媒介的保险营销模式，有别于传统的保险代理人营销模式。网络保险是指保险公司或新型网上保险中介机构以互联网和电子商务技术为工具来支持保险的经营管理活动的经济行为。

2. 非网络直销形式的保单销售流程

大多数保险险种无法通过网络进行直接销售。但在互联网和信息技术的支持下重新设计改造这些险种的销售流程，也可以给企业带来巨大的效益。在重新设计时，将一张保单从销售到核保的全部活动由一名员工完成，该员工在流程中称为客户代表。他也是流程与客户的唯一联络点。以寿险保单为例，其电子商务销售保单的基本步骤是：客户向代理保险公司发送电子邮件，提出投保申请，或在网页上填写电子表格，传递给代理保险公司；代理保险公司的信息系统检查数据是否齐全，若数据完备，储存到内部的数据库中，并通知客户代表；客户代表判断核保是否需要额外信息（如财务状况、健康状况、业余爱好等），如果额外信息能通过网络获得，客户代表发送电子邮件要求客户提供；如果核保需要体检报告，通知公司外勤人员陪同客户体检；在获得额外信息后，评估风险的可保性；如属于可保风险，计算保费，通知客户；客户若同意投保，客户代表制定正式保单，在网上支付生效后，以电子邮件方式发送给客户。

3. 理赔流程

典型的网上理赔工作流程：投保人出险报案后，保险公司查勘员用数码相机拍下现场情况或相关资料，同时用扫描仪将纸面材料扫描；然后上网打开系统，填写有关信息并上传照片；坐在保险公司定损中心的资深定损员看图片定损（如有疑问可随时决定赴现场定损）；之后，核赔、缮制、财务等环节即可马上开始作业，没有任何时间差。任何需要上一级核赔人员复审的案子也可以实时送达，不论该高级核赔人在何处。同时，全国范围的代查勘也都可以方便地实现。工业经济向信息经济的转变是当今世界经济发展的主流，滚滚而来的电子商务浪潮更是以巨大的力量改变着当今的人类社会。在这股浪潮的推动下，国际上不断出现新的管理经验和管理理论，反映了电子商务时代企业管理的发展趋势和新特点。中国保险企业只有积极主动地迎接新经济的挑战，及时革新现有的管理思想和业务流程运行方式，才能适应新的经济形势的发展要求。

课堂讨论 "保险网络营销"不等同于"在网络上卖保险"

相信有很多人对于保险网络营销都有一定的误解：保险网络营销不就是在网络上卖保险吗？我们对于保险网络营销要有正确的认识。二者在本质上有所不同。

（1）保险网络营销注重的是整个营销过程，不仅是实现销售。利用网络进行保险销售只是将网络作为销售的一个辅助手段。二者是整体和局部的关系。

（2）保险网络营销关注的是保险公司的形象建设、品牌树立、产品说明、客户关系等多方面的整合；而网络上卖保险是指利用网络销售保险产品。二者是全面和片面的关系。

（3）保险网络营销是一种新型的营销体系；而网络上卖保险只是一种营销方法。二者是"道"与"术"的关系。

阅读上述材料，讨论下列问题：

结合自己在日常生活中所遇到的一些事例来谈谈对保险网络营销的看法。

任务 10.2　认知保险电话营销

10.2.1　了解保险电话营销

电话营销是在传统电话服务基础上发展出现的新型业务营销模式，是以电话为主要沟通手段，借助网络、传真、短信、邮寄递送等辅助方式，通过保险公司专用电话营销号码，以保险公司名义与客户直接联系，并运用公司自动化信息管理技术和专业化运行平台，完成保险产品的推介、咨询、报价以及保单条件确认等主要营销过程的业务。

10.2.2　认知保险电话营销的问题

1．消费者认可度不高

经过这几年的发展以及电话的普及，已有一部分人认可了电话营销这种方式，但仍有绝大部分人对这一方式心存疑虑。这缘于两方面，一方面很多消费者认为电话营销方式打扰了个人生活；而另一方面电话营销这种方式侵犯了个人隐私，不安全。

2．客户资料准确性不高

客户信息数据是进行保险电话营销最重要的基础，而数据质量是影响销售是否成功的关键因素之一。保险公司的客户信息数据来源主要有两种：一种是自身积累的老客户数据，另一种是从外部收集和获取的数据。很多保险公司由于老客户数据不足，需要大量从外部收集数据。而数据收集要花费大量人力、物力，因此有不少保险公司为了节约成本而不得不降低对数据质量的要求，"滥竽充数"现象严重。

3．产品过于简单

由于电话营销的固有特点，通过电话销售的产品相对比较简单。例如，寿险方面通过电话销售的产品多是一些短期意外险、健康险、防癌险等条款相对简单、消费者比较容易明白的险种。这固然对消费者的理解有一定帮助，但另一个问题是，并不是所有客户都需要这些险种，而其需要的比较复杂的险种（如重大疾病险）却不能通过电话渠道来购买。财产险方面，车险电话营销在我国刚刚起步，尽管各家保险公司都推出了以家用车为主要营销对象，以车身险、第三者责任险、车上人员责任险和盗抢险等为主险，多个附加险的营销产品组合，但从实际社会需求出发，这远远不够，还需要从产品定位、质量、价格、市场空间、知名度、美誉度、认知度、后续服务等方面去综合考虑。

10.2.3 了解保险电话营销策略

1．确保客户信息数据质量

电话营销是概率销售，数据质量的好坏直接关系到销售是否成功。因此，保险公司应从数据来源和应用过程两方面把握好数据的质量。

（1）从源头上进行把关。保险公司现有数据多是从公开市场上购买回来的，这些数据的完整性并不高，因此，在购买时应该对数据进行"精挑细选"，选择优质的数据供应商并且对购买的数据进行筛选。把只有名字和号码的数据剔除掉，并且对数据进行分析，如客户的行业、职位、年龄、学历等与产品特征结合起来，实行精准营销。

（2）对数据进行动态管理。一方面，保险公司在营销过程中会逐渐积累一定的新客户数据。营销人员在与客户沟通的过程中也会得到一些更细的信息，如客户购买产品的最大因素是什么、客户的风险偏好、已有保险数等，这些数据与信息都是非常珍贵的，应该补充到公司数据库中。另一方面，随着时间的推移，有些客户数据已经失效，保险公司应该定期对数据库进行审核，以保证整个数据库的质量。

2．培养高素质人才

要从招聘和培训两方面把好关才能建立起一支专业胜任、沟通能力强、自信得体的电话营销队伍。首先在招聘过程中，公司把营销人员的招聘条件提高到高中及以上学历，并根据要招聘人员的要求来严格筛选应聘者，宁缺毋滥。其次加强业务培训，一方面，保险公司要对营销人员进行专业知识和沟通技巧的培训，另一方面，由于电话销售还不为许多人所接受，营销人员被拒绝率很高，因此还应对营销人员进行心理辅导、心理调整测试等，以维护团体的士气，打造出一支专业、优秀的电话营销队伍。

3．规范完善营销话术

营销话术的优劣直接关系到电话营销成功率。优质的营销话术设计并不是一蹴而就的，必须要对已设计好的话术进行模拟测试，并且在运用过程中要不断改进，这样才可以更好地帮助营销人员开展业务。另外，一套完整规范的营销话术包括一些投保人必须知道的信息，如犹豫期、保险责任、免责条款、注意事项等，并且要求营销人员如实告知这些信息，这样才可以有效防止误导，减少日后赔偿纠纷。

4．做好电话营销增值服务设计和实施

随着越来越多的公司关注电话营销，电销产品将出现同质化，而且销售技巧也会趋同，这时电话营销的竞争重点在于产品服务，应该将如何让客户明明白白消费、确保客户的利益成为公司服务的重要部分。

5．注重电话营销与间接营销的有机结合

建议把电话营销方式与间接营销方式结合起来，在电话上达成协议后由专业代理人亲自送合同给客户，并与其再次进行有效沟通，这样有利于增加客户的信任度和忠诚度。而

对于产品不适合的客户，在征得同意的前提下可以委派专业代理人进行跟踪服务，为其量身定做一份保险理财计划，通过这样的方式来实现客户资源的最大化使用，增加公司的效益。

课堂实作　保险电话营销何去何从

联泰大都会负责销售业务的副总裁袁大辉认为，因销售方式的特殊性，包括该公司在内的各家寿险公司在电话营销人员选拔上，除要求具备大学专科以上学历外，"我们对我们的电话营销人员均要求具备较强的语言沟通能力，对营销人员讲话的语音、语速有相应要求，而传统营销人员则具有高中以上学历即可。电话营销人员与传统销售渠道的营销人员相比，综合素质相对较高"。

袁大辉坦言，之所以目前公众对保险电话营销有相当程度的"反感"，有很大一部分原因是有部分保险代理人获得个人信息后就开始拨打电话，进行推销，在过程中还采取了"蛮缠"的方式，致使保险电话营销的形象被打了折扣。

目前，采取电话销售的行业很多，但电话销售对普通百姓来说较为陌生，加之一些不法分子利用电话销售进行诈骗造成的负面影响，客户对电话销售模式有一定的戒备心理和抵触情绪。部分客户接到电销电话后，立即致电保险公司或114进行核实，少数客户认为电话销售对个人隐私构成威胁。目前，部分公司只得以赠送极短期意外险或其他物品的方式推销产品，社会公众的接受程度直接影响电话销售业务的发展。

很多人士发现，受消费习惯的影响，大家对电话营销这种全新的销售模式接受程度较低，并且认为这种方式不安全。袁大辉说："其实这里存在一些误区。正规保险公司的电话销售过程其实是完全可控的。电话营销业务因整个销售过程（或销售意愿的达成）在线完成并全程录音，承保前由质检岗检视，销售过程出现的瑕疵可以事后通过二次呼出进行修正，营销人员使用统一的销售话术及异议处理话术，可以有效防范销售误导风险。因此，相对于传统营销模式来说，其销售行为更具有可控性。"

"换个角度来看，公众对保险电话营销所存在的各种'负面'的理解，也是对保险公司开展这一业务提出的更高要求。"袁大辉称，保险公司自身在电销业务发展初期，有效防范销售误导、提高营销人员业务技能、完善服务流程等对稳步推进电销业务发展尤为重要。

另一家保险公司相关负责人认为，事实上，但凡开展电话销售的保险公司都已经意识到了目前外部环境的严峻性，至于解决方案，也在很大程度上达成了共识，除加强电话销售的宣传、正确引导客户消费习惯外，加大产品创新力度和优化数据资源配置成为必经之路。

资料来源：节选自1财网2010年1月19日刊载的文章"保险电话营销被'念歪经'"，http://www.yicai.com/ news/2010/01/310950.html。

课堂实作训练：

阅读上述案例并组织学生分组讨论下列问题。讨论完毕后要求每组派出一名代表对讨论结果进行评述，时间不超过 5 分钟。各组评述后由教师进行总结点评。

1. 保险电话营销的优缺点有哪些？
2. 谈谈你对保险公司开展保险电话营销前景的认识。

任务 10.3　了解保险整合营销

10.3.1　认识保险整合营销

1. 了解整合营销

某媒体曾经刊登过这样一则消息：一家保险公司与一家重型卡车销售商合作，买车人采用银行贷款方式购买一辆价值约为 100 万元的重型卡车，保险公司为该笔贷款提供担保并为车提供 3 年的保险。这样，卡车销售商、客户、银行和保险公司这些本来没有直接关系的各方串联到一条链子上，保险公司把对汽车的金融担保服务和对客户的保险服务整合到一个平台上。另外，保险公司还可以继续深挖，向该客户推销其他险种。

这种销售方法就是"整合营销"。所谓整合营销，就是从客户的角度思考，通过研究他们的需求及他们愿为此付出的成本，进行多角度、全面的广告策略、媒体利用，主动引导客户消费，以达到企业与客户双方利益的最大化。对于保险公司来说，客户在购买保险时，会有一个主要需求，这个主要需求可以带动一些下游需求。保险公司的整合营销，就是将自身拥有的资源充分地"整理"、"结合"，将营销过程清晰化、系统化。

2. 熟悉保险公司的整合营销

保险整合营销是以市场为调节方式，以价值为联系方式，以互动为行为方式，是保险公司面对动态复杂环境的有效选择。它是一种通过对各种营销工具和手段的系统化结合，根据环境进行即时性动态修正，以使交换双方在交互中实现价值增值的营销理论与营销方法。

(1) 从客户视角出发。

① 客户群整合。保险公司对客户群定义越精准，了解得越多，就越能有效地接触客户并向他们传递信息。泰康人寿天津分公司副总经理董开元介绍，泰康人寿致力于为工薪白领人群提供专业化、高品质的人寿保险服务，因此，泰康人寿深度整合这个群体，倡导青春、健康、时尚、幸福美满的工薪白领人群的现代生活观、现代消费观和家庭价值观。

② 客户需求整合。平安人寿重庆分公司副总经理朱渝杭说，我们要明确一点，公司要获得发展，首先要赢得客户信任；赢得客户信任，必须保障客户的切身利益；保障客户的切身利益，就必须深刻了解客户需求。只有深刻了解客户需求，才能做好整合营销。

深度调研是整合的第一步，也是了解客户需求的重要一步。保险公司要深入了解市场信息，收集和分析客户潜在需求、消费习惯等。调研之后，再进入市场细分阶段，也就是依据客户的需要和欲望、购买行为和购买习惯等进行详细的划分，将巨大的、不同质的市场划分成小的、具有相似产品需求的群体。经过调研和细分，保险公司就可以针对各类客户群体准确地定位产品。例如，保险公司可以把30～45岁的客户划分为一个群体，他们大多拥有家庭和事业，需要面对偿还车贷、房贷、子女教育和自身养老的多重压力，所开发的产品可以有针对性地解决他们的困惑。明确整合方向，做到有的放矢，将会事半功倍。

③ 客户价值整合。在西方发达的保险市场上，核心业务日趋复杂，北美和欧洲寿险公司开始着手整合系统、建立统一业务平台。随着中国保险业务的持续高速增长、客户需求复杂程度的加大，整合资源、简化系统成为大势所趋。整合资源、简化系统，从客户角度出发，令客户体验最大化的价值。保险市场上，许多成功的产品可以复制，但却很难复制产品背后的根本力量。在整合营销这项工作上，保险公司凭借自身的优势发挥集团产业链之间的协同效应，对客户数据进行分类、挖掘和整合，发现最有价值的客户，综合评估客户的全部风险，并为其提供全面的金融解决方案和质量更高的服务。

(2) 多方位全面整合。

① 渠道整合。过去，保险营销基本只限于公司员工直销和代理人销售，如今个人代理方兴未艾，银行保险异军突起，专业经纪和代理公司发展势头强劲，电子商务也初现端倪，电话、报刊直邮、汽车经销商、铁路与航空等也正在成为营销渠道的"中坚力量"。现实表明，保险公司已经进入直销、分销混合销售的新时期，混合型渠道是大势所趋。太平洋寿险山东分公司副总经理王政权介绍，尽管保险公司的销售渠道逐渐多元化，但挖掘销售渠道方面的努力一刻也没有停止过。2006年，保监会允许中国人保控股公司、中国人寿所属子公司相互代理保险业务，财险和寿险渠道实现互通有无，这一规定被逐渐以另外一种形式突破，这就是同一集团下的产寿交叉销售。随后，中国平安将交叉销售的范围扩展到了银行、证券领域。2008年，中国人保旗下的人保寿险宣布与人保财险联动实行"4+1"渠道建设策略，"4"即个险、团险、银保和中介渠道，而"1"则指互动业务渠道。太平洋保险对产寿险交叉销售的重视也说明了有效整合渠道的重要性。

② 系统整合。许多保险公司在多样化的渠道中尝到了甜头，但同时也面临许多问题。销售渠道的多样化，对保险营销的整合和管理提出了更高的要求。渠道复杂了，保险公司就要面临自身交易管理复杂，公司内部、合作伙伴沟通效率低等难题。如何有效地整合资源，建立一个相对统一、流畅的支撑渠道管理的信息平台，作为技术性问题首先摆在了各保险公司面前。另外，保险公司要对直销、个人代理、专业代理和经纪、兼业代理等可以控制的各种营销活动加以协调，从而形成一个连贯内聚的整体，最终能为与客户沟通创造条件，为客户投保提供便利，把公司的优势附加到保单中去。如果保险公司不能对渠道进行有效整合，不仅无法发挥渠道多元化的优势，还会给公司业务的发展增加众多累赘。

③ 流程整合。平安保险公司的"全国客户服务及运营技术中心"是整合营销的最好例

证。该运营中心通过整合客户接触界面、共享的作业、集中和专业化的核心运营、第三方服务网络，建立了利用影像、工作流、客户关系管理等最新科技的 IT 平台。这个平台整合了平安众多分支机构的后台作业和服务，实现了前端业务与后台操作的分离，使得各分支机构可以更专注于业务拓展和对客户的面对面服务；同时，分支机构的现场管理与后台技术支持紧密结合，通过后台实现的资源集中与共享，可以及时反馈到各分支机构，增加了全面服务的可能性，也有助于实施标准化的专业服务，实现最大规模效应。这种后援集中作业模式为平安快速响应客户需求、推介不同产品和优质高效服务，提供了极大可能。在该平台下，平安服务的内容多元化，服务的标准具有一致性，服务的流程则是一站式的，客户可以在一个公司、一个文化、一个品牌和一个系统下，享受到全方位服务。

④ 效果整合。随着市场的发展，许多保险公司加入了整合营销行列，然而每个公司运用的方法不同，细节处理的方式不同，所带来的营销效果也有所不同。需要有一套系统的评估体系，该体系不仅能检验整合营销的有效性和合理性，还能帮助公司更好地整合资源。

例如，通过评估公司能获取经验数据，使公司更加清晰了解每个营销行为、每个特定客户的效果和成本，调整营销策略，组合营销方式及配置公司资源。同时，通过这些真实的交易数据，公司可以将自身资源与高利润客户的需求满足结合起来，而对于其他的客户和准保户来说，所有的营销预算都应根据他们的短期和长期经济潜力进行仔细的校准。

10.3.2　了解提升保险整合营销的途径

1．利用合资企业

利用合资企业进行资源整合是目前大多数外资保险公司进入中国市场所采用的方式。该途径主要是指外资企业在我国境内寻找网点布局较全面、资金资本充足、发展较成熟的大型国有企业，如邮政、银行、能源企业、航空公司等作为合作伙伴，各出资 50%成立合资公司。这样既避免了外资独资企业在政策上的限制，通过合作企业有利获取政府支持和政策信息资源，又可以利用合作企业已有的网点资源完成销售渠道资源的积累，同时，还可以利用合作企业自身庞大的消费市场完成资本积累和市场拓展的第一步。

2．利用中介机构

多数新成立保险公司要想杀出几大老牌大型国有保险公司的包围、异军突起，多采取这种战略。该途径主要是指主营业务定位在银保业务或电话销售业务，依托银行和电销公司开展营销，获取自己的渠道资源。这种经营战略既避免了布点和营销人员培训的长周期性，又避免了与已成熟保险公司正面战场的竞争，从不同侧面发展利于业务成长。

3．利用价格机制

保险公司与营利性资源主体之间主要通过价格机制实现资源的整合和交换。高质素人才、相关管理开发软件和成熟代理机构资源的获得、整合和交换需要通过价格杠杆，以更加高的报酬、更好的合作条件、更大的利润空间来实现。

4．利用政府指导性机制

政府作为环境主体的一部分，利用其特有的政策法规和扶持机制，完成环境主体与保险公司资源的交换和整合。政府发挥其服务功能，利用其法律权威和良好信誉为保险公司搭建资源整合和交换的平台。

课堂实作 保险整合营销的受益体（见图 10-2）

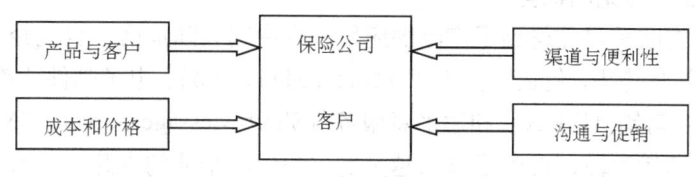

```
产品与客户  ──→  ┌──────────┐  ←──  渠道与便利性
                 │  保险公司  │
                 │          │
成本和价格  ──→  │   客户    │  ←──  沟通与促销
                 └──────────┘
```

图 10-2　保险整合营销的受益体

课堂实作训练：

观察图 10-2，结合自己所学谈谈保险整合营销能够打造出哪些受益体的共赢局面。

任务 10.4　了解保险数据库营销

10.4.1　了解数据库营销

1．认识数据库营销

数据库营销是市场经济在不断发展进步过程中逐渐演变出的一种新的营销手段。简单而言，数据库营销是通过收集和积累客户信息，形成客户数据库，经过分析筛选后有针对性地使用网络互动、电子邮件、短信、电话、信件等方式进行客户深度挖掘与关系维护的营销方式。数据库营销也可以被理解为通过与客户建立一对一的互动沟通关系，并依赖庞大的客户信息库进行长期促销活动的一种全新的销售手段，是一套内容涵盖现有客户和潜在客户，可以随时更新的动态数据库管理系统。数据库营销的核心是数据挖掘。

案例分析　从理念走向现实：数据库营销挖掘客户价值

作为国内保险行业的龙头企业，中国人保（PICC）率先从 2007 年开始尝试利用电话和网络进行数据库营销。中国人保采用浩丰创源的解决方案，经历了各省分公司建设的分散式系统、全国集中式系统、集中管理的多点分布式系统等阶段，历经五年的不懈努力，2011 年利用数据库营销系统实现的保费收入已经超过 100 亿元人民币。中国人保成功地应用数据库营销不仅实现了业务收入的跨越式增长，而且大幅提升了企业的经营模式，实现了客户体验、客户忠诚度、营销成本、员工满意度等多方面的持续优化。可以说，数据库营销不仅是一种新的营销方式，更是一种新的经营理念，其成功应用成为衡量一个企业经营现代化水准的新标志。

资料来源：节选自凤凰网转载比特网 2012 年 5 月 30 日文章"从理念走向现实：数据库营销挖掘客户价值"，http://tech.ifeng.com/internet/detail_2012_05/30/14916636_0.shtml。

案例思考：
1. 中国人保数据库营销成功的原因有哪些？
2. 数据库营销需要注意哪些问题？

2. 了解数据库营销的优势

数据库营销在欧美已经得到了广泛的应用。在中国大陆地区，也已经开始呈现"星星之火，快速燎原"之势头。包括定向直邮（Direct Mail，DM）、电子邮件营销（E-mail DM，EDM）、网络传真营销（E-Fax）和短消息服务（Short Message Server，SMS）等在内的多种形式的数据库营销手段，得到了越来越多的中国保险企业的青睐。之所以开始选择数据库营销，这与它相对传统营销所具有的独特优势是密不可分的。

（1）可测试性。数据库营销就像科学实验，每推进一步，都可以精心地测试，其结果还可以进行分析。假设你有一间酒吧，可以发出一封邮件，宣布所有光临的女士都可以免费获得一杯鸡尾酒。而在另一封邮件中，你可以宣布除周六、周日外所有客户都可以获得 8 折优惠。在进行一段时间的小规模测试后，计算哪封邮件产生的回报最高，之后就运用获得最佳反应的方案进行更大规模的邮寄。不管企业的大小如何，只要运用适当的形式，都可以进行小规模的测试，以便了解哪种策略最有可能取得成功。

（2）降低成本，提高营销效率。数据库营销可以使企业能够集中精力于更少的人身上，最终目标集中在最小消费单位到个人身上，实现准确定位。目前，美国已有 56%的企业正在建立数据库，85%的企业认为它们需要数据库营销来加强竞争力。由于运用消费者数据库能够准确找出某种产品的目标消费者，企业就可以避免使用昂贵的大众传播媒体，可以运用更经济的促销方式，从而降低成本，增强企业的竞争力。具有关资料统计，运用数据库技术进行筛选消费者，其邮寄宣传品的反馈率是没有运用数据库技术进行筛选而发送邮寄宣传品的反馈率的 10 倍以上。

（3）获得更多的长期忠实客户。维持一个老客户所需的成本只是寻求一个新客户成本的 1/5，而要使一个失去的老客户重新成为新客户所花费的成本则是寻求一个新客户成本的 10 倍。如果比竞争对手更了解客户的需求和欲望，留住的最佳客户就更多，就能创造出更大的竞争优势。用回头客忠诚度数据库营销经常地与客户保持沟通和联系，可以维持和增强企业与客户之间的感情纽带。另外，运用储存的消费记录来推测客户未来行为具有相当的精确性，从而使企业能更好地满足客户的需求，建立长期稳定的客户关系。

（4）企业制胜的秘密武器。传统营销中，运用大众传媒（报纸、杂志、网络、电视等）大规模地宣传新品上市，或实施新的促销方案，容易引起竞争对手的注意，使它们紧跟其后推出对抗方案，势必影响预期的效果。而运用数据库营销，可与客户建立紧密关系，一般不会引起竞争对手的注意，避免公开对抗。如今，很多知名企业都将这种现代化的营销手段运用到了自身企业，将其作为一种秘密武器运用于激烈的市场竞争中，从而在市场上站稳了脚跟。

10.4.2 了解保险数据库营销的基本程序

1．收集客户信息

保险公司要利用各种途径收集有关客户的信息，包括客户的年龄、收入、职业、爱好、习惯、是否经常出差或旅行等。收集信息的方法可以分为正式收集和非正式收集两种。正式收集方法，即通过规范的、严谨的问卷调查方法收集信息，如定期邮寄文件等。非正式收集信息的方式，可以通过保险营销人员拜访客户，与客户交谈或与他人闲聊、阅读报纸、收听广播等方式进行收集。

2．分析与归类客户资料

在收集相当数量的客户信息后，要根据一定的方法和原则进行分析和归类，从中发现需求爱好大致相同的同质群体，并将他们按不同的标准分类。具体来说，可以根据客户投保动机、投保金额、家庭生命周期阶段、子女状况等进行归类。

3．与客户沟通

当收集的客户信息有误时，当客户对公司业务或公司营销人员产生抱怨或不满意时，要及时与客户沟通，双方可以通过信函、电子邮件、面谈、电话等方式获得信息，修正信息，达成谅解。能否与客户及时沟通，获得彼此谅解，不仅反映了保险公司是否具备客户导向的营销理念，而且也说明了保险公司与客户相互之间的沟通渠道是否顺畅。因此，数据库的建立必须保证公司与客户之间的沟通畅通无阻。

4．建立支持性后勤系统

数据库营销的成败之一在于全员营销。为了保证营销的有效运行，所有与客户接触的人员都要树立一致的为客户服务的思想。避免在与客户接触过程中发生各种不利于公司形象、不利于公司业务、不利于客户利益的事件。因此，建立一整套支持性后勤系统，使公司的营销活动纳入全员营销之中，是非常必要的。

5．采取补偿措施

公司应把对客户资料及对客户抱怨的处理纳入数据库中，并建立相应衡量标准，这套标准可以有两个层面：一是满意度衡量；二是抱怨度衡量。通过这两个层面的检测，寻找出进一步提高满意程度的途径，以及不满意的原因，从而采取相应的补偿措施。

数据库营销的各个步骤的实施，实质上都是围绕客户服务这一中心来进行的。通过数据库营销，可以对现有客户归类，并有针对性地开展营销活动，帮助辨别潜在的客户，使客户与公司之间产生真正的"互动"。总之，数据库营销不仅使公司及保险营销人员更加了解其客户需要，而且可以在了解这些需要的同时，为客户提供更加满意的服务，从而提高公司与营销人员的业绩。数据库营销的一般工作过程如图 10-3 所示。

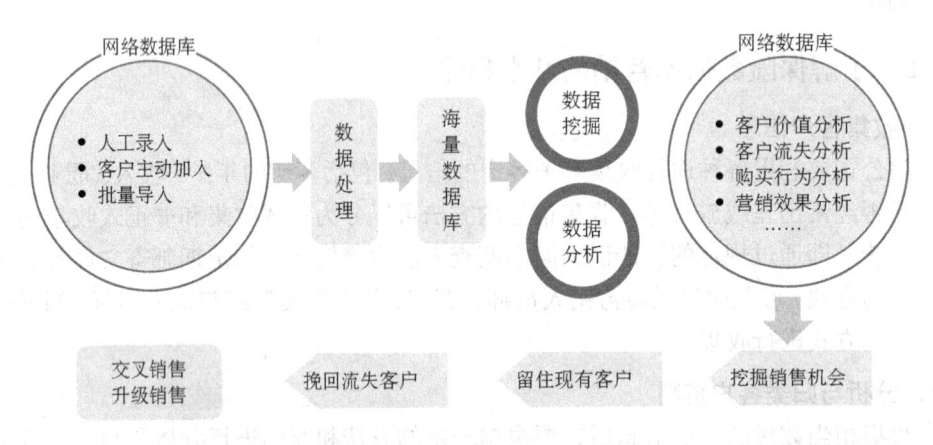

图 10-3　数据库营销的一般工作过程

课堂实作　强化认识保险数据库营销

（1）在强调持续有效沟通的今天，在每个沟通环节的可控性和可衡量性方面，数据库营销愈发成为营销者的利器。

（2）整合营销时代的到来，要求营销者运用所有可能的营销手段，更加有效地组合和应用这些营销手段，以达到更优的、立体的营销效果。数据库营销正是整合营销得以实现的前提条件，也是连接不同营销手段的纽带。

（3）数据库营销的点对点沟通，使企业轻松地与消费者建立更为紧密的关系，有效地避免了同业竞争对手的公开对抗，使消费者不再轻易转向竞争对手。

课堂实作训练：

结合自己所学，说明保险公司开展保险数据库营销要注意的问题。

任务 10.5　了解保险手机营销

10.5.1　认识保险手机营销

手机营销是以手机工具为视听终端、上网为平台的个性化信息传播为媒介，以大众为传播目标、定向为传播效果、互动为传播应用的大众传播媒介手机为基础的营销模式。

手机报和手机电视成为业界人士注目的焦点，同时，手机报和手机电视业务也正在如火如荼地展开。然而，手机作为未来一个崭新的营销媒体平台，到底应该以怎样的面貌展现在人们面前？它的发展空间又将如何呢？移动营销专家李映坤认为，手机营销是未来的一个趋势，在中国拥有庞大的手机用户群体，手机成了人们生活中的一个必备工具，并且运用手机营销可以让企业实现随时随地随身地精准营销、互动营销和忠诚营销。

中国太平洋保险，与新一代移动支付领军企业上海瀚银信息技术有限公司签署战略合作协议，双方将共同推出第四代保险直销模式——手机直销。保险直销历经了保险员上门、电话拜访和网络推广三代方式。如今，随着手机移动支付的风起云涌，依靠手机为保险客户提供更为直接、方便、灵活的投保服务，已成为保险业的共识。

10.5.2　了解保险手机营销的特征

手机营销是指利用手机为主要传播平台——第五媒体，借助手机短信、彩信、无线互联网、杂志、回铃音、网游等各种渠道或客户终端产品，全方位、多角度、广层面与受众进行链接，展开沟通。针对我国保险业的不断发展，准保户的保险意识不断加强，其需求不断上升，对于保险的认可度和忠诚度及产品的熟悉程度都有明显提升。而手机作为大众日常交流和沟通的重要工具，其在保险营销中的利用价值也不断体现出来。下面介绍保险手机营销的几个重要特征。

1．标准化营销，有效到达特定族群

中国目前有超过10亿个手机用户，每个用户的号码便是其身份标志。通过用户数据库的构建、受众市场的细分、特定族群的生活轨迹跟踪，手机营销借助手机载体，可以在适当的时间、以合理的方式，直接向细分受众定向、精确地传递个性化的保险信息。

2．个人化媒体，实时曝光接触保险

伴随着手机功能的完善，日渐多元化的手机广告模式诸如手机短信、彩信、无线互联网、电子杂志、回铃音、MSN、网游等各种渠道推陈出新、层出不穷，用户能够更便捷地在24小时内不间断地利用多重的手机营销渠道与身边的世界保持沟通和联系。保险手机营销能够以其随时随地、无拘无束、自由自在的传播机制，便捷、快速、高效地在企业与消费者之间搭建了全方位、多角度、广层面的保险接触与链接平台。

3．互动为王，品牌的植入与渗透

基于定点传播的技术支持，手机营销在应用双向沟通、反馈及时的互动行销方面便具有了天然的优势。无线手机的互动营销可以细分为纵向互动和横向互动，纵向互动指的是企业/广告主与消费者之间的信息沟通与交流，横向互动则意为消费者之间的人际传播。

在保险公司的品牌营销中，保险公司/广告主可以采用这样一种有效的交叉互动营销模式，在产品推广中先期实施纵向互动，根据消费者特点与消费者进行深入的互动营销（可与消费者对话、讲故事、做游戏等）。这使目标人群在不知不觉中快乐地接触、接受内涵的商业信息，完成超越简单广告方式的深度营销。同时利用促销等公关活动激励、诱发消费者之间的横向互动，使其在目标消费者的特定族群中主动、自愿地通过转发图片、文字、

链接等信息的形式来完成传播，横向互动是病毒式传播的利器，消费者转发的能量不可小觑。交叉互动作为前两种模式的高级整合，能够在短期内迅速将品牌形象植入消费者心中，大大提高了产品的美誉度与忠诚度。

10.5.3 了解保险手机营销的形式

手机营销的广告模式非常多元化，表现形式比互联网还要丰富，如文字链接、图片、地址、铃声、彩铃、博客、微博、论坛、游戏等。其主要分为三种类型。

1．WAP 链接广告，嫁接互联网模式

手机无线 WAP 直接取材于互联网，其与移动技术相链接并创造出适合手机用户使用的无线互联网。无线互联网最主要的广告模式即 WAP 链接广告，其中包括官方 WAP 站点和免费 WAP 站点页面上的链接广告形式。

WAP 链接广告作为一对多、点对面的大众传播方式，有效直击核心受众，同时能不断地挖掘潜在受众。它可以广泛运用于消费行为前期的营销推广，文本、图片、动画、影音等多媒体呈现的链接广告大大提高手机用户的产品认知度，同时手机实名制也为企业建立起消费群数据库提供了便捷。在消费行为中期、消费行为后期持续不间断地投放 WAP 链接广告能够确保品牌的高曝光度和用户接触指数，从而在目标受众心中深层植入品牌形象。

2．定向类手机广告，踩着高跷舞蹈

定向类手机广告主要包括短信广告、彩信广告及 WAP PUSH（服务信息）等定向类无线广告，是一种基于用户数据库的有效的品牌推广方式。它以核心消费者为中心，根据目标消费群体的喜好脾性、媒体接触习惯、生活轨迹等指标，制定并实施精准化营销。定向类无线广告目的是产品营销的强化与巩固，往往应用于消费行为中期、消费行为后期。在目标受众产生购买意向或达成消费行为之后，针对核心消费群，实施诉求于互动性和娱乐性的"pull"无线广告运动将在兼具高到达率和高传播效果的基础上，将产品特征、品牌形象有效地植入消费者心中。

3．手机新媒体应用广告，开辟新的营销蓝海

随着移动通信网络的升级及手机功能的逐步完善，报纸、杂志、广播、电视、游戏等多种媒体形式通过手机终端向大众传播，手机的传媒属性被大规模开发和应用。目前，手机报、手机杂志、手机电视、手机游戏等全新的、以手机为载体的传媒业务形式获得蓬勃发展。传统的无线营销广告模式已经日臻成熟，越来越多的企业开始试水并持续展开无线营销，这使得定向类无线广告、WAP 链接广告两大传统广告模式已经成为广告主竞争愈发激烈的红海。

利用手机新媒体应用广告模式进行手机营销逐渐成为保险公司的蓝海战略，其表现为在手机报、手机杂志、手机电视、手机游戏等新媒体渠道中植入或插播广告，具备图文并

茂、生动活泼、新颖巧妙的传播特性，进而增强保险公司在品牌树立、产品广告宣传方面的影响。

课堂讨论　手机报营销模式

移动运营商拥有丰富的用户细分资源，易于做到媒体的分众化，适合提供未来个性化报刊内容的手机报服务；报业利用自身在传统媒体市场上的读者资源来打开销路。技术提供商通过技术分析更加了解用户的阅读体验、行为与需求，或者说能够从技术方面满足用户的各种需求。对手机报用户营销的多层面介入，最终受益的实际上是整个手机报产业，而不是其价值链某个环节上的一方；而在手机报用户市场上的拓展实际上也是加速探索手机报产业成熟商业模式的一个有利条件，同时也需要各方的合作。

资料来源：节选自投资界 2011 年 7 月 28 日刊载的文章"手机报营销模式如何实现企业赢利？"，http://news.pedaily.cn/chuangye/201107/20110728249582.shtml。

阅读上述材料，讨论下列问题：
结合自己所学谈谈你对保险手机营销的认识。

任务10.6　了解保险电视营销

10.6.1　认识电视营销

1. 电视营销的定义

电视营销是指营销者购买一定时段的电视时间，播放某些产品的录像，介绍功能，告示价格，从而使客户产生购买意向并最终达成交易的行为。其实质是电视广告的延伸。电视营销与网络营销同时作为直复营销的一种形式，都是符合时代要求、具有良好前景的营销方式，具有一定的相似性。

2. 电视营销的实施要点

（1）确定目标客户。由于企业经营品种的不同，目标客户也会有一定的差异。但从电视媒体的特征而言，电视营销的最佳目标客户群应是 25～50 岁的家庭主妇和职业女性。她们一般都有看电视的习惯和爱好，也有一定的购买能力。

（2）确定合适的商品。电视营销的费用较大，导致企业必须尽快收回成本，产生效益。因此，电视营销最适合的商品应是价值较大的日常生活用品。价值大可提高企业的赢利水平，日常生活用品则能使客户当场产生购买冲动，果断决策。从中国企业的营销实践看，服装、电器、化妆品和健身器材是目前较为成功的商品。

（3）确定节目内容。电视营销的节目内容与一般电视广告不同。一般电视广告的目的可以是树立企业或产品形象，也可以是提高知名度和美誉度。而电视营销的目的就是取得订货。所以，节目内容的侧重点是商品功能、特征、客户利益、价格和购买方法等信息，以便客户马上能方便地进行订货。电视营销节目制作的基本原则是主题清晰、贴近生活和可信赖。

3. 电视营销的优缺点

电视营销的优点：通过画面与声音的结合，使商品由静态转为动态，直观效果强烈；通过商品演示，使客户注意力集中；接受信息的人数相对较多。

电视营销的缺点：制作成本高，播放费用昂贵；客户很难将它与一般的电视广告相区分；播放时间和次数有限，稍纵即逝。

为了克服上述弊端，有些营销者创造了一种新的电视营销方式——家庭购物频道。这种方式主要是通过闭路电视或地方电视台播放一套完整的节目，专门销售各色俱全的套装产品。观众只需将频道锁定，即可全天24小时收看，并能随时通过免费电话与该公司联系。这种营销方式在1986年的美国，其营业额为4.5亿美元，而只几年的时间，到1991年则增加至20亿美元。在国内，电视购物频道悄然兴起，并且发展得如火如荼。

10.6.2 了解保险电视营销的发展

1. 保险公司改变海量业务员营销模式，转战电视购物频道促销

一直沿用"一对一"原始推销模式的保险公司，为节省人力成本，近日"转战"快乐购电视购物频道卖保险。这种创新模式被多方看好，快乐购相关负责人称，"在国外，利用电视购物销售保险，进而取代传统的、依靠海量的保险业务员和经纪人销售保险的营销模式创新，早已并非新鲜事，对国内来讲，这一市场的想象空间非常之大"。

2. 发掘保险营销新渠道

作为传统媒体，电视在人们的生活中扮演着不可或缺的角色。与其他媒体相比，电视媒体具有以下优势：

(1) 信息传播及时。
(2) 传播画面直观易懂，形象生动。
(3) 传播覆盖面广，受众不受文化层次限制。
(4) 互动性强，观众可参与到节目中来。

保险公司同电视媒体合作，开创保险营销的新渠道对于保险公司形象的提升及保险产品的销售都是不无裨益的。

课堂讨论 保险公司转战电视购物频道促销

旨在打造"电视百货"的快乐购，在近日举办的购物节开幕式上首次直播销售保险产品，销售的华泰"泰恒卡"+华泰春天家庭财产险是快乐购与华泰财产保险的首次合作，价格分别为388元和688元的两个组合，总体保额达到了110万元以上。

在保险公司看来，"一对一"、"点对点"的原始推销既浪费成本，又具备不稳定性，保险公司决定改变这种模式,通过电视购物,既可以节省人力成本,更重要的是,还能免费打广告。据介绍,此次"尝鲜"的保险产品都是激活式的,不用填写保单或签合同,直接上网或者通过短信激活就可以使用。激活式的产品除了方便、快捷,还有一个好处,就是购物者可以作为礼品馈赠给亲朋好友。"开发越来越多的激活型产品,在电视购物的新型渠道销售,不仅可以克服点对点业务员销售的弊端,更有利于其产品全面、直白地展示,从而加强其自身品牌的塑造。"

快乐购有关负责人介绍,其销售保险的优势与潜力十分巨大。"我们有渠道优势,电视直播保险等专业性较强的产品的售卖,更为直观可信,更为形象生动,对潜在投保人而言吸引力更大,对于保险业的业务拓展有着正面的意义。在渠道覆盖方面,我们采取了一套直播节目,同步覆盖全国9大省区、23个市场的电视家庭用户,这相比传统的一对一的保险销售模式而言,更加具备信息化、新经济的特点。"

据快乐购相关负责人介绍,目前全国很多有实力的保险公司都在与快乐购接洽,不排除联手开发符合市场需求的、有针对性的保险产品。"快乐购绝非仅仅销售常规意义上的实体百货商品,包括旅游、保险、教育投资、有价票券等服务型产品,都是快乐购基于自身定位而已经或即将陆续推出的产品。"

资料来源:节选自和讯网保险频道 2012 年 7 月刊载的文章"保险公司转战电视购物频道促销",http://insurance.hexun.com/2008-04-22/105471792.html。

阅读上述材料,讨论下列问题:

你认为保险产品是否适合电视营销,如何开展好保险电视营销。

任务 10.7　了解基于 APP 的新型保险营销

10.7.1　认识 APP 营销

APP 是 application 的简写,被称为应用(或应用商店)。APP 通常分为个人用户 APP 与企业级 APP。个人用户 APP 是面向个人消费者的,而企业级 APP 则是面向企业用户开发的。

当互联网进入移动互联网时代,众多企业与个人开发者希望从中掘金,但多数人的目光聚焦在了面向个人用户的应用上而忽略了企业级移动应用。如今个人市场的竞争已进入白热化阶段,发展速度已趋于缓慢,2013 年预计市场规模为 110.9 亿元。相比之下,此时的企业级市场才刚刚起步,2013 年预计市场规模将高达 124.4 亿元,且正以 50%的增幅高速发展。教育、政府、金融及电信行业需求较大,均占总需求比例的 10%以上。面对如此广阔的企业级应用市场,市场却没有一种商业模式能够实现开发者与有开发需求的企业各自的商业目标。对于服务企业的开发者,他们面临着诸如项目来源不稳定、服务能力有限、企业规模和渠道有限等无法突破的因素;对于即将接触移动互联网的企业需要面临的制约因素则更多，如找不到同行业产品的参考、没有可信赖的合作伙伴、产品质量如何检测评估、售后服务如何保障等。在此市场环境下，需要第三方服务来解决企业及开发者双方的问题，起到双向需求汇聚、营销分发、效率提升、成本降低的效用，并能针对双方提供相应的服务。应用工厂即充当了这样一个角色，聚合上下游资源而成为国内首个企业级移动应用一站式服务平台。

10.7.2 了解保险微博营销

微博是一个基于用户关系的信息分享、传播以及获取平台。用户可以通过 Web、WAP 以及各种客户端组件个人社区，以 140 字左右的文字更新信息，并实现即时分享。

1. 微博营销的特点

微博草根性强，且广泛分布在桌面、浏览器、移动终端等多个平台上，有多种商业模式并存或形成多个垂直细分领域的可能，但无论哪种商业模式，应该都离不开用户体验的特性和基本功能。

(1) 便捷性：平民和莎士比亚一样。在微博客上，140 字的限制将平民和莎士比亚拉到了同一水平线上，这点导致大量原创内容爆发性地被生产出来。李松博士认为，微博的出现具有划时代的意义，真正标志着个人互联网时代的到来。博客的出现，已经将互联网上的社会化媒体推进了一大步，公众人物纷纷开始建立自己的网上形象。然而，博客上的形象仍然是化妆后的表演，博文的创作需要考虑完整的逻辑，这样大的工作量对于博客作者成为很重的负担。"沉默的大多数"在微博客上找到了展示自己的舞台。

(2) 背对脸：创新交互方式。与博客上面对面的表演不同，微型博客上是背对脸的交流，就好比你在计算机前打游戏，路过的人从你背后看着你怎么玩，而你并不需要主动和背后的人交流。可以一点对多点，也可以点对点。当你跟随一个自己感兴趣的人时，两三天就会上瘾。移动终端提供的便利性和多媒体化，使得微型博客用户体验的黏性越来越强。

(3) 原创性：演绎实时现场的魅力。微博网站现在的即时通信功能非常强大，通过 QQ 和 MSN 直接书写。在没有网络的地方，只要有手机也可即时更新自己的内容，哪怕你就在事发现场。

类例于一些大的突发事件或引起全球关注的大事，如果有微博客在场，利用各种手段在微博客上发表出来，其实时性、现场感及快捷性，甚至超过所有媒体。

2. 微博营销的优势

(1) 提高亲和力，或使公司形象拟人化。对于一些想改变自身公众形象的公司，非常适合用微博来操作。

(2) 拉近与用户之间的距离，获得反馈与建议。小马哥就是最成功的例子，通过微博这个平台，小马哥成功地为自己拉了 15 万张选票。

(3)对产品与品牌进行监控。如果微博上很多用户都在批评我们的产品或公司，那就要注意了。

(4)引发或辅助其他营销手段（如事件营销）。后宫优雅就是一个典型的案例。在这里纠正一个认知上的错误，很多人认为微博有病毒营销的功能，这点我是不赞同的。因为微博在此方面的传播效果，远不如开心网的转贴效果好。在开心网，一个普通人的转贴，也能达到几万、几十万，甚至被转载至站外，在整个互联网上传播。但是在微博中，即使是名人的言论，也不容易达到上万次的转载量。而且由于微博内容最多只有几句话，所以也很难像文章一样，在互联网上被大量转载与传播。

3．保险微博营销的应用

2011年3月18日，中国人保财险新浪官方微博正式开通，欲将微博打造成一个企业与客户交流的桥梁，形象展示的新窗口。

中国平安保险公司新浪微博在2011年年初正式上线运营（见图10-4），仅3个月，微博合计转发突破3万条，评论达到1万条。平安保险官方微博在2月和3月推出了系列活动，宣传了保险的意义功用，得到了网友和分公司员工的好评。

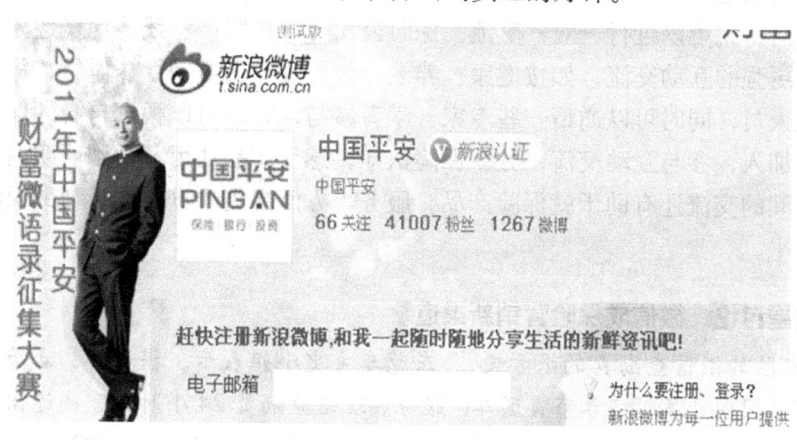

图10-4　中国平安保险公司新浪微博

自2010年5月人保电话车险洞察先机，成为业界首家开通新浪微博的企业后，目前的粉丝人数已接近两万名；而通过每日消费者车险服务解答、养车生活小常识等实用信息及一系列贴合消费者服务的微博活动，人保电话车险微博人气迅速提升，粉丝数量与日俱增。

作为一个新兴渠道，虽然网销收入目前在总保费中的占比还不足1%，但未来前景显然不可小觑。全球管理咨询公司麦肯锡近日发布报告称，预计到2015年，中国的网民人数将从目前的4亿多人增加到7.5亿人。IBM则预测，到2020年，保险业电子自助渠道将从2005年的0.16%上升到10%。

10.7.3　了解保险微信营销

微信是腾讯公司推出的，用户可以通过手机、平板和网页快速发送语音、视频、图片和文字。微信提供公众平台、朋友圈和消息推送等功能，用户可以通过摇一摇搜索号码和附近的人，通过扫二维码方式添加好友和关注微信公众平台，同时还可将内容分享给好友以及将用户看到的精彩内容分享到微信朋友圈。消息称微信将对服务类公众账号收费，微信拥有超过 6 亿用户，日均活跃用户超过 1 亿，曾在 27 个国家和地区的 APP Store 排行榜上排名第一。

保险公司使用微信功能营销和服务的竞争则更为激烈。通过微信即可进行投保车辆保险、投保意外险、激活卡服务、车险手机缴费、车险承保理赔查询等。目前国内如中国人寿、中国人保、太平洋等多家保险公司已经开通了微信保险服务。

微信平台的使用，可加大保险各方面的效率。如车辆出险后，客户可以通过微信平台报案，在后台工作人员的引导下现场拍照，将照片上传至微信平台，供后台远程查勘。整个过程仅十几分钟，既节省了时间，又避免了车辆停在路边发生二次事故的风险。

保险公司通过建立自己的微信公众平台，可以及时向客户推送各类服务信息，客户加关注经认证后，就可以进行一对一交流。保险公司可以按照产品线或地域建立不同的群组进行针对性更强的互动交流，如按健康、养老、教育等产品类别划分群组，每个群组配备相应的专业人员，同时可以邀请一些专家、学者参与，客户可以根据自身的保单属性或兴趣爱好选择加入，参与互动交流，分享保险认知，感受产品功用，做到明明白白消费。而群内客户之间的交流还有助于就保险产品、服务等方面提出改进建议，帮助保险公司提升经营管理水平。

> **课堂讨论**　微信成保险营销新渠道
>
> "平安车险的微信查勘真的很方便。"东莞车主史小姐表示。据了解，春节期间，平安产险在全国范围内开展了"春节直通车"服务，理赔查勘员 24 小时驻守高速出口随时提供查勘定损，用微信上传事故照片，就有平安后台人员进行远程查勘，QQ 及邮箱在线沟通即时为客户提供正确指引。
>
> 截至 2 月 15 日，平安产险春节期间共接到全国车险报案 14 万笔，15 日当天，案件量达到高峰，超过 2.5 万笔，8 000 余人次的查勘员为客户温暖护航。其中，接受"春节直通车"服务的案件，仅广东地区就达到 250 笔。
>
> **1. 微信查勘理赔无须现场等待**
>
> 2 月 7 日，史小姐驾车沿高速回东莞父母家，途中发生事故撞在路边，史小姐通过微信平台咨询"平安查勘小助手"，并在后台工作人员的指引下现场拍照，将照片上传至微信平台，供工作人员进行远程查勘。

"整个过程仅用了十几分钟,既节省了时间,又避免了停在路边发生二次事故的风险。"史小姐表示,"这种快捷又有创意的查勘理赔方式我还是第一次体验。"

2．微信成保险公司营销新渠道

微信查勘理赔是平安产险在今年春节长假期间推出的理赔新举措,已在东莞等机构试点,一经推出便广获好评。

据记者了解,不少保险公司都注册了官方微信,有最新的营销动态和安全提醒等都会通过微信发出,既拉近了客户之间的距离,更是一种保险公司营销的新渠道。

资料来源:节选自信息时报 2013 年 2 月 22 日刊载的文章"微信成保险营销新渠道",http://informationtimes.dayoo.com/html/2013-02/22/content_2159095.htm。

阅读上述材料,讨论下列问题:
1. 微信成功应用于保险营销实践和车险理赔过程中,主要原因有哪些?
2. 高科技在保险营销实践中有哪些作用?

营销工具

让团队重获创新思维的四法宝

如果你的团队失去了斗志,你需要知道它们去哪儿了,并要知道如何找回来。

旧的商业模式已然涅槃,高度协作、通力创新的新型商业模式正在浴火重生。现在,任何行业、任何职位的人,都需要具备创造性解决问题的能力。

更具挑战的是,在这个永不停息的商业环境中,你的创新能力必须时刻就位,以应对随时扑面而来的需求——而这也正是你的脑袋最容易变"砖"的时候。然而,在一个快速发展的公司中,每天都能获得新的灵感对你或你的团队来说都是件不太可能的事情,而且寻找灵感的道路也千变万化。出去散个步启发灵感、换换眼前风景,这些方法在我身上从未连续生效过两次。

幸运的是,我发现了一些"旁门左道"的小技巧,在你无计可施的时候,或许可以帮上忙。

1．拥抱最后 1 分钟的创新点子

在最后 1 分钟有时会发生神奇的事情。这时,人们的思维往往更清晰,也更歇斯底里地渴望突破。当底线逐步逼近而我的团队还挣扎于困境时,我会在最后关头要求队员向整个团队展示他们的任何想法,不管那些想法听起来是多么"不言而喻"或滑稽可笑。"假设你能全权决定这个项目……"你无法想象当你把这句话告诉一群创新人士时,它所起到的缓解压力的效果。

值得注意的是，这个方法只在最后关头有效，而你必须身先士卒，这样你的团队才能自由地表达想法。你可以尝试在项目的早些时候赋予团队这种自由权，但他们可能并不会相信你而放开手脚去尝试。等你感觉到团队的紧张气氛时，再把这招使出来。

2. 找一些你能看得见摸得着的东西

当你的初步方案形成时，找个可触碰的东西放在屋里。例如，一件可以让你联想到你所构思产品最终形态的工艺品；它能提醒你，前人做过什么，哪些又可改进。又如，竞争对手的某件产品，一块建筑材料，成品的一个小部件，一本客户群体一致的杂志等。任何能够从视觉上唤醒你的点子并且让那个点子壮大的东西都是不错的选择。触觉通常能够激发你的大脑功能，而相比你头脑中的模糊概念，一个看得见摸得着的东西更能激发创造力。

3. 归档你的老点子

对了，点子不会那么容易就死，它们对我们所花的心思来说如此宝贵，我们不竭余力寻找任何机会让它们起效。

别随便抛弃它们，你要做的是一边堆积一边继续前进。将自己从老点子中解放出来，继续前进去想些更新、更好和更有建设性的鬼点子。

4. 压缩团队至"奋斗"规模

当我的公司规模甚小，小到只有三个联合创始人时，通常其中一个不得不与另外两个争辩，以便让创意之河继续流动。民主是你的最好朋友也可能是你的刻薄"叔叔"，但至少它能让你站起来，坚守自己所坚信的东西。

不幸的是，当一个公司越做越大时，奋斗的精神将趋于消散。当你的创意团队规模变大时，你很容易变得飘飘然，呼吁智囊团为"大团队"而开动大脑。

压缩你的团队至三四个人，便能再次激起雄辩的火花，在创新的过程中挖掘更深的内涵。不妨将自己（和你的同事）逼迫到某个位置，在那儿，大家都明白，你不得不辩护自己的最佳创意，创新持久战才得以进行，正如需求实际上是革新之母一样。

资料来源：Andrew Loos.快公司．http://www.fastcompany.cn/go.php? m=content&c=index&a=show&catid=17&id=1081．

营销实战

保险业营销新良招　利用微信做好增值服务

近年来，随着微信这一即时聊天软件的火爆，在方便人们沟通交流的同时，其在产品营销和客户服务等方面的市场价值也逐步显露出来。这主要基于以下两点：一是在结构设计上，微信是按照对话关系作为主要维度进行信息聚合的，决定了微信用户在阅读信息时，对平台上的信息发布者（如产品提供商）关注度高、交互性好，非常适合向目标群体进行高质量信息的精准投放；二是相对于微博等其他聊天工具所强调的外部扩散性、传播性不同，微信则是搭建了一个相对封闭的熟人聊天模式，而这种模式颇得市场青睐，因为大家更愿意在一个安全、私密的环境里敞开心扉，探讨问题，这样也有利于客户交流消费感受，便于口碑相传。

保险是一个涉及家庭资产、财务规划、个人健康的专业性较强、私密性较高的话题，其产品特质与微信的互动模式有着较高的契合。因此，保险公司在微信平台上提供保险服务，有助于让客户感受即时互动、安全、私密的服务，以此提升客户体验。在具体服务项目方面，现阶段可以考虑以下几个方向：保全理赔服务包括个人信息、缴费方式、领取方式等变更，保单复效、合同迁移和挂失，以及出险报案、理赔等，虽然这些基础服务在传统服务渠道内都完全可以办理，但借助微信，则可以打破时空限制，便捷性大大提升，有利于提升客户满意度。考虑到系统安全，在起步阶段，可以先从相对简单的变更服务开始，未来随着系统融合度，特别是信息安全性的提升，逐步实现服务项目的全覆盖。

这方面，人保、平安等一些产险公司已经捷足先登，开始利用微信开展理赔服务。其业务流程大致是：车辆出险后，客户通过微信报案，在后台工作人员的引导下现场拍照，将照片上传至微信平台，供后台远程查勘。整个过程仅十几分钟，既节省了时间，又避免了车辆停在路边发生二次事故的风险，客户也十分喜欢这种既快捷又有创意的查勘理赔方式。

长期以来，保单承保后，保险公司与客户的主动交流不够，客户基于未出险，所以与保险公司的沟通意愿也不强，而出险后，由于理解差异，信息不对称，容易造成保险纠纷。因此，作为信息强势方的保险公司，无论是从保护消费者权益、重塑行业形象的角度考虑，还是从自身经营管理的需求出发，都应当主动建立便于客户信息反馈的多层次交流通道，而在传统的公司网站、电话中心之外，微信公众平台就是一个较好的信息互动系统。

保险公司通过建立自己的微信公众平台，可以及时向客户推送各类服务信息，客户加关注经认证（注：已投保客户和准客户可以进行分层管理）后，就可以进行一对一交流。保险公司可以按照产品线或地域建立不同的群组进行针对性更强的互动交流，如按健康、养老、教育等产品类别划分群组。每个群组配备相应的专业人员，同时还可以邀请一些专家、学者参与。客户可以根据自身的保单属性或兴趣爱好选择加入，参与互动交流，分享保险认知，感受产品功用，做到明明白白消费。而群内客户之间的交流，还有助于就保险产品、服务等方面提出改进建议，帮助保险公司提升经营管理水平。

现在的保险营销大多依靠业务员凭借自身资源、能力展业，当面对陌生市场时，往往带有很大的盲目性，而通过微信，则可以在一定程度上改变这一现状。当保险公司掌握微信平台上大量的交流记录之后，就可以利用数据分析工具挖掘潜在商机，根据用户需求及消费偏好，实施精准的营销策略，减少业务员盲目出击，提高展业效率，保险公司也可由此降低费用成本。

综上所述，相信微信未来将能成为保险公司维系用户关系、提升用户体验、拓展新用户的一条重要营销服务渠道。其实，不仅是保险公司，从业务员个体的角度也可以借助微信进行自身的客户关系管理。由于个人所拥有客户数量的有限性，相反倒更容易发挥微信组群"小范围、强关系、个性化"的特征，为客户提供包括顾问式、跑腿式、提醒式以及关怀式的各类服务，通过更密切、互动性更强的交流，及时化解问题，维系客户关系，同时还能沉淀优质资源，促进二次开发。

资料来源：节选自金融时报 2013 年 5 月 30 日刊载的文章"保险业营销新良招 利用微信做好增值服务"，http://www.d1com.com/vas/market/76869.html，节选时有删改。

实战要求：

1. 保险作为服务性金融行业，由于其经营的特殊性导致保全等相关服务与客户需求难以适应，请谈谈保险微信服务的优势。

2. 除了微信、微博营销工具之外，还有哪些方式可以很好地开展保险产品营销，谈谈你的思路。

重要概念

保险营销创新　　保险网络营销　　保险电话营销　　整合营销　　数据库营销
保险手机营销　　保险电视营销　　APP 保险营销　　保险微博营销　　保险微信营销

能力拓展

1. 针对熟悉的保险公司，寿险或财险任选一个方向，请学员练习保险营销策划方案的编写。

2. 请学员们两人一组，模拟保险电话营销。

3. 新建一个保险营销学习群组微博，适时进行数据更新。

参考文献

[1] 束军意. 市场营销——原理、工具与实务[M]. 北京：机械工业出版社，2011.
[2] 张卫东. 市场营销理论与实训[M]. 北京：电子工业出版社，2011.
[3] 刘金章，王晓珊. 保险营销理论与实务[M]. 北京：清华大学出版社，北京交通大学出版社，2013.
[4] 葛文芳. 保险营销管理理念与实务[M]. 北京：清华大学出版社，2006.
[5] 李星华，吕晓荣. 保险营销学[M]. 大连：东北财经大学出版社，2007.
[6] 张洪涛，时国庆. 保险营销管理[M]. 北京：中国人民大学出版社，2007.
[7] 唐志钢，刘建东. 保险营销学[M]. 北京：电子工业出版社，2008.
[8] 张雪兰，黄彬. 金融营销学[M]. 北京：中国财政经济出版社，2009.
[9] 刘子操，郭颂平. 保险营销学[M]. 北京：中国金融出版社，2000.
[10] 徐平，杨华书. 保险营销知识与技能[M]. 北京：中国劳动社会保障出版社，2007.
[11] 郭颂平，赵春梅. 保险营销学[M]. 北京：中国金融出版社，2001.
[12] 粟芳. 保险营销学[M]. 上海：上海财经大学出版社，2006.
[13] 尹文莉. 保险营销技巧[M]. 北京：清华大学出版社，2009.
[14] 市场营销原理与实务. 山西财专省级精品课程. http://www.sxftc.edu.cn/course/school/scyx/My%20Web%20Sites000/ index0001.htm.
[15] 郭颂平，赵春梅. 保险营销学（第三版）[M]. 北京：中国金融出版社，2012.
[16] 粟芳. 保险营销学（第二版）[M]. 上海：上海财经大学出版社，2009.
[17] 章金萍.保险营销[M]. 北京：中国金融出版社，2006.
[18] 章金萍，李兵.保险营销[M]. 北京：中国金融出版社，2012.
[19] 毛钟红. 保险产品的定价方法分析[N]. 广东技术师范学院学报，2008（1）.
[20] 彭石普. 市场营销理论与实训[M]. 北京：北京师范大学出版社，2011.
[21] 邵喜武，王秀英，梁彦. 市场营销学[M]. 北京：清华大学出版社，2012.
[22] 刘坤坤，杨聘，尹江鳌. 人寿保险产品定价对策[J]. 中国金融，2013（15）：86-88.
[23] 蒋丽君. 金融产品营销[M]. 大连：东北财经大学出版社，2010.

[24] 邓华丽. 保险营销[M]. 北京：中国人民大学出版社，2012.
[25] 百度文库，http://wenku.baidu.com.
[26] 凤凰财经，http://finance.ifeng.com/.
[27] 中国保险学会网，http://www.iic.org.cn.
[28] 中保网，http://www.sinoins.com.